의 · 식 · 주를 통해 본 중국의 역사

의·식·주를 통해 본 중국의 역사

초판 1쇄 펴낸 날 2005. 2. 10
초판 3쇄 펴낸 날 2011. 3. 25

지은이	이재정
발행인	홍정우
발행처	도서출판 가람기획
등록	제17-241(2007. 3. 17)
주소	(121-841)서울시 마포구 서교동 465-11 동진빌딩 3층
전화	(02)3275-2915~7
팩스	(02)3275-2918
이메일	garam815@chol.com

ⓒ 이재정, 2005
ISBN 978-89-8435-206-3(03910)

값은 뒤표지에 있습니다.
잘못 만들어진 책은 구입하신 서점에서 바꾸어 드립니다.

의·식·주를 통해 본 중국의 역사

이재정 지음

가람
기획

머리말

요즘 사람들은 건강에 대한 관심이 무척 높다. 2004년에는 웰빙 바람이 전국을 휩쓸기도 했다. 요가가 유행하고 건강식품이 횡행하며, 다이어트에 열을 올리는 사람들이 점점 늘어나고 있다. 하지만 과거 중국이라고 해서 달랐을까? 과거 중국 사람들도 심신을 다스리고 불로장생을 위해 도인導引이라는 체조법을 개발하고 영생을 꿈꾸며 단약을 먹었다. 물론 그 단약을 먹고 비명횡사하기는 했지만 말이다. 오늘날 잘못된 건강상식으로 병을 자초하는 것과 마찬가지다. 사는 방식은 달랐지만 21세기를 사는 오늘날의 우리와 추구하는 바가 다르지 않았다.

유교에서는 부모에게서 받은 머리카락을 자르는 일을 불효라고 가르쳤다. 그래서 한족들은 머리카락을 자르는 일을 목숨 걸고 반대했다. 청나라가 들어서 만주족의 머리 양식인 변발을 강요하자 머리를 자르지 않아 저항을 표시하기도 했던 것이다. 하지만 신해혁명 시기에는 개혁의 일환으로 변발을 폐지하고 거리에서 강제로 변발을 자르기도 했다. 요즘 사람들이 결심과 결의를 표시할 때 삭발의식을 행하는 것도 머리카락에 어떤 상징성을 부여한다는 점에서 과거와 서로 맞닿아 있는 듯하다.

이렇듯 우리가 무심히 지나치는 옛 사람들의 일상생활 속에는 많은 의미 있는 요소들이 담겨 있다. 이를 들여다보는 일은 흥미롭기도 하고 때로는 신기하기도 하며 과거와 현재가 별개가 아님을 느끼게 한다.

이 책은 《중국사람들은 어떻게 살았을까》(지영사, 1999)의 개정판이다. 지금까지 우리가 '역사란 모름지기 이래야 한다'는 고정관념에 사로잡혀 소홀히 해왔던 부분, 그중에서도 일반인들의 삶의 모습을 좀더 구체적으로 그려보고 그 속에서 시대상을 발견하려는 의도로 이

책을 썼던 것이다.

　생활에 필요한 필수적 요소들을 우리는 흔히 '의衣·식食·주住'라고 하는데, 중국인들은 여기에 '행行', 즉 교통을 또 하나의 요소로 덧붙이기도 한다. 이 책에서 다루고 있는 내용은 바로 중국인들의 '의·식·주·행'과 관련된 것들이다.

　5,000여 년이나 되는 시간과 우리 나라 면적의 45배 가까이 되는 광대한 지역에서 살아왔던 사람들의 일상생활을 하나의 틀 속에 담기는 힘들었지만, 가능하면 각 시대별, 지역별로 그 특징을 서술하려고 노력했다.

　개정판이라고 하지만 사실 제대로 개정이 이루어지지는 않았다. 현대 중국에 대해 서술한 부분은 생략하고 여타 군더더기들도 생략하여 서술 양을 조금 줄이고, 그 대신 그림 등의 시각자료를 많이 보충했다.

　이 책이 처음 나올 때만 하더라도 일상생활사에 대해 다룬 책이 많지 않았고, 특히 중국사 쪽은 더 적었지만, 그뒤 이 부분에 대한 좋은 책들이 많이 나왔다. 그럼에도 책을 다시 내는 것은 아직은 이 책이 쓸모가 없지는 않으리라는 생각 때문이다.

　역사에 대한 무한한 애정으로 어려운 여건 속에서도 책의 출판을 선뜻 승낙하신 이광식 실장님과 이 책에 새 생명을 불어넣어준 편집부 여러분께 감사드린다.

2005년 1월　이재정

차례

머리말 · 4

1장 밥이 하늘이다 · 食

1. 식생활을 결정하는 자연조건 · 12
곡물을 주식으로, 채소와 육류를 부식으로 · 12 | 토지 확보를 둘러싼 농경민과 유목민의 경쟁 · 15 | 귤이 회수를 넘으면 탱자가 된다 · 17 | 동쪽은 매운 맛, 서쪽은 신맛, 남쪽은 단맛, 북쪽은 짠맛 · 19 | 중국의 4대 요리 · 20

2. 음식과 사상 · 25
중국인의 영양학인 음양오행사상 · 25 | 음식의 절제를 중시하는 유교사상 · 27 | 채소 요리를 발전시킨 불교 · 30 | 음식을 부정했던 도교 · 31

3. 중국인의 주식 · 35
밥이 하늘이다 · 35 | 오곡의 으뜸인 조, 검소함의 상징인 보리 · 38 | 분식을 유행시킨 밀 · 41 | 강남의 과잉 인구를 먹여 살린 쌀 · 44

4. 중국을 대표하는 음료, 차 · 48
상류층의 기호품에서 일용품으로 · 48 | 약용식품에서 음료로 · 50 | 차의 정치학 · 52 | 다양한 차문화 · 54

5. 술과 문화 · 58
폭군의 대명사 은나라 주왕은 중금속 중독자였다 · 58 | 술과 정치 · 60 | 말술을 마셨던 애주가들 · 63 | 곡주에서 증류주로 · 65

6. 인체의 필수품, 소금 · 69
오미의 으뜸인 소금 · 69 | 치우의 피가 흘러 이루어진 소금호수 · 71 | 소금호수에서 소금바위까지 · 73 | 소금과 정치 · 76

2장 비단의 나라, 중국 · 衣

1년을 의미하는 칡옷과 갈옷 · 82 | 비단의 나라 중국 · 84 | 검소함의 상징 모피 · 88 | 가난한 백성들이 따뜻하게 겨울을 날 수 있게 한 목면 · 91

의복은 정권 유지의 수단? · 95 | 통치자의 염원을 담은 복식 · 97 | 군자가 항상 몸에 지녀야 했던 옥 · 100 | 목은 자를 수 있어도 머리카락은 자를 수 없다 · 103 | 중산복에 나타난 중화민국의 통치이념 · 105

황포, 황제의 옷 · 107 | 신분증 역할을 하는 의복의 무늬와 장식 · 109 | 신분의 상징, 모자 · 112 | 귀걸이는 여성을 속박하기 위한 것이었다? · 114 | 의복으로 저항을 표시하다 · 116

바지로 농경민과 유목민을 구분 · 120 | 호복을 도입한 조나라의 무령왕 · 123 | 중국 복식의 전형이 만들어진 한대 · 124 | 위진수당시대의 호복 유행 · 127 | 의복으로 민족성을 되살리려 했던 송나라와 명나라 · 130 | 의복으로 민족적 우월감을 표현했던 청나라 · 132

여자의 변신은 무죄 · 136 | 후한대의 패션 메이커 양기와 그의 처 · 140 | 남자도 미모가 중요했던 위진남북조시대 · 142 | 육체미를 과시한 수당시대 여성들 · 144 | 발이 작아야 호강할 수 있었다 · 146 | 근대 중국의 파리, 상하이의 유행을 선도했던 치파오 · 149

3장 천자의 도시, 베이징 • 住

1. 자연환경과 주택 · 154
건축에 나타나는 중국인의 의식 세계 · 154 | 중국 전통 가옥의 전형 사합원 · 158 | 황토고원 지대의 동굴 주택 요동 · 162 | 커자의 방어용 주택 토루 · 164 | 변방지역의 독특한 주거 양식 · 166

2. 역대의 도성들 · 169
도성의 변천은 역사의 흐름을 대변한다 · 169 | 은나라 도성 유적지 은허 · 173 | 폐쇄적인 고대 도시의 전형 장안 · 175 | 방제가 해체된 송대의 수도 카이펑 · 180 | 중국의 이상 도시 베이징 · 184

3. 도시인들의 생활 · 192
정치・군사 도시에서 경제・문화 도시로 · 192 | 〈청명상하도〉에 나타난 카이펑의 번화한 모습 · 195 | 일상의 피로를 씻어주는 다방, 술집, 공연장 · 198 | 야간통행금지와 등화관제 · 203

4. 일상 기거 · 208
좌식에서 입식으로 · 208 | 땔감, 석탄, 석유 · 212 | 횃불에서 등잔불로, 등잔불에서 촛불로 · 216 | 중국인들의 위생관념은 서구인들보다 앞서 있었다 · 219

4장 대운하, 남과 북을 잇다 · 行

1. 남북의 대통맥, 운하 · 224
남선북마 · 224 | 정치·군사적 목적에서 경제적 목적으로 · 227 | 역대 운하의 변천 과정 · 230 | 운하가 백성들에게 안겨준 고통 · 233 | 도시의 운명을 좌우하는 운하 · 237

2. 도로와 통신 · 241
잘 닦인 도로는 통치의 필수 조건이었다 · 241 | 사람이 가장 중요한 통신수단이었다 · 245 | 신문은 관보에서 시작되었다 · 250 | 거짓으로 올린 봉화가 서주 멸망의 화근이었다 · 254

3. 여러 가지 교통수단 · 258
자동차의 기원인 수레 · 258 | 말, 소, 노새, 낙타 · 262 | 가축 대신 사람을 이용한 가마 · 266 | 뗏목에서 대형 선박까지 · 268

4. 동서 문화의 가교, 실크로드 · 273
오아시스를 잇는 세 갈래 길 · 273 | 중국의 콜럼버스 장건 · 276 | 불교와 서역 문화가 꽃핀 당대 장안 · 281 | 마르코 폴로와 원대의 실크로드 · 286

참고문헌 · 291

食

1장 밥이 하늘이다

식생활을 결정하는 자연조건 | 음식과 사상 | 중국인의 주식 | 중국을 대표하는 음료, 차
술과 문화 | 인체의 필수품, 소금

과학이 고도로 발달한 오늘날에도 인류는 '먹고사는' 문제에서 자유롭지 못하다. 지구 곳곳에서는 지금도 수많은 사람들이 기아로 쓰러져가고 있으며, 역사상 세계 각지에서 일어난 갖가지 분쟁과 반란도 결국은 빵의 분배를 둘러싼 계층간, 민족간 갈등이었다고 할 수 있다. 인류의 역사는 먹고사는 문제를 해결하는 과정이었다고 해도 과언이 아니다.

세계 인구의 1/5을 차지하는 중국인. 그들은 무엇을 어떻게 먹고 살아왔을까? 먹는 문제는 과거 중국인들의 정치와 문화에 어떤 영향을 미쳤으며, 중국인들의 정치와 문화는 먹는 문제에 어떤 음영을 남겼을까?

1. 식생활을 결정하는 자연조건

중국 속담에 '산에 사는 사람은 산에서 나는 것을 먹고, 물가에 사는 사람은 물에서 나는 것을 먹는다(靠山喫山, 靠水喫水)'라는 말이 있다. 우리의 신토불이와 같은 개념이다.

중국인들은 어떤 자연환경에서 살았고, 그곳에서는 어떤 먹을거리들이 생산되었을까?

◉ 곡물을 주식으로, 채소와 육류를 부식으로

우리 나라 사람들과 마찬가지로 중국 사람들도 일찍부터 농경생활을 시작하여 곡물을 주식으로 먹었다. 불의 발명은 여러 가지 면에서 인류에게 커다란 혜택이었는데, 곡물을 익혀 먹게 된 것도 그 중 하나였다. 곡물을 익혀 먹게 되자, 소화가 쉬워지고 치아와 상하 턱이 작아졌으며, 뇌의 용량이 커져 문명사회로 발전할 수 있었다. 신석기시대 양사오 문화(仰韶文化) 유적과 룽산 문화(龍山文化) 유적 등에서 출토되는 토기 중에는 곡물을 끓이는 도구인 격鬲과 찌는 도구인 증甑 등이 발견되었다. 익혀 먹는 숙식과 날로 먹는 생식은 농경생활을 하는 중국인과 주변 민족을 구분하는 기준이 되기도 했다.

음식을 익혀 먹는 중국인들의 관습은 곡물에 한정되지 않는다. 오늘날 중국인들의 식탁에 오르는 요리를 보면, 오이와 토마토 같은 채소도 익혀서 나온다. 물도 반드시 끓여서 마시며 그것은 한여름에도 예외가 아니다.

선사시대나 은나라, 주나라 시대까지도 중국에서는 주로 야생 채소를 많이 먹었으나, 그 이후에는 밭이나 집 주위의 텃밭에 채소를 재배해서 먹었다. 《논어論語》에 나오는 공자孔子의 말씀 중에 채소를 재배하는 일에는 자신이 능숙하지 않다고 한 구절이 있다. 공자가 살았던 당시에도 채소 재배를 전업으로 하는 사람들이 있었던 것 같다.

서주시대 사람들은 부추, 죽순, 여뀌, 냉이, 조아기, 연근 등과 백이伯夷·숙제叔齊가 수양산에서 캐먹은 고비 등의 채소를 주로 먹었다. 특히 당시 사람들은 규葵를 대단히 즐겨 먹어, 그 밭을 차지하기 위해 전쟁이 일어났을 정도였다고 하지만, 이후에는 식탁에서 자취를 감추었다. 한나라시대 장건張騫이 개척한 실크로드를 따라 서역에서 참깨, 오이, 마늘, 호두, 완두콩 등 여러 식물이 들어오면서, 중국인들의 식탁은 더욱 풍부해졌다.

신석기시대 유적지에서는 돼지, 개 등 여러 동물의 뼈가 출토되

한대의 부뚜막 모양 명기明器. 생식과 숙식은 한족과 비한족을 구분하는 기준이 되었다.

후한시대의 벽화 모사도. 소를 도살하여 건육을 말리는 모습.

었는데, 이는 중국인들이 일찍부터 육류를 먹었다는 증거다. 중국인들의 식용동물에는 소, 돼지, 양, 개 등이 있다. 이들 가축은 식용으로 쓰였지만 제사를 지낼 때는 희생으로도 사용되었다. 봉건종법제封建宗法制에 기초한 주나라에서는 신분에 따라 제사에 쓸 수 있는 가축이 규정되어 있었다. 즉, 천자만이 소를 희생으로 쓸 수 있었고, 대부는 돼지를, 선비는 개를 사용했다.

소는 훌륭한 농사도구였던 만큼 도축에 제한을 가하려는 의도로 제1순위에 올려놓은 것으로 보인다. 명청시대에 이르러서도 소를 함부로 도살하는 행위는 법으로 금지했다. 중국인들에게 식용으로 가장 널리 이용되던 것은 돼지와 양으로, 오늘날에도 중국인은 소고기보다는 돼지고기를 즐겨 먹는다.

오늘날 개고기는 혐오식품으로 취급받기도 하지만, 주나라의 정치제도에 대해 기록한 《주례周禮》에는 '음력 7월에 천자는 삼열매와 개고기를 먹는다'고 했으며, 《논어》에도 제사에 반드시 개고기를 쓴다고 했다. 정치권에서 어떤 일이 성사된 후 그 일을 위해 애쓴 사람을 제거한다는 의미로 자주 쓰는 '토사구팽'이라는 말은 《사기史記》〈월왕구천세가越王句踐世家〉에서 유래했다. 춘추전국시대 사람들이 개고기를 먹지 않았다면 이런 고사성어도 나오지 않았을 것이다. 한나라 개국 공신 중 한 사람인 번쾌樊噲가 개도살꾼이었던 것에서 한대에도 개고기를 먹었던 것을 알 수 있으나, 육조六朝 이후에는 개도살꾼이라는 직업이 기록에 나타나지 않는다. 그러나 오늘날에도 중국의 일부 지역에서는 개고기를 즐겨 먹는다.

육류는 일반인들이 항상 먹을 수 있는 음식이 아니었다. 맹자孟子가 노인의 치매는 고기로 치료해야 한다고 말한 것은, 당시 고기가 일반인들이 잘 먹을 수 없는 귀한 음식이었음을 알려주는 대목이다. 다음과 같은 일화에서도 고대 중국에 육류가 귀했음을 알 수 있다.

춘추전국시대 송나라 장군 화원華元이 전쟁에 나가기 전날 밤 양을 잡아 병사들을 먹였는데, 자신의 전차를 모는 마부를 깜박 잊고 부르지 않았다. 이에 원한을 품은 마부는 이튿날 화원을 태운 채 단독으로 적진에 들어가 일부러 화원이 포로가 되게 했다. 또 중산국中山國의 왕이 연회를 베풀면서 양국을 끓였는데, 양이 너무 적어 모두에게 돌아가지 못했다. 사마자기司馬子期라는 자가 창피를 당했다고 분개하여 위나라로 들어가 적군을 이끌고 중산국을 쳐서 함락시켰다. 중산국의 왕은 "내가 양고깃국 한 사발로 나라를 망쳤구나"라고 한탄했다.

◉ 토지 확보를 둘러싼 농경민과 유목민의 경쟁

만리장성을 경계로 북쪽 초원지대에 거주하던 흉노를 비롯한 유목민은 육류를 주식으로 했다. 이 역시 이들의 자연조건에 기인한 것이었다. 이들이 거주하는 초원은 건조지대로 농경이 불가능했다. 대신 양, 낙타, 말, 소 등을 방목하여, 그 고기와 젖을 주식으로 했다. 양곡 외에 여러 가지 채소를 재배하는 농경사회에서는 음식의

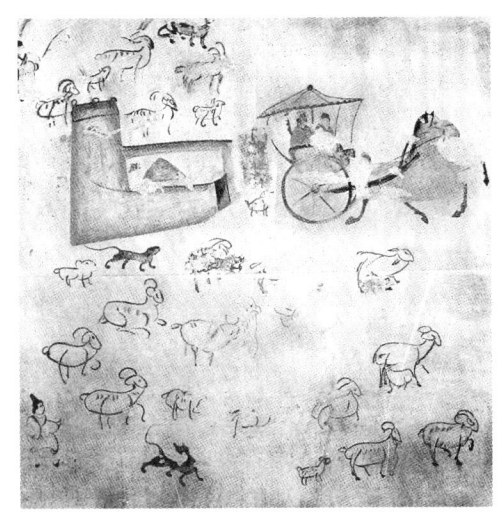

네이멍구에 있는 한대 흉노 묘지의 벽화에 그려진 〈목양도牧羊圖〉. 초원지대에서 양을 기르던 모습을 담고 있다.

종류가 다양하지만, 고기와 젖을 주로 먹는 유목사회에서는 음식과 요리의 종류도 비교적 단순했다.

유목민의 후예인 몽골 사람들이 오늘날 가장 많이 먹는 육류는 양고기이고, 그 다음이 소고기와 염소고기다. 농경지대 중국인들이 소를 가장 귀하게 여기듯, 유목민은 귀중한 수송수단인 말과 낙타를 식용으로 잘 사용하지 않는다. 몽골 사람들은 양과 말을 '따뜻한 주둥이', 소와 염소를 '찬 주둥이'라 하여, 손님 접대나 중요한 행사 때는 말과 양을 쓴다. 일반인들이 말고기를 맛볼 수 있는 시기는 몹시 추운 겨울이다. 유목민이 돼지고기와 닭고기를 거의 먹지 않는 이유는 유목지역에서 이들 가축이 잘 자랄 수 없는 탓이다.

유목민은 6~8월에 집중적으로 가축의 젖을 짠다. 이 시기에 젖이 가장 왕성하게 분비되기 때문이다. 9월 이후에는 젖의 양이 줄어들 뿐 아니라, 봄에 태어날 새끼에게 먹일 젖을 비축해두어야 한다. 우리가 우유를 마시듯이 유목민이 가축의 젖을 식용으로 이용하는 경우는 별로 없다. 대신 젖차를 만들어 마시거나, 차가앙 이데에라고 부르는 각종 치즈, 요구르트, 버터와 같은 유제품의 형태로 가공해서 먹는다.

유목민과 농경민은 자연조건을 이용하는 방법이 근본적으로 달랐다. 유목민이 초지를 통하여 식생활을 해결한 반면, 농경민은 초지를 없애고 물을 대서 경작을 하여 곡물을 생산했다. 유라시아 대륙을 제패한 몽골 족의 영웅 칭기즈 칸의 아들 오고타이가 중국 내지를 점령한 후, 농민들을 모두 몰아내고 농토를 방대한 초지로 만들어 방목을 하려고 했던 일은, 유목민과 농경민의 토지에 대한 생각의 차이를 잘 말해준다.

따라서 토지자원을 둘러싼 유목민과 농경민의 경쟁관계는 불가피한 것이었다. 은나라 무정武丁시대에 유목과 농경의 경계인 서북지역에는 유목민이 양떼를 이끌고 쳐들어와 방목을 했다는 기록이 보인다. 이는 토지를 둘러싼 농경민과 유목민의 쟁탈전이었다. 이후에도 유목민은 종종 농경지역의 가을추수가 끝나는 시점에 식량을 구하기 위해 만리장성을 넘어 농경지역을 침입해왔다.

물론 유목민과 농경민이 항상 대립만 했던 것은 아니다. 중국 역사에서 북방민족과 농경민족은 상호 빈번한 교류를 했다. 또 유목민이 여러 차례 중국 본토에 들어와 왕조를 건설하는 과정에서 농경적 요소와 유목적 요소가 서로 영향을 주고받았는데, 음식에 있어서도 예외는 아니었다. 유목민의 영향이 많이 남아 있는 중국의 북방에서는 '슈안양로우(涮羊肉)'와 같은 유목민의 요리가 많이 보인다.

◉ 귤이 회수를 넘으면 탱자가 된다

중국 고사에 '귤이 회수를 넘으면 탱자가 된다'는 말이 있다. 회수淮水, 즉 화이수이는 중국의 2대 강인 황허와 창장 강(長江) 사이에 위치한 강의 명칭이다. 중국 대륙은 지역마다 지형, 기후, 토양 등 자연환경이 다른데, 특히 화이수이를 경계로 남북의 차이는 매우 크다. 그래서 화이수이는 중국 대륙에서 생산되는 여러 가지 작물의 남북방 한계선이다. 말 그대로 화이수이 이북에서는 귤이 생산되지 않고, 화이수이 이남에서는 탱자를 볼 수 없다.

옛 베이징 시가지의 모습. 판관이라는 간판을 내건 음식점들이 보인다.

화이수이는 쌀 생산의 북방한계선이다. 화이수이 이북에서는 밀, 조, 보리 등 밭작물을 주식으로 했고, 화이수이 이남에서는 쌀을 주식으로 했다. 오늘날에도 북부 사람들은 밀가루 음식을 많이 먹는 반면, 남부 사람들은 밥을 주식으로 한다. 중국어에서 식당 또는 여관을 의미하는 말에는 판디엔(飯店), 판관(飯館), 차이관(菜館), 주뤄우(酒樓) 등 여러 가지가 있는데, 베이징(北京)을 비롯한 중국 북부에서는 주로 판디엔, 판관이라는 간판이 많고, 남쪽에는 차이관, 주뤄우라는 표현이 많다. 과거 북방에는 쌀이 귀하여 손님에게 쌀밥을 대접하면 후대한다는 의미였다. 손님을 후히 대접한다는 의미로 음식점이나 여관을 밥 반飯 자를 넣어 판디엔, 판관이라 했던 것이다.

중국은 면적이 광대한 만큼 남북의 차이 외에도 지역마다 기후와 지형이 다르며, 생산되는 물산도 다르다. 상업과 유통이 오늘날처럼 활발하지 않았던 시대에는 기본적으로 자기 지역에서 생산, 재배되는 음식을 먹었으며, 외지에서 들어오는 물자는 값이 비쌀 수밖에 없었다.

중국의 대표적인 요리의 하나인 용호투龍虎鬪는 뱀과 고양이와 닭을 주재료로 만든 것이다. 이 요리는 주로 광둥(廣東) 등 남방지역의 요리로 황토고원 지역에서는 과거에 이런 요리가 없었다. 황토고원 지역에서는 뱀과 닭이 없었기 때문이다. 창장 이남 지역은 기후가 습하고 따뜻하여 양이 잘 자랄 수 있는 조건이 아니었다. 그래서 남부 사람들은 양요리를 잘 먹지 않는다.

진나라시대에 장한(張翰)이라는 사람은 고향이 남쪽 창장 유역이었는데, 북방지역에서 벼슬살이를 하면서 고향 명산인 순챗국과 농어회를 잊지 못하여, 마침내 관직을 사퇴하고 돌아갔다는 일화가 있다. 그 뒤로 고향을 생각한다는 의미의 '순갱로회(蓴羹鱸膾)'라는 한자성어가 생겼다. 명대 사람 사조제(謝肇淛) 역시 남쪽 푸젠(福建) 사람이었는데, 자신의 글에서 "젊었을 때 나는 북경에 온 일이 있었다. 시중에는 닭, 거위, 양, 돼지 외에는 아무것도 없고 물고기 한 마리를 얻으면 대단히 귀하게 생각했다"고 기록하고 있다. 지역마다 생산되는 먹을거리가 달랐음을 보여주는 실례들이다.

◉ 동쪽은 매운 맛, 서쪽은 신맛, 남쪽은 단맛, 북쪽은 짠맛

지역마다 먹을거리의 종류가 다양한 만큼 각 지역은 그 지역을 대표하는 맛이 있다. 이를 요약하여 중국인들은 '동쪽의 음식은 맵고, 서쪽의 음식은 시고, 남쪽의 음식은 달고, 북쪽의 음식은 짜다'라고 말한다. 여기서 동쪽은 산둥(山東) 지역, 서쪽은 간쑤(甘肅), 산시(陝西), 산시(山西) 일대, 남쪽은 후난(湖南), 장쑤(江蘇) 일대, 북쪽은 베이징을 중심으로 한 허베이 성(河北省) 일대다.

중국의 매운 요리 하면 곧 쓰촨(四川) 요리를 떠올린다. 그런데 쓰촨 지방은 중국의 서남쪽에 위치하고 있으니, 서쪽의 음식이 맵다고 해야 맞지 않을까라고 생각할 수 있겠다. 그러나 여기서 말하는 동서남북은 고대 중국인들의 중심 활동무대였던 황허 유역을 기준으로 한 것이다. 당시 쓰촨은 아직 중국의 영역에 속하지 않는

지역이었다.

산둥은 우리 나라와 가장 인접해 있고 지형이나 기후 조건도 유사한 점이 많다. 이곳에는 파나 마늘이 많이 재배되고 생파나 마늘을 즐겨 먹는 점이 우리 나라 사람들이 매운 맛을 즐기는 것과 유사하다.

산시(山西) 사람들이 특히 신맛을 좋아하는 것은 이 지역 사람들이 밀가루 음식을 많이 먹는 것과 관계가 있다. 식초는 밀가루 음식의 소화를 돕우고, 밀가루 음식의 맛을 내는 데 매우 중요하기 때문이다. 그래서 이 지역에서는 초를 만드는 수공업이 일찍부터 발달하기도 했다.

창장 중하류에 위치한 남쪽지역은 기후가 따뜻하고 물산이 풍부하며, 강이나 바다와 접해 있어 해산물과 하산물河産物이 많다. 이런 음식들은 신선한 채로 먹는 것이 많고, 신선한 맛을 더해주는 데는 단맛이 제격이었다.

겨울이 길고 추운 북방지역에 사는 사람들은 겨울에 절인 배추로 비타민을 보충하기 때문에 소금을 많이 섭취하게 된다. 소금은 혈압을 상승시켜 추위에 대한 적응력을 강화시켜주는 효과도 있다. 그래서 북방 음식은 대체로 짠맛이 강하다.

◉ 중국의 4대 요리

호메로스의 《일리아스》와 《오디세이아》 전편을 통해 등장하는 조리법은 굽는 것뿐이다. 반면 중국에서는 선진先秦시대에 이미 굽는 것 외에 끓이는 것, 찌는 것 등 다양한 요리법이 나왔고, 굽는 방식에도 여러 가지가 등장한다. 육류를 절이거나 발효시킨 요리

포주석각상庖廚石刻像에 새겨진 후한시대 요리사들의 모습. 중국에는 일찍부터 다양한 요리법이 발달했다.

등도 이미 등장하고 있다. 그만큼 중국에서는 일찍부터 다양한 요리법이 이용되었다. 이런 다양한 요리법은 각지에서 생산되는 여러 가지 먹을거리들과 결합하여, 지역마다 독특한 풍미를 띠는 요리로 발전했다. 그중에서도 두드러진 특징을 띠는 산둥, 장쑤, 쓰촨, 광둥 요리를 중국의 4대 요리라고 한다.

산둥 지역은 공자의 고향으로 고대 중국 문화의 중심지의 하나였다. 황해와 접해 있고 황허를 끼고 있어 교통이 발달하여 물산이 풍부하다. 산둥은 중국에서 음식 문화가 가장 먼저 발달한 지역으로, 고대 중국의 주성廚聖으로 불리는 이야易牙의 출신지이기도 하다. 이곳은 겨울이 길고 추워 허베이 지역과 마찬가지로 배추를 많이 먹는다. 배추의 신선한 맛을 유지하기 위해서는 탕의 형태로 먹는 것이 좋다. 그래서 산둥 요리는 특히 탕 종류가 많은 것으로도 유명하다.

산둥 지역은 질 좋은 파, 마늘, 양파 등이 많이 생산되고, 매운 음식 역시 추위를 견디는 데 도움이 되므로, 다른 지역 요리보다 매운맛이 강한 것이 특징이다.

산둥 요리 중에서 바다나 강에서 나는 생선을 이용한 탕추위(糖醋魚)가 특히 유명하다. 이것은 탕수육과 같은 형태로 고기 대신 생선을 쓴 것이 다를 뿐이다. 또 우리가 가장 즐겨 먹는 중국 음식인 자장면의 자장도 산둥 성에서 기원한 것이며, 산둥 요리는 우리 입맛에 가장 잘 맞는 요리다.

장쑤 요리는 창장 하류 일대의 요리를 말한다. 이 지역은 어미지향魚米之鄕이라 불릴 만큼 해산물, 하산물, 채소, 과일 등 모든 물자가 풍부하다. 또 강과 운하를 통하여 교통도 발달한 지역으로, 송대 이후에는 중국의 경제와 문화의 중심지였다.

장쑤 요리의 재료로는 생선과 새우, 게, 조개 등 수산물이 주를 이루며 이들 재료와 잘 배합되는 죽순을 많이 사용한다. 이런 재료들은 가장 신선하고 맛있는 것들이어서 특별히 조미료를 쓸 필요가 없다. 그래서 장쑤 요리는 담백하고 신선한 것이 특징이다. 또 신선한 맛을 돋보이게 하려면 설탕을 가미하는 것이 좋기 때문에 단맛이 강하다.

창장의 중상류 내륙에 속하는 쓰촨 지역 역시 기후가 온화하고 토지가 비옥하여 물산이 풍부하다. 이 지역은 폐쇄적 지형으로 인하여 독자적인 문화를 발전시켜왔으며, 음식에서도 민간적 색채가 농후한 독특한 맛을 지니고 있다.

쓰촨 지역은 바다와 강을 함께 끼고 있는 장쑤 지역만큼 요리 재료가 풍부하지는 않다. 이 지역 요리는 주로 육류를 재료로 다양한 조미료를 이용하여 여러 가지 맛을 내는 것이 특징이다. 그래서 쓰

청말 서양인의 판화에 묘사된 광저우의 외국 상관. 광저우는 서양과의 접촉을 통해 일찍이 서양 요리법이 발달했다.

촨 요리는 100가지 요리를 만들면 그 맛이 100가지라고 할 정도다.

이 지역은 분지 지형으로 장쑤 지역에 비해 여름에 매우 덥고 겨울에 추우며, 습기가 많다. 고추, 후추, 생강 등 매운 맛을 내는 조미료는 습기를 이기는 데 도움이 되므로 이런 조미료들을 많이 사용하는 쓰촨 요리는 매운 맛이 강하다. 쓰촨 요리의 매운 맛은 마라(麻辣)라 하여, 산둥의 매운 맛과 다른 혀를 얼얼하게 하는 독특한 맛이다. 매운 맛을 즐기고 습기와 싸워야 했던 쓰촨 사람들은 성격이 강인하고 협기(俠氣)를 중시하는 것으로 유명한데, 역시 매운 맛을 즐기는 산둥 사람들도 기질적으로 쓰촨 사람들과 유사하다고 한다.

흔히 '중국 사람들은 하늘을 나는 것 중에는 비행기, 땅 위에 있는 것 중에는 자동차만 빼고는 다 먹는다'고 하는데, 광둥 요리가 전형적인 예다. 아열대에 속하는 광둥 지역에는 다양한 동식물이 서식하며, 바다와 연해 있어 수산물 역시 풍부하기 때문에 요리 재료가 많았다는 이야기다. 특히 광저우(廣州)는 청대에 서양과 교류할 수 있는 유일한 통로로 서양 문화를 가장 먼저 접할 수 있었던 곳이었으므로, 서양 요리법과 재료를 많이 채택했다.

　광둥 요리는 다양한 재료를 사용하고, 본토와 서양의 요리법을 혼합하여 변화가 풍부하다. 홍콩이 미식가들의 천국으로 불리며, 거리에 각양각색의 딤섬(點心)이 사람들의 식욕을 자극하는 것도 광둥 요리의 영향이다. 또 이 지역은 장쑤 지역보다 더워 조미가 더욱 담백하며, 소금의 양도 북방에 비해 적다. 더운 기후로 인해 수분 소모가 많아 죽과 차를 많이 먹었기 때문에, 죽 종류가 많고 차문화가 발달했다. 광둥 요리에 부드러운 요리가 많은 것도 부드러운 음식이 수분을 많이 함유하고 있기 때문이다.

2. 음식과 사상

식욕은 성욕과 함께 인간의 기본적인 욕구다. 그렇지만 그것은 단순히 본능에 머물지 않고 사회적, 경제적, 문화적 요소들의 영향을 받는다. 힌두 교도들이 소고기를 먹지 않고 이슬람 교도들이 돼지고기를 불결하게 생각하는 것, 기타 지역에 따른 독특한 식습관은 환경적 요소이기도 하지만, 그 안에는 사상적, 문화적 요소가 내재되어 있다. 중국인들의 전통사상은 식생활에 어떤 영향을 미쳤을까?

● 중국인의 영양학인 음양오행사상

중국인의 논리와 사고를 지배하는 핵심 사상 중의 하나가 음양오행陰陽五行사상이다. 음양사상은 우주 만물이 양과 음, 두 상반되는 원리의 작용에 의해 형성되었다는 생각이며, 오행사상은 우주 만물이 물, 불, 나무, 금속, 흙 다섯 가지 요소로 구성되어 있다고 보는 것이다. 두 사상은 따로 형성되었으나 한대 이후 결합되어 중국의 정치, 사회, 문화 전반에 큰 영향을 미쳤다. 음식에 관해서도 예외가 아니다.

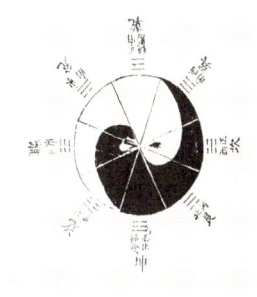

중국인들이 생각하는 우주의 원리를 담은 태극도. 음양은 상호 대립하면서도 의존하는 것으로, 음 중에 양이 있고 양 중에 음이 있다고 생각했다.

음양설에서 양은 열, 밝음, 능동 등의 성질을 띠고, 음은 차가움, 어두움, 피동성 등을 띤다. 이런 음양설의 영향으로 중국인들은 음식 역시 양의 성질과 음의 성질로 구분한다. 즉 육류는 양, 곡류는 음의 성질을 띤 것으로 간주된다. 곡물 중에서도 콩은 양, 녹두는 음의 성질을 띤다고 파악했다. 또 주식인 밥은 양의 개념으로, 부식인 반찬은 음의 개념으로 사용했다.

중국인들은 곡식을 오곡五穀, 즉 기장, 보리, 조, 콩, 마로 분류한다. 가축은 양, 닭, 돼지, 소, 개의 오축五畜으로 나눈다. 음식의 맛도 신맛, 단맛, 쓴맛, 짠맛, 매운 맛의 오미五味로 구분하는데, 이는 바로 오행사상이 음식에 적용된 예들이다. 따라서 각각은 오행의 하나에 해당하는 속성을 갖고 있는 것으로 간주된다. 예를 들어 짠맛은 물, 쓴맛은 불, 신맛은 나무, 매운 맛은 금속, 단맛은 흙의 성질을 띠고 있다고 생각했다.

중국인의 사고 속에서 우주는 음양의 융합과 조화에 의해 이루어진 것이었다. 양을 대표하는 남성과 음을 대표하는 여성의 결합과 조화에 의해서만 이 세상이 제대로 유지될 수 있는 것과 같은 이치다. 음식 역시 음양의 조화를 이루어야 한다고 생각했다.

음식飲食이라는 단어가 양陽을 나타내는 음飲 자와 음陰을 나타내는 식食 자로 결합되어 있다는 것 자체가 음양의 조화를 중시한 중국인들의 사고를 단적으로 드러낸다. 옛 문헌 중에는 보리는 양고기와 함께 먹을 것, 콩은 닭고기와 함께 먹을 것, 수수는 소고기와 함께 먹을 것 등 이른바 음식의 궁합에 대해서 규정한 내용이 보인다. 이는 음양의 성질에 따른 음식의 조화로운 섭취를 중시한 예들이다.

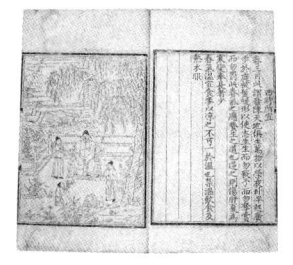

《음선정요》에서 계절에 따라 피해야 할 음식을 설명하고 있는 부분.

중국인의 전통 음식 습관에서는 봄에는 신맛, 여름에는 쓴맛, 가을에는 매운 맛, 겨울에는 짠맛이 나는 음식을 많이 먹는다. 이는 바로 오행사상의 영향이다. 봄은 만물이 소생하는 계절로 오행 중 나무의 성질을 띠기 때문에 오미 중 나무의 성질을 띠는 신맛을 많이 섭취하는 것이다. 흙의 성질은 중앙에 속하며, 오미 중에 단맛이 흙의 성질을 띠므로 조화를 위해 사시사철 두루 섭취하는 것이 좋다고 말한다.

어쩌면 까다로워 보이기도 하고, 또 때로는 미신적이라고도 할 수 있는 음식에 대한 이런 규정은 중국인들이 인체를 우주 자연의 축소판으로 보았음을 의미한다. 우주 자연이 음양과 오행의 조화와 순행에 의해 이루어지듯이, 자연의 산물인 인간 역시 음양오행의 순행에 걸맞은 음식을 섭취해야 건강을 유지할 수 있다고 생각했다.

중국 의학에서 자주 쓰이는 용어 중에 '의식동원醫食同源'이라는 말이 있다. 우리 식으로 표현하자면 '밥이 보약이다'라는 의미 정도가 될 것이다. 중국 의학에서는 병이 생기는 원인의 하나는 음양오행의 이치에 맞게 조화와 균형 있는 음식을 섭취하지 않았기 때문이라고 생각한다. 그래서 치료 역시 상실된 균형과 조화를 회복하는 것에 역점을 둔다. 당나라의 유명한 의사였던 손사막孫思邈도 먹는 것으로 먼저 병을 치료하고, 그래도 낫지 않으면 약을 써야 한다고 했다.

서양에서는 일찍이 생물학, 화학 등 기초과학에 근거하여 영양학의 개념이 발달한 것에 비해, 중국을 비롯한 동양에서는 서양의 식품영양학이 들어오기 전에는 영양학이라는 개념이 없었다고들 한다. 하지만 이쯤이면 훌륭한 식품영양학이 아닌가?

◉ 음식의 절제를 중시하는 유교사상

중국 사상을 대표하는 유교에서는 인간관계뿐 아니라 일상의 행동거지에서도 형식과 예절을 매우 중시한다. 음식에 관해서도 예외가 아니어서, 《예기禮記》에는 예제가 음식에서 비롯되었다고 기록하고 있다. 그래서 음식의 종류와 형태, 음식을 먹는 차례, 식탁에서 각자 앉아야 할 위치 등이 엄격하게 정해져 있고, 이를 어기면 무례한 사람 취급을 받았다.

공자는 음식을 못하는 처를 2명이나 내쫓았다고 한다. 또 《논어》에서도 '곡물은 깨끗할수록 좋다. 회는 가늘수록 좋다. 쉰 밥이나 악취 나는 생선이나 상한 고기는 먹지 않는다. 냄새가 나쁘면 먹지 않는다. 시간 외에는 먹지 않는다. 썬 솜씨가 나쁘면 먹지 않는다. 소스가 어울리지 않으면 먹지 않는다. 술은 아무리 많아도 좋으나 그 때문에 난잡해져서는 안 된다. 가게에서 파는 술이나 말린 고기는 먹지 않는다'라고 하여 음식에 대한 유자儒者의 까다로운 취향을 드러내고 있다. 또 공자는 '식불어食不語, 침불언寢不言', 즉 밥 먹을 때와 잠자리에서는 말을 하지 않아야 한다고 훈계하기도 했다. 유교사상의 엄숙주의와 절제를 중시하는 사고방식을 나타내는 말이다.

식욕이나 성욕과 같은 인간의 본능은 유교에서 감추고 극복해야 할 대상으로 생각되었다. 그래서 음식을 지나치게 탐하는 것도 예의에 어긋나는 것으로 간주되었고, 함께 식사를 할 때 마지막까지 상에 남아 있는 사람은 식탐을 하는 무례한 자로 지목되었다.

중국은 '역사의 나라'라고 할 만큼 방대한 분량의 역사서가 남아 있지만, 음식에 관한 서적은 그다지 많지 않다. 게다가 그 서적들도 저자 미상이거나 가명을 쓴 경우가 많다. 유교의 신봉자였던 지식인들이 극복해야 할 본능적 욕구에 해당하는 음식에 대한 기록을 남기기 꺼렸던 탓이다.

한 무제武帝 시대 이래로 유교는 대체로 중국의 통치이념으로 자리를 잡았다. 역대 통치자들은 어릴 때부터 유교적 이념을 교육받으면서 음식을 비롯한 일상생활에서 항상 솔선수범하여 절검할 것을 강요받았다. 흉년이 들었을 때는 황제 스스로가 반찬의 가짓수를 줄이면서 근신하는 예를 흔히 볼 수 있는데, 이러한 행동은 음식에 대한 유교적 관념을 나타내는 것이다.

그러나 이렇게 솔선수범해서 검소한 생활을 했던 황제들은 명군이라고 칭하는 몇몇에 지나지 않았고, 대부분의 황제와 지배층은 한없는 음식의 사치를 누렸다. 그리고 그 결과는 그야말로 패가망신敗家亡身, 즉 나라를 위기에 빠뜨리거나 지나친 폭음, 폭식으로 요절하는 것이었다.

음식의 사치를 누렸던 서태후.

청말 국정을 좌우했던 서태후西太后는 미식가로도 유명한데, 그녀를 모셨던 한 여관女官이 쓴 기록은 그녀의 음식 사치가 어느 정도였는지 보여주고 있다. 그중 한 장면을 소개해보자. 서태후가 베이징에서 봉천奉天까지 전용열차를 타고 여행할 때, 열차 안에는 주방차가 4량이나 연결되어 있었다. 그리고 상설 화덕이 50대, 일급 요리사가 50명, 하급 요리사가 50명이어서 태후가 원하면 언제든지 즉석에서 주요리 100종, 과자, 과일, 간식으로 100종을 준비했다고 한다. 열차를 정지시킨 상태에서 식사 준비를 했기 때문에, 서태후가 식사를 위해 열차를 멈추면 후속 열차들도 모두 멈춰 서야만 했다.

⊙ 채소 요리를 발전시킨 불교

불교는 후한시대에 중국에 전파되어 유교, 도교와 함께 중국인들의 사고와 생활방식에 큰 영향을 미친 종교이자 사상이다. 원래 불교의 교리에서는 채식을 규정하지는 않았다. 그런데 광신적인 불교 숭배자였던 남조 양나라의 무제武帝가 육식은 곧 살생이므로 계율 위반이라고 규정했다. 그에 따라 양무제는 육식을 하는 승려들을 징벌했으며, 여기에 불교의 중심 사상의 하나인 윤회사상이 불교도들의 육식 금지를 부채질했다. 내가 먹는 고기가 전생에 나와 어떤 관계가 있었던 사람일지도 모른다는 강박관념이다.

점차 승려들은 육식을 기피하게 되었고, 일반 불교 신도들도 매달 초하루나 보름 등에는 채식만 하기도 했다. 채식 위주의 식생활을 하게 되자 자연히 식용 채소를 개발하게 되고, 채소를 이용한 다양한 요리법도 등장하게 되었으니, 불교는 중국에서 채소 위주의 요리를 발전시키는 데 공헌했다고 볼 수 있다.

중국에서 불교는 여러 가지 형태의 미신적 요소와 결합하여 다양한 형태의 민간종교를 형성하기도 했다. 민간종교는 때때로 국가권력으로부터 이단적인 종교로 간주되어 금지되었고, 그 때문에 반란과 결부되기도 했다. 여러 사료에는 이단적 종교 신자들을 '끽채사마喫菜事魔', 즉 채식을 하고 마귀를 섬기는 자들이라고 표현하고 있다. 당시 민간에서 채식주의자들이 많았음을 알 수 있는 대목이다. 성리학의 집대성자로 유명한 주희朱熹조차도 한때 당파싸움에 휩쓸려 끽채사마하는 자로 배척받기도 했다.

살생을 금기시하는 불교의 계율은 결과적으로 가축이나 어류를 함부로 포획하는 일을 방지하는 효과를 가져왔다. 불교 명절날 행해지는 방생 역시 식량자원을 보호하는 의미를 함축하고 있다.

전통사회에서 명절은 지역사회의 구성원들을 연결해주는 장으로서의 구실을 한다. 그래서 명절마다 명절 음식이 있기 마련이다. 불교가 중국 사회에 들어온 후에, 여러 가지 불교 명절 행사가 거행되어 왔는데, 그중 하나가 음력 12월 8일 석가모니의 성불을 기념하는 납팔절臘八節 행사다. 이날 불교도들은 불죽佛粥 또는 납팔죽臘八粥이라는 음식을 먹는 풍습이 있다.

중국에 불교가 들어오기 전에도 12월 8일을 납팔절이라 하여 명절로 기념했다. 이것은 원래 수렵생활을 하던 시절 겨울에 수렵한 제물로 신에게 제사 지내던 전통에서 비롯되었다. 요즘도 1월 초의 신문지상에서 전해 12월을 구랍舊臘이라고 표현하는 것을 볼 수 있는데, 12월을 납월臘月이라고 한 것은 이 때문이다. 이때 8명의 신에게 제사를 지내어 제삿날도 8일로 정하고, 명칭을 납팔절이라 한 것이다.

남북조시대에 불교가 성행하면서, 이 납팔절과 석가모니가 성불한 날이 결합하게 되고, 이날 사원에서는 납팔죽을 끓여 공양했다. 석가모니가 수행 중 쓰러졌을 때 한 양치기 소녀가 끓여준 죽을 먹고 납팔일에 성불한 것을 기념하기 위해 납팔죽을 끓여 먹는 풍습이 생겼다. 이후 민간에서도 쌀, 콩, 과일 등의 재료를 넣어 만든 납팔죽을 쑤어, 부처와 조상에게 바치고 이웃과 친척끼리 나누어 먹으면서, 오곡의 풍성을 기원하게 되었다.

◉ 음식을 부정했던 도교

진시황秦始皇 하면 얼른 연상되는 것 중 하나가 불로초를 구하기 위해 방사方士들을 봉래산蓬萊山으로 보냈다는 이야기다. 중국에서는 일찍부터 신선, 불사를 위한 여러 가지 방법과 설들이 제기되었다.

중국 고유의 종교 내지 사상인 도교는 이러한 신선 불사사상과 함께 노장사상, 음양오행, 참위설讖緯說, 점복占卜 등이 결합되어 있어 한마디로 정의하기 어렵다. 이러한 여러 요소들은 모두 건강과 안전, 행복을 추구하며, 이를 위한 여러 가지 방안이 도교 속에 집약되어 있다. 그래서 도교는 가장 중국적인 종교라고 한다.

도교에서 장생불사를 위해 제시하는 방법은 크게 내단內丹과 외단外丹으로 나눈다. 호흡법, 도인導引이라 일컫는 체조법, 방중술房中術 등이 전자에 속하는데, 이들의 공통점은 스스로 신체를 단련하여 장생불사하려는 것이다. 후자는 외적인 요소, 즉 음식이나 약물을 통해 불사에 도달하려는 것으로 약물을 복용하는 복이服餌, 곡기를 끊는 벽곡辟穀이 있다.

한대 무덤 마왕두이(馬王堆)에서 출토된 도인도의 복원 모습.

도교에서 불사의 약으로 생각되었던 것이 금단金丹이며, 금단을 만드는 방법이 연금술이다. 이것은 수은과 유황을 혼합하여 열을 가하고 여러 가지 화학반응을 일으켜 황금으로 변화시키는 방법이다.

황금은 동서고금을 막론하고 귀중품으로 생각되었으므로 서양 사람들도 수은 화합물에서 황금을 추출하는 연금술을 시도했다. 그러나 서양 사람들이 금 자체를 소중히 여겼던 것에 비해 장생불사를 최고의 가치로 여긴 중국인들은 변하지 않는 금의 속성에 주목하여, 금단을 먹으면 장생불사하게 된다고 생각했다. 수많은 중국의 방사들이 금단을 만드는 실험을 거듭했으며, 그 과정에서 의학과 화학이 발전한 사실도 부인할 수 없다.

중국의 황제들은 방사들이 만든 금단을 먹고 영생을 꿈꾸었다. 그러나 뜻밖에도 영생을 꿈꾸던 황제들은 한결같이 금단을 먹고 곧 사망했다. 당 헌종憲宗은 이 약을 먹고 갈증과 불안, 초조감을 호소하다가 사망했다고 한다. 이외에도 금단 복용이 성행했던 당대에 많은 황제와 관료들이 금단을 복용한 후 피를 토하거나 혈변을 보고는 쓰러져갔다. 현대의학에서는 이것이 수은 화합물의 중독 때문이라고 보고 있다.

신선사상과 양생술養生術이 유행한 위진수당魏晉隨唐시대에는 불로장생을 위해 한식산寒食散이라는 약물을 복용하기도 했다. 이 역시 비소, 수은, 납 등 중금속이 포함되었던 약물로 강한 중독성과 심각한 부작용을 일으켰다. 결국 영생을 꿈꾸던 사람들은 약물과 중금속 중독으로 죽음을 자초한 꼴이 되었다.

금단에 의한 부작용이 증대되자 송대 이후에는 내단이 더 중시되었다. 도교에서는 사람의 생명은 기가 모여서 된 것으로 기가 흩

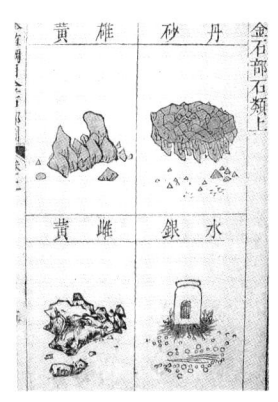

《신농본초경神農本草經》에 나오는 단사, 수은 등 선약의 재료들.

복이의 하나인 운모雲母를 제조하는 모습을 그린 〈수사운모도修事雲母圖〉(《본초품회정요本草品匯精要》에 수록).

어지면 죽는다고 생각했다. 내단의 여러 가지 방법들은 기를 모으고 유지하기 위한 것이다. 음식은 기를 파괴하는 것으로 생각되었으며, 특히 육류나 자극적인 음식은 기를 모으는 데 가장 장애가 된다고 보았다. 도교 신봉자들이 최상의 방법으로 생각한 것은 아무 음식도 먹지 않고 기를 먹고 사는 것이었다. 이것이 벽곡이다. 이것이 가능한지 어떤지는 모르겠으나, 생명을 유지시켜주는 수단인 음식이 오히려 생명 유지를 위해 부정당하는 기이한 현상이 빚어졌다.

한편 도교는 유교의 엄숙주의와 형식주의 아래서 심리적 압박감을 느끼는 중국인들을 자유롭고 낭만적인 세계로 인도한다. 이때 술은 인간의 본능을 풀어헤치는 촉매제 역할을 한다. 그래서 도교와 술은 불가분의 관계에 있다고도 할 수 있다. 중국의 시선詩仙 이백李白이 엄청난 술꾼이었음은 잘 알려진 사실인데, 그의 시에서 그려진 자연은 바로 도교에서 이상향으로 생각하는 무릉도원의 정경이 아니던가?

3. 중국인의 주식

만리장성 이남 농경지대에서 삶의 터전을 잡은 중국인들은 곡물을 주식으로 생활해왔다. 자연환경이 다양한 중국에서는 곡물의 종류가 다양하여, 요리 방식에도 차이가 있다. 중국인들은 언제부터 어떻게 곡물을 재배해 먹었으며, 주식은 중국인들의 삶에 어떤 영향을 미쳤을까?

◉ 밥이 하늘이다

중국 정사正史의 하나인 《한서漢書》에는 '백성은 먹는 것을 하늘로 생각한다(民以食爲天)'는 말이 있다. 사람이 살아가는 데 있어 가장 중요한 것은 먹는 것이고, 따라서 백성들이 배불리 먹을 수 있도록 하는 것이 통치의 관건이라는 경고다.

2,000여 년 동안 지속되었던 중국의 여러 왕조를 지탱하는 재정에서 가장 많은 비중을 차지하는 것 역시 토지에서 나오는 세금이었다. 화폐가 충분히 유통되기 전에는 곡물이 중요한 교환수단이었고, 관료들에게 지급되는 봉급도 곡물이 주를 이루었다.

따라서 중국의 황제들은 곡물의 풍흉에 촉각을 곤두세웠다. 기근이 들면 국가 재정의 기반이 되는 토지세의 수입이 줄어들 뿐만 아니라 민심이 흉흉해지고 곳곳에서 폭동과 반란이 발생하며, 때로는 그러한 반란이 왕조의 멸망을 초래하기도 했기 때문이다.

성군으로 일컬어지는 군주들은 백성을 배불리 먹게 한 자들이었으며, 역대 통치자들은 풍성한 곡물 수확을 위해서 여러 방면에서 노력했다. 새롭게 왕조를 창건한 황제들은 공통적으로 황무지를

청대 옹정제가 선농단先農壇에서 제사를 지내는 모습을 그린 〈선농단 제사도〉. 선농은 고대 전설에 나오는 인물로 경작을 가르쳤다고 한다. 황제는 매년 봄 선농단에서 경적례耕籍禮를 행해 풍년을 기원했다.

개간하여 토지를 확장했고, 농민들의 세금을 감면시킨다든지, 황무지를 개간한 자들에게 특혜를 주는 방법 등으로 농업을 장려하여 국가를 반석에 올려놓고자 했다.

매년 봄 파종 때 천자는 친히 경지에 나가 밭갈이하는 의식을 행하고, 그런 경작지를 적전籍田이라고 했다. 물론 형식적인 행위에 불과했지만, 통치자들이 농사를 얼마나 중시했는가를 상징적으로 보여준다.

중국 통치자들이 이상적인 통치자로 생각하는 주나라의 문왕文王, 주공周公 등은 일찍이 '천하의 일은 그 시기를 놓치지 말 것(天下不失其時)'을 강조했다. 자연자원을 남용하지 말 것이며, 농사를 지을 때도 계절의 순환에 따라 파종할 때 파종하고 수확할 시기가 무르익어서야 수확을 하라는 의미다. 역대 통치자들은 이 교훈을 받아들여 농번기에는 가능하면 백성들을 군역이나 요역에 동원하지 않으려고 노력했다.

여러 가지 자연재해로 농사를 망치는 경우가 허다했는데, 이중

명대에 건설된 샤오싱(紹興)의 대우묘大禹廟(왼쪽)와 카이펑 우왕대禹王臺의 우왕상(오른쪽). 대우치수는 중국인의 염원을 담고 있다.

에서도 농사에 가장 영향을 많이 미치는 요소는 강수량이다. 중국에서 강수량의 80%는 바람의 방향이 변화하는 여름 3개월 동안에 집중된다. 이 비는 필리핀 해에서 불어오는 습기를 띤 열대풍이 동쪽이나 동북쪽으로 움직이는 저기압에 의해 냉각됨으로써 형성된다. 농사의 풍흉은 이 두 기류의 변화가 제때 찾아오느냐에 따라 결정된다. 이 두 기류가 한 지역 상공에 계속 머물면 그 지역은 홍수와 강물의 범람으로 재난이 닥치게 된다. 반대로 이 두 기류가 비켜가는 지역은 반드시 가뭄이 들게 된다.

중화민국 성립 이전 2,000여 년 동안의 수재와 한재에 대한 통계를 보면, 심각한 경우만도 수해 1,621회, 가뭄 1,392회로 매년 평균 1.42회의 재해가 일어난 것을 알 수 있다. 따라서 풍작을 거두기 위해서는 물을 잘 다스려야 했다. 중국의 전설 속에 등장하는 우禹임금은 치수사업으로 황허의 물길을 잡는 데 성공하여 순舜임금에게 제왕의 자리를 물려받은 사람이다. 오늘날도 중국인들은 그의 존재를 확신하여 곳곳에 그의 사당을 세웠다. 황허 변에도 그의 동상을 세워 노도와 같은 황허를 잠재우려는 염원을 표현하고 있다.

　중국의 황제들은 한결같이 우임금을 모범으로 삼으며, 치수사업에 공을 들인 것은 물론, 가공할 자연의 위력 앞에 경외감을 지니고 풍년을 기원하는 제사를 지내는 데도 열심이었다. 중국인들은 흔히 자신들을 용의 자손이라고 말하는데, 용의 형상은 변화무쌍한 황허의 모습을 닮은 것이라고 한다. 용에 대한 제사는 황허로 상징되는 하신河神에게 풍년을 기원하는 의미를 담고 있다.

　땅이 넓은 중국에서는 동남기류와 서북기류의 움직임에 따라 어떤 지역은 풍년이 들어 곡식이 썩어날 지경인 반면 또 다른 지역은 곡식이 부족하여 사람들이 서로 잡아먹는다는 말까지 나돌 정도였다. 그래서 통치자들에게는 풍성한 수확을 독려하는 것 못지않게 곡물의 유통을 원활하게 하는 것도 중요한 일이었다. 한대에 균수법均輸法과 같은 물가조절제도가 생긴 이래 상평창常平倉, 의창義倉과 같은 기관을 설치하거나, 화적제도和糴制度를 실시한 것 역시 밥을 하늘처럼 생각하는 백성들의 소망을 들어주어야만 국가를 지탱할 수 있다는 통치자들의 의식의 반영일 것이다.

⊙ 오곡의 으뜸인 조, 검소함의 상징인 보리

　중국 문명의 발상지이며 고대 중국인들의 주요 활동무대는 황허 중상류의 건조지역으로 오늘날의 산시(陝西), 산시(山西), 허베이 성, 허난 성(河南省) 일대. 이 지역은 시베리아로부터 세찬 바람에 실려온 누런 흙이 쌓여 이루어진 황토 고원과 그 흙이 황허에 침식되어 쌓여 이루어진 황토 평원지대다.

황토는 입자가 매우 미세하여 피부의 털구멍으로 사라질 정도라고까지 말한다. 이렇게 부드러운 성질 때문에 나무나 돌로 만든 농기구로 농사짓기에도 적당했다. 또 황토는 강우량이 적은 곳에서는 잘 분해되지 않아 무기질을 많이 포함하고 있어, 농작물이 성장하기에도 좋은 토양이었다.

문제는 이 지역이 건조지역이라는 점인데 이 역시 크게 문제가 되지는 않았다. 원시적인 농경 단계에서는 습지에서 물을 빼는 일이 더 벅찬 일이었기 때문이다. 더욱이 황토는 수분을 잘 투과시키지 않는 훌륭한 성질을 가지고 있어, 얼마 되지 않는 강우량으로도 농사를 지을 수 있었다. 이러한 자연환경에서 황토 고원의 중국인들은 황토 위의 나무를 잘라내고 불을 질러 곡물을 재배하면서 문명을 발전시킬 수 있었다.

황허 유역의 중국인들이 초기에 주식으로 삼았던 곡물들은 건조지역에 적합한 밭작물이었다. 중국의 곡물을 대표하는 오곡에 포함되는 기장, 조, 보리, 콩, 마가 모두 밭작물임은 이를 입증한다.

오곡 중에서도 가장 으뜸으로 취급된 것은 조였다. 중국의 옛 문헌들에 의하면 조가 몇 알 들어가느냐를 부피나 무게의 단위로 삼았다. 예를 들어 1분分은 조 12알이 들어가는 부피이며, 조 6,000알을 1작勺으로 했다. 관리들에게 봉급으로 주는 곡식이 조였던 것도 조가 가장 보편적인 양식이었음을 말해준다. 천자들은 농사의 풍년과 국가의 안녕을 기원하면서 해마다 토지신과 곡물신, 즉 사직社稷에 제사를 지냈다. 이때 곡물의 신인 직은 조를 의미하는 것이니, 조를 곡식의 으뜸으로 취급했음은 여기서도 알 수 있다.

중앙 아시아 고지에서 전래되었다는 보리도 일찍부터 중국인들

《천공개물》에 소개된 조, 기장 등을 빻는 기구.

의 주식 중 하나였다. 처음에는 먼 곳에서 온 것이라 하여 내來라 했다. 이후 '내'가 동사로 쓰이면서 보리를 칭할 때는 곡물 아래쪽에 뿌리가 퍼진 모양인 맥麥을 사용하게 되었다.

보리는 거칠어서 씹기가 불편하여 조나 기장에 비해서 저급한 음식으로 간주되었다. 한대의 기록인《어람御覽》〈맹종별전孟宗別傳〉에는 맹종이 보리밥을 토한 것을 보고 어떤 사람이 황제에게 보고했더니 황제가 "진실로 덕이 있고 청렴하구나"라고 탄식했다는 내용이 있다. 보리가 가난한 일반 백성들이나 먹는 음식이었다는 의미일 것이다.

조리기술과 조리도구가 발달하기 전에 밭작물은 주로 쪄서 햇볕에 말려 빻아서 먹었는데, 이를 구糗 또는 배焙라고 했다. 휴대가 간편하고 불이 없어도 먹을 수 있었기 때문에 여행할 때나 전쟁 중에 먹기에 편리했다. 집에서는 뜨거운 물을 넣어 불려서 먹기도 했다.

후한 초기 군웅 중 한 사람인 외효隗囂의 최후에 대해《후한서後漢書》〈외효전〉에서는 외효가 병이 나고 배도 고팠는데, 성을 나와 구배糗焙를 먹고 분사忿死했다는 기록이 있다. 하지만 외효는 분사한 것이 아니라 병이 악화되어 죽은 것으로 봐야 할 것 같다. 미숫가루와 같은 형태인 구배는 소화가 잘 되지 않고 물이 들어가면 팽창하므로 병이 나고 배가 고픈 사람이 먹기에는 부적합한 음식인데 이를 먹었으니 말이다.

구배는 소화가 잘 안 되는 거친 음식이었지만 끓인 것보다는 고급 음식으로 취급되었다. 당시에는 주로 토기를 주방용기로 사용했는데, 토기에 곡물을 끓이면 흙냄새가 배었기 때문에 끓인 것은 싸구려 음식으로 생각되었던 것이다.

공자와 관련된 일화에서도 끓인 음식이 싸구려로 생각되었던 예를 볼 수 있다. 어느 날 공자가 길을 가는데 한 노파가 공자에게 세상을 개혁하는 데 힘써준 것에 감사를 표하면서 보리죽 한 그릇을 바쳤다. 공자가 그 보리죽을 감사하게 먹자 제자가 끓인 음식은 싸구려인데 스승님은 어찌 정중히 사례하시느냐고 물었다. 이에 공자는 그 뜻이 존귀하기 때문이라고 대답했다.

은대에 만들어진 음식을 끓이는 데 썼던 도격. 당시에는 토기에 곡물을 끓였다.

◉ **분식을 유행시킨 밀**

라면은 일본 사람들이 처음 먹기 시작한 것으로 알고 있는 사람이 많지만, 사실 중국 사람들이 먼저 먹기 시작했다.

라면의 원료인 밀은 원산지가 중앙 아시아다. 최근 고고학 발굴에 의해 중국 토산의 밀이 선사시대에 이미 재배된 사실이 밝혀지긴 했지만, 일반적으로 한대 장건이 개척한 실크로드를 따라 서역의 여러 가지 물품들이 전래되면서 밀이 중국에 보급되었다고 본다. 이런 연유로 서역에서 중국으로 들어오는 통로인 간쑤, 산시(陝西), 산시(山西) 성 등지에서 밀가루로 만든 요리가 발달했다.

6세기경까지만 해도 화베이(華北) 지역에서는 조를 주식으로 했고 밀도 재배하기는 했지만 그리 성행하지는 않았다. 오늘날 화베이 지역에서는 봄에 조를 심어 수확한 후 밀을 재배하며, 밀을 수확한 후 다시 콩류를 재배하는 것이 일반적이지만(2년 3모작), 당 이전까지 조와 밀은 1년 1모작의 형태로 따로 재배되었다.

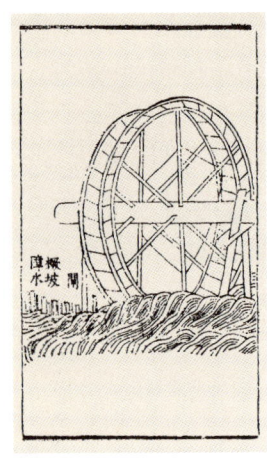

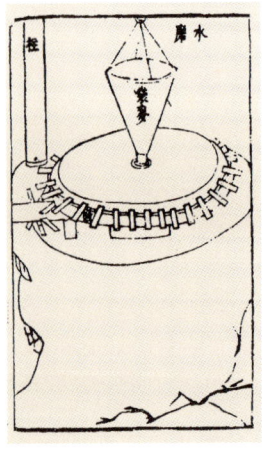

《천공개물》에 묘사된 수차.

밀이 주곡으로 자리잡는 데 시간이 걸린 이유 중 하나는 낱알의 특성 때문이다. 밀은 보리, 쌀 등과 달리 껍질이 단단한 것에 비해 알이 푸석하여 탈곡이나 정백을 위해 조금만 압력을 가해도 쉽게 부서진다. 그래서 밀은 다른 양곡과 달리 일찍부터 분식의 형태로 먹었다. 당대 이전까지만 해도 밀을 빻기 위해서 손으로 돌리는 맷돌에 의존해야 했으므로 귀족을 비롯한 특권층이 주로 밀을 먹었고 귀한 음식으로 생각되었다.

특히 밀은 주로 화베이의 건조지역에서 재배되었으므로 쌀이 주식이던 강남지역에서는 밀가루 음식이 더욱 귀했다. 남조의 송나라에서는 종묘에 제사를 지낼 때 면류를 올렸으며, 제나라의 무제武帝도 고인이 즐기던 음식이라 하여 할아버지의 제삿상에 만두를 올렸다고 전한다.

당 중기 이후에 조와 밀을 2년 3모작의 형태로 경작하는 새로운 농법이 출현했다. 그 결과 화베이 지역에서 농업 생산력이 획기적으로 증대했다. 당 중기 이후 세금 징수체계를 조용조租庸調에서 여름과 가을에 한 번씩 징세하는 양세법兩稅法으로 바꾸기 시작한 것도, 조와 밀을 2년 3모작 형태로 재배하는 농법에 기초한 것이다.

밀 생산량의 증대와 함께 당대에 이르러 수차水車에 의한 대규모 제분업이 등장하여, 수리 관개를 방해한다는 이유로 사회문제가 될 정도였다. 따라서 당대 이후에는 분식이 일반인들 사이에서도 널리 유행했으며, 당 전성기에는 수도 장안長安에 밀가루로 만든 음식을 파는 노점들이 즐비했다. 이후 화베이 지역에서 밀이 점차 조와 수수 등을 대체하여 주곡으로 자리잡았다.

밀은 분식의 형태로 먹기 때문에 다양한 요리법을 개발할 수 있었다. 밀가루로 만든 음식을 총칭하여 병餠이라고 하는데, 조리 형태에 따라 증병蒸餠, 탕병湯餠, 소병燒餠 등 여러 가지 명칭으로 불린다. 증병은 밀가루를 반죽하여 찐 것으로 만두가 대표적인 음식이다. 중국에서는 만두를 빠오즈(包子) 또는 쟈오즈(餃子)라고 하며, 만터우(饅頭)라고 칭하는 것은 속을 넣지 않은 것을 말한다.

만두를 중심으로 한 화베이의 식탁 모습.

탕병은 밀가루 반죽을 일정한 형태로 자르거나 뜯어 물에 끓이는 국수 형태인데 지역마다 특색이 있다. 중국인들은 가락이 긴 국수를 장수의 상징으로 보아 국수를 먹으면서 장수를 축원하는데, 이는 당대에 그 기원을 두고 있다.

소병 또는 유병油餠은 밀가루를 반죽하여 굽거나 튀긴 것이다. 소병 중에서도 속을 넣은 것을 함병餡餠이라고 하는데, 중국인들이 추석날 먹는 월병月餠이 함병의 일종이다. 유병은 남송대부터 널리 먹었는데 처음에는 유작회油炸檜라 불렀다고 한다. 여기서 회檜는 남송의 애국 장군 악비岳飛를 모함에 빠뜨려 죽게 한 진회秦檜를 가리킨다. 당시 백성들이 진회를 증오하여 밀가루로 그 모양을 빚어 기름에 튀겨 먹었던 것이다.

대개 밀가루를 재료로 한 음식들은 간편하게 먹을 수 있고 휴대하기도 편리하다. 당대에 한 하급관리가 퇴근길 말 위에서 병餠을 먹다가 버릇없다고 면직된 일이 있지만, 일반 백성들은 흔히 길에서 이런 음식들을 먹었다. 그래서 당대 장안에는 밀가루 음식을 파는 가게들이 많았다. 오늘날 중국인들이 정식으로 요리를 먹을 때

외에는 대부분 간편한 식사를 하는 것도 이런 밀가루 음식의 특성과 맥을 같이 하는 것이 아닐까?

◉ 강남의 과잉 인구를 먹여 살린 쌀

중국에서 쌀의 재배 역사는 BC 5000년 이상 신석기시대까지 거슬러 올라간다. 쌀의 재배에는 풍부한 물이 필요하므로 건조한 북방지역보다는 남방의 자연조건이 쌀 재배에 더 적합했다. 중국에서 최초로 쌀이 재배된 흔적이 보이는 곳도 창장 하류 신석기 문화 유적지인 허무두(河姆渡)다.

주대에는 중원지역에서도 쌀이 재배되었으나 이 지역의 주식은 여전히 조, 기장 등 밭작물이었다. 《전국책戰國策》〈조책趙策〉에 '전국시대 정나라 여자들은 얼굴에 흰 분을 바르고 눈썹먹으로 검게 눈썹을 그렸다'라는 구절이 있다. 분粉은 米(쌀)와 分(나누다)이 합쳐진 글자로, 쌀을 가루로 만들어 얼굴에 발랐음을 알 수 있다. 고대 중원지역에서는 쌀이 식품이 아니라 화장품으로 더 많이 사용되었던 것 같다.

중국 고대 문명의 또 하나의 중심지 창장 유역은 황허 일대와 달리 고온다습하고 저습지가 많아, 주로 파종 전 잡초를 태우고 볍씨를 직파하는 조방적 농업으로 쌀을 재배했다. 황허 일대를 무대로 활동하던 중국인들이 창장 유역까지 영역을 확대해감에 따라, 쌀을 비롯한 남방의 진기한 것들에 대한 지식이 증가했다.

삼국시대 오나라와 촉나라가 강남에 근거를 두면서 강남 개발이 진전되었다. 이후 유목민이 만리장성을 넘어 대거 중원으로 들어오는 동란 시대 황허 일대에 살던 중국인들이 창장을 건너 강남지

〈직경도織耕圖〉 중 관개의 모습(왼쪽)과 추수의 모습(오른쪽).

역으로 이주해왔다. 이들은 곧 이곳의 쌀맛에 매혹되었다. 늘어난 인구를 먹여 살릴 수 있었던 것도 쌀의 단위 면적당 생산력이 다른 작물에 비해 높았기 때문이었다.

수나라가 전국을 통일한 후에는 대운하를 통해 쌀을 북방으로 대량 운반했으나 이때까지 북방에서는 쌀이 아직 귀한 음식이었고, 남방에서는 반대로 밀가루가 귀한 음식이었다.

10세기를 전후하여 강남지역이 본격적으로 개발되면서 이 지역 인구가 급속도로 늘어났다. 1380년경 중국 북부의 인구는 1,500만 명 정도, 남부의 인구는 3,800만 명 정도로 이미 1:2.5의 비율에 도달했다.

쌀은 단위 면적당 생산량이 많은 작물이면서 동시에 손을 많이 필요로 하는 노동집약적 작물이다. 이러한 특성으로 인해 쌀은 강남의 자연적, 사회적 조건에 가장 적합한 주곡작물이 되었고, 10세기 이후 쌀 생산량도 증가했다.

송대에는 쌀 생산을 늘리기 위해 강남지역의 하천에 제방을 쌓고 대규모 수리전을 조성하기 시작하여, 경작 면적이 획기적으로 확대되었다. 모내기와 시비법의 발달도 쌀 생산량 증가에 한몫을 했다. 특히 송나라 진종眞宗 대중상부大中祥符 5년(1021)에는 남부 베트남에서 점성도占城稻가 전래되어 재배를 장려했다. 점성도는 생산량이 몇 배나 많았고 가뭄에도 강했으며, 조생종으로 이모작도 가능하여, 창장 하류 일대에 순식간에 퍼졌다. 점성도의 도입으로 쌀 생산량이 유례 없이 증가하자 중국의 경제 중심은 화베이 지역에서 창장 이남으로 완전히 옮겨가게 되었다.

점성도는 끈기가 없이 푸석푸석하며, 점성도가 들어오기 이전에도 중국인들은 이런 푸석푸석한 쌀을 좋아했다. 당 현종玄宗 때 동궁 숙직자에게 백미죽을 지급했는데, 그 백미가 차진 것이어서 푸석푸석한 쌀을 좋아하는 중국인의 기호에 맞지 않았다. 설영지薛令之라는 사람이 숙직실 벽에 '밥이 끈적끈적 숟가락에 달라붙다' 라는 구절의 시를 써서 불평하자 현종이 노하여 답시로 '그렇게 싫은 음식이라면 먹지 않아도 좋을 것이다' 라고 하고 그를 파면시켰다는 이야기가 전한다.

쌀이 주식으로 애용됨에 따라 비타민 B1 결핍으로 병이 발생한 예도 종종 나타난다. 남조 양나라 무제 때 북쪽 동위東魏에서 항복해온 장군 후경侯景이 난을 일으켜 난징(南京)을 포위한 일이 있었다. 성내에는 6개월 먹을 쌀이 비축되어 있어 무제는 농성을 시작했으나, 포위가 길어지면서 사람들이 몸이 붓고 호흡이 가쁜 증세에 시달리다가 쓰러져갔다. 시체가 길에 즐비했으나 장사 지낼 사람이 없어 시체 썩은 물이 도랑에 넘쳤다고 한다.

농성이 길어지면서 비축된 쌀이 동이 나서 굶어 죽은 사람이 많앉을 테지만, 몸이 붓고 호흡이 가쁜 증세, 즉 백미 중독으로 비타민 B1 결핍에 의해 사망한 사람도 있었던 것 같다. 당시 기록에서 쌀보다 생선과 소금 등 부식품 부족을 지적하고 있기 때문이다.

당대의 명의 손사막도 대표작 《천금방千金方》에서 비타민 B1 결핍에 의한 각기병에 대해 설명하고 있다. 이 병은 다리에서 먼저 증세가 나타나기 때문에 각기라고 불리며, 당나라가 전국을 통일한 후 관리들이 남방에 부임하면 이 병에 걸려, 중원의 사대부들이 강남에 가지 않으려 한다고 했다. 또 아무 데도 가지 않고 이 병을 앓는 사람이 있었다고 하니 이 시기 북쪽에서도 쌀을 주식으로 하는 사람들이 점차 많아졌음을 알 수 있다.

밀을 주식으로 하는 지역에 사는 사람들은 영양분의 50~70%를 밀에서 섭취하지만, 쌀을 주식으로 하는 지역의 경우 영양분의 80~90%를 쌀에서 취한다고 한다. 그만큼 쌀 생산 지역 사람들은 쌀에 대한 의존도가 높다는 이야기다. 이는 다른 말로 하면, 자급자족도가 높았다는 이야기이기도 하다. 송 이후 쌀 생산 증가는 급격하게 늘어난 인구를 지탱해준 고마운 선물이기도 했지만, 그 많은 인구가 다른 탈출구를 찾지 못하도록 한 장본인이기도 했다.

4. 중국을 대표하는 음료, 차

커피가 서양의 음료를 대표한다면, 중국을 대표하는 음료는 바로 차다. 중국인들은 식사 후에도, 목이 마를 때도, 교제할 때도, 또 무료할 때도 항상 뜨거운 차를 마신다. 중국어 회화책에는 반드시 차와 관련된 대화가 등장한다. 그만큼 차는 중국인들의 생활과 뗄래야 뗄 수 없는 관계다. 중국인들은 언제부터 차를 마셨으며, 차는 중국인들의 삶에서 어떤 의미를 지니고 있을까?

◉ 상류층의 기호품에서 일용품으로

중국에서 언제부터 차를 마시기 시작했는지는 정확하지 않다. 《화양국지華陽國志》에 주나라 무왕武王이 은나라 주왕紂王을 정벌한 후 파촉巴蜀 등 서남소국이 차를 조공품으로 무왕에게 바쳤다고 한 것으로 보아, 이때 이미 차를 마시기 시작한 것 같다. 한대의 한 노예 매매 계약 문서에는 노비들에게 집에서 차를 끓이도록 한 기록도 있다. 삼국시대에도 손호孫皓가 연회를 베풀 때 위요韋曜가 주량이 적은 것을 알고 비밀리에 그에게 술 대신 차를 하사했다는 기록이 있다. 이런 기록들은 차가 처음에는 왕에게 바치는 공품이나 귀족들의 연회에서나 사용되는 상류사회의 기호품이었음을 말해주는 내용들이다.

차는 주로 남쪽지역에서 재배되었으므로 차 마시는 풍습도 남쪽에서 먼저 시작되었다. 남조 제나라의 귀족 왕숙王肅은 정치적 혼란을 피해 북위로 귀화했는데, 그가 차를 벌컥벌컥 마시는 모습을 보고 뤄양(洛陽) 사람들이 '깔때기'라고 불렀다고 한다. 북조의 여러 왕조들은 유목민이 세운 나라들이었으므로 우유즙(酪)을 즐겨 마시고 차는 우유즙보다 못한 음료라고 생각했다.

 당 중기 이후 북방에도 차 마시는 풍습이 보급되기 시작했다. 차가 중국에 널리 보급되는 데는 불교 승려들이 중요한 역할을 했다. 차는 승려들에게 일종의 흥분제로서 작용했다. 수행을 하는 승려들은 졸음에 시달리기도 하고 때론 육체적 피로감을 느끼기도 한다. 따라서 정신을 맑게 해주고 피로감을 덜어줄 음료가 필요하게 되었다. 이에 따라 남쪽에서 생산되는 차가 운하를 따라 화베이 지역으로 많이 운송되었고, 송대에 이르러 대도시의 번화가는 물론 향촌에도 찻집이 생기기 시작했다. 이제 차는 일반 백성들도 마시는 대중적 음료가 되었다. 차에 대한 최초의 전문 서적인 육우陸羽의 《다경茶經》이 당 중기에 등장한 것은 결코 우연이 아니었다.

송대의 〈투차도鬪茶圖〉. 송대에는 차를 끓이고 맛보는 방법 등을 비교하는 다도가 성행했다.

차가 대중적인 음료가 됨에 따라 송대에는 차의 산지가 당대에 비해 두세 배로 증가했다. 또 차의 맛과 향이 중시되어 차의 제조기술이 상당한 발전을 이루었을 뿐 아니라, 차의 종류와 품질도 다양해졌다.

당대에 만리장성 이북의 유목민에게 차가 보급되기 시작했으나, 유목민 사이에서 차가 필수품이 된 것은 원대부터다. 원대는 동서교류와 무역이 활발했던 시대로 중국 서북지역에 차시茶市를 개방했고, 이들에게 보내는 변차邊茶가 대량으로 생산되었다.

명청시대에 이르면 중국인들의 식생활이나 교제에서 차는 빼놓을 수 없는 요소로 확고하게 자리잡게 된다. 중국인들은 일상생활에 필요한 7종의 필수품을 '개문칠건사開門七件事'라고 한다. 여기에는 땔나무(柴), 쌀(米), 기름(油), 소금(鹽), 간장(醬), 식초(醋)와 함께 차가 포함되어 있다. 중국인들에게 차를 마시는 것은 밥을 먹는 것과 같았다.

◉ 약용식품에서 음료로

차는 신경을 자극하여 권태감을 없애주고 원기를 회복시켜줄 뿐 아니라, 이뇨작용을 하고 살균과 해열, 해독작용까지도 한다. 일찍이 《신농식경神農食經》에서 차를 복용하면 인체에 유익하다고 했으며, 이후 여러 책에서도 차가 건강에 이롭고 치료에 효과가 있음을 기록하고 있다. 최초에 차는 약재로 간주되었다고 볼 수 있다.

차를 마시는 방법도 오늘날과 달라 야생 차나무에서 잎을 따 끓여서 죽처럼 마셨는데, 맛이 쓰고 떫어서 고차苦茶라고 했다. 진한시대에는 찻잎을 갈아 분말을 만들고 기름과 쌀가루 등을 넣어 덩

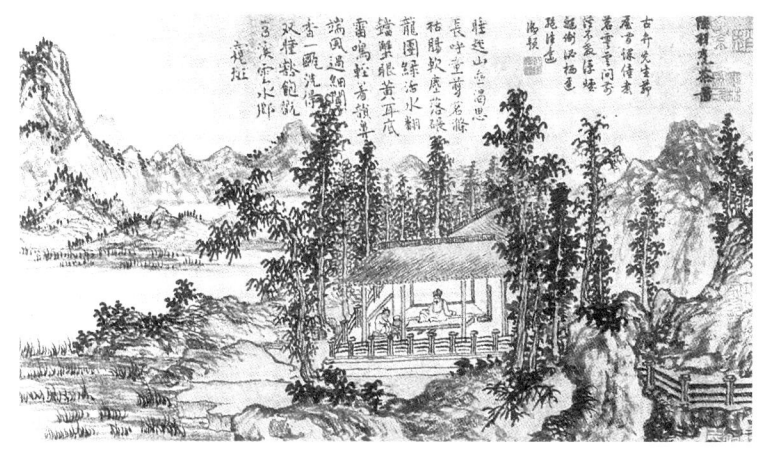

원대 사람 조원이 그린 〈육우팽차도陸羽烹茶圖〉.

어리로 만들었는데, 이를 차단茶團 또는 차병茶餠이라고 한다. 차를 마실 때는 뜨거운 물에 마, 생강 등 조미료를 타서 마셨다.

당 중기 육우가 쓴 《다경》에 기록한 차를 제조하는 법과 마시는 법은 오늘날과 사뭇 다르다. 먼저 맑은 날 야생차의 어린 잎을 따서 시루에 넣고 찐 뒤, 절구에 잘 찧은 다음 틀에 넣고 누른다. 이를 불에 쬐어 말린 다음 꼬치에 꿰어서 건조시킨다. 마실 때는 건조된 덩어리를 갈아서 마셨기 때문에 말차抹茶라고 했다. 말차 중에서 황제에게 진상된 정품을 납차臘茶라고 한다. 덩어리로 된 차에 향이 나는 기름을 발라 밀랍처럼 만든 데서 붙여진 이름이다.

말차를 마실 때는 뜨거운 물에 가루를 넣어 타서 마시거나, 물과 함께 다시 끓이기도 했다. 이때 소금, 감초, 고삼苦參, 약재, 찧은 녹두 등 여러 가지 양념을 넣기도 했다. 북방인들은 차를 마실 때 버터를 넣기까지 했다니, 그윽한 향기와 담백한 맛을 상상한다면 큰 오산이다.

남송대에는 찻잎을 따서 그대로 볶은

시안 법문사法門寺 지하궁에서 출토된 은으로 만든 맷돌. 당대 사람들이 차를 갈 때 사용했다.

다음 보관해두었다가 조미료를 가미하지 않고 마시는 명차茗茶가 나왔다. 명차 역시 끓는 물에 달여 마셨기 때문에 전차煎茶라고 한다. 그러나 명차가 나온 후에도 여전히 《다경》에서 서술하고 있는 방법으로 말차를 마시는 사람이 많았다.

찻잎을 덩어리로 만들게 된 중요한 이유는 운반의 편리함 때문이었다. 명나라 중기에 와서야 오늘날처럼 찻잎을 뜨거운 물에 담아 우려먹는 방법이 널리 보급되었으나, 이때에도 조정에 공물로 바치는 차는 운반의 편의를 위해 단차團茶가 주를 이루었다.

명대에 와서 가공 방법에 따라 차는 여러 가지 맛과 형태로 나뉘어졌다. 대표적인 것이 녹차綠茶와 홍차紅茶다. 녹차는 신선한 찻잎을 고온에서 가열하여 효소의 발효를 억제하고 산화를 방지하여 녹색을 유지하도록 한 것이다. 청차淸茶는 반발효차로 오룡차烏龍茶가 대표적이다. 오룡차는 녹차를 만드는 과정에서 우연히 얻게 되었다고 한다. 녹차를 만드는 도중에 검은 뱀이 나타나 사람들이 놀라 도망갔다가 잠시 후 돌아와보니, 차가 반쯤 발효되어 녹차와는 다른 독특한 맛이 나게 되었다. 오룡, 즉 검은 용이라는 차의 이름은 검은 뱀에서 유래했다고 한다.

홍차는 완전 발효차로 우려내면 붉은 빛이 난다. 명차가 등장하기 전에 찻잎을 쪄서 뭉친 단차는 뭉치는 과정에서 산화작용이 일어났으므로 모두 홍차였다고 봐야 한다. 명차가 등장하고부터 중국인들은 홍차를 즐기지 않고 주로 녹차나 청차를 마셨다.

⊙ 차의 정치학

중국인들의 일상 음료인 차는 정치, 외교사에도 많은 영향을 미쳤다. 당 중기 이후 차를 마시는 풍습이 널리 유행하자, 당 후기 덕종德宗 때부터는 국가에서 차를 전매하거나 세금을 매기기 시작했다. 차는 술, 소금 등의 전매품과 함께 송나라 재정에서 중요한 비중을 차지했다. 또한 국가로부터 차의 생산, 유통을 독점할 권한을 얻은 차상인들이 부와 권력을 획득하기도 했다. 차의 전매에 의한 수입은 원, 명, 청대에도 중요한 세금원이 되었음은 물론이다.

뿐만 아니라 당 중기 이후에는 만리장성 이북의 북방 유목민에게도 차가 보급되었다. 차가 소화를 돕는 약리효과가 있음을 알게 되면서 육류를 주식으로 먹는 유목민에게 차는 필수품이 되었다. 송나라는 차를 변경민족을 회유하는 데 사용하려 했다. 그래서 송대에 중국과 경계를 나란히 했던 서하, 요, 금나라 등 북방민족이 세운 나라들 사이에는 변경지역에서 말을 가져와 차로 바꾸어가는 이른바 차마무역茶馬貿易이 성행했다.

몽골 족이 세운 원나라에서는 동서간의 물자 교역이 활발하게 이루어졌으므로, 유목민이 중국을 통해 차를 입수하는 데 문제가 없었다. 이민족 왕조를 무너뜨리고 한족 부흥의 기치를 내건 명대에는 대외정책도 원대와 달리 폐쇄적인 정책을 폈다. 이로 인하여 북방 몽골 족 등과 잦은 마찰을 빚기도 했는데, 이러한 외교 마찰에 중요한 원인이 되었던 것 중 하나가 바로 명조가 차마무역을 제한했기 때문이다.

중화제국의 자존심을 여지없이 무너뜨리고, 중국을 서구 열강에 강제로 개방시킨 상징적 사건인 아편전쟁의 이면에도 차 문제가 관련되어 있다. 지리상의 발견 이후 네덜란드, 포르투갈, 영국 등은 잇달아 중국을 비롯한 동양에 와서 교역을 했다. 1610년경 네덜

18세기 네덜란드 동인도회사에서 찻잎을 칭량하고 있는 모습.

란드 동인도회사가 암스테르담에 차를 들여온 것이 유럽 최초의 차 수입이었다.

영국에서는 네덜란드의 중개를 통해 차를 들여왔으며, 런던의 카페 주인들이 1657년경부터 차를 유행시켰다. 이어 1669년부터 영국의 동인도회사가 차를 수입하기 시작했고, 1720~30년대에는 유럽과 중국 사이에 차의 직교역이 이루어졌다. 이 시기 이후 영국에서는 차가 진을 대신해서 대중적인 음료로 자리잡았다.

중국 차의 수입이 날로 늘어나자 영국은 중국과의 무역에서 만성적인 적자에 허덕였다. 영국의 은이 대량으로 중국으로 유입된 것도 이 때문이었다. 이러한 문제를 타개하기 위해 영국은 인도산 아편을 중국으로 수출하여 중국인들을 아편중독자로 만들어버렸다. 아편에 대한 중국의 강경대응이 영국의 무력침공에 빌미를 제공하여 마침내 아편전쟁이 발발하게 되었던 것이다.

결국 서구 열강은 어떤 구실을 찾아서든 중국의 문호를 강제로 개방했을 테지만, 그 이면에 차와 아편이 관련되어 있다는 사실은 음식이 인류 역사에서 차지하는 비중이 결코 예사롭지 않았음을 다시 한번 확인시켜준다.

◉ 다양한 차문화

차는 신경을 가볍게 흥분시키며, 빛깔과 향기가 맑고 맛은 담백

명대 사람 문징명文徵明이 그린 그림. 산중에 은거한 선비들이 차회를 여는 광경을 묘사했다.

하면서도 약간 씁쓸하다. 차의 이러한 특성은 해탈을 위해 정진하고 금욕을 강조하는 불교의 사상과 맞닿아 있을 뿐 아니라, 절제와 금욕을 중시하는 사대부들의 인생철학과도 어울렸다. 그래서 사대부와 문인들은 차맛을 음미하며 인생과 문학을 논했다. 차를 소재로 한 문학작품도 많이 등장하고, 음차가 예술의 경지에 이르게 되었다.

차의 맛과 향을 높이기 위한 여러 가지 방법들이 고안되고 찻잎의 품질도 다양화되었으며, 각 지방별로 특이한 차가 생산되기도 했다. 명대 허차서許次紓의 《다소茶疏》에 의하면 찻잎을 따는 시기는 곡우 하루 전날이 가장 좋다고 한다. 이는 저장(浙江) 지역의 경우로 지역마다 차이가 있으나 대체로 곡우 무렵에 딴 차를 최상품으로 친다.

차의 맛과 향을 보존하기 위해서는 찌는 온도와 말리는 방법 등에도 신경을 많이 써야 하지만, 찻물의 온도도 매우 중요하다. 그래서 먼저 찻주전자를 적당히 데운 후에 찻잎을 띄워야 하며, 첫 번째 우려낸 것보다 두 번째 우려낸 것이 향과 맛이 더 좋다는 것

차를 끓이는 데 썼던 청대의 화로와 주전자(왼쪽).
라오서의 〈차관〉 공연 모습(오른쪽).

이 정설이다.

차맛은 차를 담는 용기에 따라서도 달라진다. 다기가 작으면 차맛이 강하기는 하나 여운이 적고, 다기가 크면 그윽하고 깊은 맛이 난다고 한다. 그래서 여러 가지 재료를 이용한 다양한 모양의 멋들어진 다기들이 등장했다.

다기 하면 흔히 뚜껑이 달린 컵을 생각하지만, 찻주전자와 몇 개의 찻잔을 한 세트로 하여 여러 사람이 둘러앉아 마시는 다기도 있다. 중국 사람들은 축첩제도를 정당화할 때 이 찻잔과 찻주전자의 관계로 비유하기도 한다. 즉, 하나의 찻주전자에 여러 개의 찻잔이 있어야 하듯 한 남자가 여러 명의 여자를 거느리는 것은 당연하다고 주장한다.

차 마시는 풍습의 유행은 중국 특유의 찻집을 유행시켰다. 당 중기 이후 차가 보급되고 도시가 발전하면서 도시에는 술집과 함께 찻집이 많이 등장했다. 이들 찻집에서는 차만 마시는 것이 아니라 연주도 듣고 공연도 감상했으며, 도박을 하는 장소이기도 한 일종의 종합 오락장과 같은 곳이었다. 그래서 이런 찻집들은 중국 혁명기에 전통사회의 어둡고 굴절된 단면을 보여주는 것으로 맹렬히 비판되었다.

혁명기의 유명한 소설가 라오서(老舍)는 〈차관茶館〉이라는 작품에서 찻집은 바로 암울한 중국 사회의 축소판이라고 말했으며, 이 작품은 중국 전통사회를 비판한 대표적인 소설로 널리 알려져 있다.

5. 술과 문화

술은 동서고금을 막론하고 인간과 희로애락을 함께 해왔다. 지금도 중국인들은 축하하는 자리에 반드시 술을 준비하여 손님에 대한 환영을 표시한다. 독한 백주를 한번에 비워야 하는 것이 예의인 중국 술 관습 때문에 어지간한 술꾼이라도 나가떨어지게 되고, 또 그래야만 대접을 잘했다고 생각한다. 그렇다면 술은 중국 역사에서 어떤 의미를 지니고 있을까?

⦿ 폭군의 대명사 은나라 주왕은 중금속 중독자였다

은나라 사람들은 술을 매우 즐긴 것으로 유명하다. 은대의 유적 중에서 발견되는 대규모 양조장이나, 은대 예술의 극치를 보여주는 청동기 중에 술잔이 발견되는 것은 음주가 일상적인 일이었음을 알려준다.

폭군의 대명사인 은나라 주왕은 결국 폭정으로 인하여 주나라 무왕에게 정벌당하고, 은나라는 막을 내리게 된다. 그는 정사를 돌보지 않고 사치와 향락을 일삼았는데 술로 연못을 만들고 안주인 고기를 걸어둔 것이 마치 수풀과 같았다고 한다. 우리가 흔히 쓰는 주지육림酒池肉林이라는 말도 바로 여기에서 연유한다.

그러나 저 세상에서 주왕은 후손들의 악평에 항의하고 싶을지도 모른다. 술로 나라를 망친 것에 관한 한 하나라 걸왕桀王이 선배이기 때문이다. 걸왕 역시 고기포로 숲을 이루게 하고 술로 연못을 만들어 그 안에 배를 띄웠다고 할 정도였다고 한다.

주나라 무왕은 은나라의 멸망을 교훈삼아 제후들에게 지나친 음주를 삼가라고 경계했다. 그러나 주나라의 귀족들도 술을 좋아하기는 마찬가지였다. 주대 궁전에는 주정酒正 등 전문기구와 관료를 두었으며, 300여 개의 양조장이 있어 적지 않은 술을 생산했음을 알 수 있다.

주지육림을 만든 여러 제왕들 중에서도 유독 은나라 주왕이 폭군으로 악명이 높아진 것은 알코올 중독 때문이 아니라 중금속 중독 때문이라는 설이 있다. 청동은 성격이 무르기 때문에 청동기를 만들 때 주석, 아연 등을 합금해야 한다. 오늘날 발굴되고 있는 은대 청동기의 성분을 분석해보면, 은 초기 청동기의 동 함량은 90~98%로 거의 순동에 가깝다. 그런데 중기 이후로 가면서 아연과 주석의 비율이 증가하고 동 함량이 낮아져 어떤 경우에는 아연의 함량이 21~24%에 달했다.

현대 과학자들의 연구에 의하면 아연을 넣어 만든 용기에 술을 담아 가열하면 한 되의 술에 아연 함량이 33~77.8mg이 된다고 한다. 일반적으로 인체에 적당한 아연 함량은 100~200mg 정도다. 따라서 아연을 많이 함유한 술을 오랫동안 마시면 아연 중독에 빠지게 된다.

아연은 인체 각 부위의 조직에 모두 유해한데, 특히 신경과 조혈계통, 혈관조직에 폐해가 크다. 또 인체 여러 장기에 신속히 흡수되어 인체 기능에 장애를 일으키기 때문에, 아연 중독자는 정신이 혼미해지고 수족이 마비되며 심하면 실명에 이르게 된다.

은대 중기의 술잔 작.

주나라 문왕이 은나라를 공격하려 할 때 주왕의 숙부인 비간比干이 나라가 위기에 처해 있음을 극력 간했다. 그러나 주왕은 그의 말을 귀담아듣기는커녕 오히려 "내가 들으니 성인의 심장에는 구멍이 일곱 개라고 하더라"고 하면서 비간의 가슴을 해부했다. 당시 주왕은 정신착란 상태였다고 할 수 있는데, 이렇게 혼미한 상태를 보인 이유는 아연이 다량 함유된 청동기에 술을 담아 계속 마셨기 때문이라고 볼 수 있다.

⊙ 술과 정치

많은 권력자 또는 정치가들이 술로 나라를 멸망시켰지만 예나 지금이나 술과 정치는 뗄래야 뗄 수 없는 관계다. 제왕들이 행하는 중요 행사 중의 하나가 천지 자연과 조상에 제사를 지내는 의식이었다. 천자의 권위를 상징하며 국가의 안위와 관련된 이 신성한 행사에서 술은 빼놓을 수 없는 제물이었다. 마시면 사람을 취하게 하는 술의 효력에 주술적 의미를 부여한 탓이다. 그래서 술은 권력자와 절대자를 연결시켜주는 매개물이었다.

술은 공적, 사적 회합에서 자리를 부드럽게 해주는 훌륭한 교제

산시 성 창안 현(長安縣)의 위씨韋氏 가족묘에서 출토된 연회 모습을 그린 그림.

수단으로 생각되어왔다. 주나라 천자는 각 지역에 제후들을 분봉하는 이른바 봉건제를 통하여 전국을 통치했다. 각 제후국은 매년 천자를 배알하고 천자는 제후들에게 연회를 베풀었다. 이 연회석상에서 술은 물론 빠질 수 없는 음식이었다. 주 왕실이 쇠미해지고 여러 제후국이 자립하여 패권을 다투던 춘추전국시대에도 제후국들끼리 회맹會盟을 할 때 반드시 술자리를 마련했다.

진나라가 무너진 후 유방劉邦과 항우項羽가 중원의 패권을 다투면서 한 차례 술자리를 마련했는데 그것이 유명한 홍문鴻門의 연회다. 양측이 패권을 다투던 초기 유방은 항우에 비해 열세였다. 항우는 지금의 산시 성(陝西省) 린통 현(臨潼縣) 부근에 있는 홍문이라는 곳에서 유방을 초청하여 주연을 열었다. 항우는 모사 범증范增의 계략에 따라 연회 석상에서 유방을 제거하려 했으나 유방의 측근들은 이미 간파하고 있었다. 연회는 시종 양쪽의 힘 겨루기로 팽팽한 긴장 속에 진행되었다. 그래서 홍문의 연회는 살기등등한 정치적 담판의 대명사로 쓰이기도 한다.

송나라를 건국한 태조 조광윤趙匡胤에게는 왕조를 굳건히 하기 위해 해결해야 할 과제가 있었다. 자신을 도와 건국에 공을 세우고 금군禁軍의 지휘권을 장악한 무장들을 어떻게 처리하느냐 하는 것이었다. 어느 날 조광윤은 금군의 지휘관들을 모두 불러 술자리를 벌이고 사직서를 쓰도록 은근히 종용했다. 이것이 이른바 배주석병권杯酒釋兵權, 술잔을 주고받으며 병권을 풀었다는 일화다.

한대에는 군공이 있거나 연로한 자들에게 상품과 술잔인 작爵을 하사하는 이십등작제二十等爵制를 실시했다. 또 출정하는 군사들에게 술을 내려 사기를 북돋았다. 간쑤 성 회랑지대에는 흉노족을 정벌한 한나라 무제가 건설한 4개의 군 중 하나인 주취안 군(酒泉郡)이 있다. 주취안에는 우물이 하나 있는데, 무제 때 흉노족 격파에 큰 공을 세운 곽거병霍去病이 무제가 하사한 술을 풀어 병사들의 사기를 북돋운 곳이라고 하며, 주취안이라는 명칭이 여기에서 유래했다고 한다.

이외에도 술과 정치에 관련된 비화는 헤아릴 수 없이 많다. 한 무제는 종묘에 제사 지낼 때 제후들에게 주금酎金이라는 술값을 내도록 하고, 이를 지키지 못하면 작위를 취소했다. 이것은 결국 중앙정권이 제후의 세력을 약화시키고 봉지를 빼앗는 구실로 작용한 것이다. 《사기》〈원앙렬전袁盎列傳〉에는 간수에게 억지로 술을 권하여 곯아떨어지게 한 다음 죄수가 탈옥하는 모습이 보인다.

주취안 공원의 모습.

술과 정치의 연관은 여기서 그치지 않는다. 전매제도를 통해 술은 통치자들에게 돈줄 역할을 했다. 술의 전매는 BC 98년에 시작되어, 그후 폐치廢置를 거듭하고 제도도 여러 형태로 변화했다.

특히 송 이후 주세는 국가 재정에 중요한 역할을 했다. 북방 이민족과 대치해 있던 송조는 군사 양성에 많은 비용이 들었고, 이를 충당하기 위해 소금, 차와 함께 술을 전매했다. 술 전매는 누룩 제조를 국가가 독점하는 형태로 행해졌다. 국가는 제조한 누룩을 고급 술집인 정점正店에 팔고, 정점에서는 이 누룩으로 술을 만들어 술 제조권이 없는 각점脚店들에 다시 팔았다. 송대 동경東京에는 72개의 정점과 1,000여 개의 대소주점이 있었다.

그러나 관에서 만든 누룩은 질이 나빠 술맛이 떨어져 민간에서는 종종 사사로이 술을 빚었다. 이에 대한 처벌은 매우 가혹하여 도시에서는 10근, 시골에서는 30근의 술을 사사로이 주조해도 저잣거리에서 사형에 처해졌다. 단속이 심할수록 술값은 비싸지고, 단속을 피하여 목숨 걸고 술을 제조하는 자들은 돈방석에 올라앉기도 했을 것이다. 중앙 권력이 약했던 남송시대에는 주조의 이권이 각 지역에 할거한 세력들의 주요 자금원이 되기도 했다.

◉ 말술을 마셨던 애주가들

술은 과하면 패가망신하고 심하면 나라를 멸망시키기도 했지만, 애주가들은 줄지 않았고, 술이 한잔 들어가 거나해지면 시 한 수가 저절로 나왔으니 술은 고대 문학가들의 영원한 주제였다고 해도 과언이 아니다.

술을 좋아했던 중국의 시인 하면 가장 먼저 떠올리게 되는 인물이 이백이다. 그는 술 한 말을 마시는 동안 100편의 시를 읊었다고 할 만큼 술과 밀접한 시인이었으며, 그가 읊은 시 중에도 술에 관한 것이 많다.

이백과 함께 당대 시인을 대표하는 두보杜甫 역시 술을 좋아했다. 두 사람이 술을 좋아하기는 마찬가지였지만, 이백이 술을 즐기는 반면 두보는 목숨을 걸고 술을 마셨다고 한다. 세상에 대한 슬픔과 분노 때문에 그렇게 술을 마셨는지도 모를 일이다.

중국 역사에는 애주가, 폭주가에 얽힌 이야기도 많고 술에 얽힌 고사도 많이 등장한다. 개도살꾼 출신으로 유방을 도와 한나라 개국에 공헌한 번쾌가 홍문의 연회에서 술을 마시는 모습은 가히 살

인적이라 할 만하다. 유교의 창시자인 공자 역시 주량이 엄청났으나 아무리 마셔도 결코 정신이 흐트러지지 않았다고 한다. 당대에 왕적王績이라는 사람은 매일 한 말의 술을 마셔 두주박사斗酒博士라 불렸고, 송대의 조한曹翰이라는 사람은 워낙 주량이 세서 술을 몇 말이나 마시고도 맑은 정신으로 황제 앞에서 조금도 흐트러짐 없이 상소를 올렸다.

위진시대 사대부들 사이에서는 초야에서의 은둔생활을 이상으로 삼는 청담사상淸談思想이 유행했다. 이 시대 청담사상가들 중에서도 특히 죽림칠현竹林七賢으로 불리는 7명의 지식인들은 술을 많이 마시고, 기행을 한 것으로 유명하다.

죽림칠현의 대표 인물인 완적阮籍은 자신의 신분에 어울리지 않게 보병교위步兵校尉라는 낮은 직책을 맡았는데, 그 이유는 그 부대에 술이 저장되어 있다는 소문을 들었기 때문이었다. 완적은 매일 친구들을 불러 부대에 저장된 술을 마셨는데, 얼마 지나지 않아 술이 한 방울도 남지 않자 그는 지체 없이 관직을 그만두었다.

역시 죽림칠현의 한 사람이며 완적의 조카인 완함阮咸도 엄청난 술고래였다. 그는 술잔으로 술을 마시는 것이 귀찮아서 큰 항아리째 술을 마셨으며, 일설에는 돼지와 함께 같은 항아리로 술을 마셨

〈취음도권醉飮圖卷〉. 두보가 쓴 음중팔선가飮中八仙歌의 시의詩意를 바탕으로 그린 그림. 하지장賀知章, 왕진王璡, 이적지李適之, 이백, 최종지崔宗之, 소진蘇晉, 장욱張旭, 초수焦遂의 모습.

다고도 한다.

죽림칠현 중 또 다른 술고래인 유령劉伶은 외출할 때면 항상 술병을 끼고 하인에게는 쟁기를 들고 따라오게 했다고 한다. 술로 인해 어디서 죽을지 알 수 없었고, 추한 모습을 보이지 않기 위해 죽으면 곧바로 묻히기 위해서였다.

죽림칠현이 이렇게 술을 엄청나게 마시고 기행을 일삼은 것은 당시 사람들이 불로장생을 꿈꾸면서 복용했던 한식산이라는 약물과 관련이 있다고 한다. 한식산을 복용한 후에는 몸에서 열이 많이 발산되면서 심한 갈증을 느끼는데, 이때 이 증세를 가라앉히기 위해 술을 마셔야 했다. 유령은 술을 마시면 옷을 다 벗었는데, 아마도 한식산 복용 후 몸에서 발산되는 열을 참지 못해서였을 것이다.

● 곡주에서 증류주로

원숭이도 술을 만들어 먹는다고 하는데, 이때의 술은 자연의 화학반응으로 저절로 만들어진 술을 말하며, 인류가 최초로 마신 술도 바로 이런 술이었을 것이다. 그러니 술의 역사는 인간의 역사와 그 기원이 같다고도 할 수 있겠으나, 진정한 술의 역사는 인간이 의식적으로 술을 만들면서 시작되었다고 봐야 한다.

진나라시대에 씌어진 《여씨춘추呂氏春秋》에는 우임금시대에 의적儀狄이 술을 만들었다는 기록이 있다. 또 주대에 두강杜康이라는 사람이 술을 만들었다고 하여 술을 일명 '두강'이라고도 한다. 하지만 이들이 술을 어떻게 제조했는지는 알 수 없다.

술을 만드는 일은 누룩을 만드는 일에서 시작된다. 누룩은 곡물에 자연적으로 생긴 곰팡이에서 힌트를 얻은 것일 텐데 중국에서

1955년 쓰촨 성 펑 현(彭縣)에서 출토된 후한시대 화상전. 술을 제조하는 모습을 묘사했다.

언제부터 인공적으로 누룩이 제조되었는지는 확실하지 않다. 어떤 사람은 은대에 이미 인공으로 누룩을 만들었다고 하여, 종이, 화약, 나침반, 인쇄술에 누룩을 더하여 중국의 5대 발명품이라고 말하기도 한다. 누룩이 발명되기 전까지는 아마도 침이나 소변을 발효의 매개체로 사용했을 것이다.

고대에 요리는 남자의 일이었으나 술이나 장 등 발효식품을 만드는 일은 여자들이 담당했다고 하니, 열을 가하지 않고도 화학 변화로 맛과 향이 변하는 이 발효 현상에 고대인들은 주술적 의미를 부여한 것이 아닌가 싶다.

찹쌀, 조, 기장 등을 끓인 다음 누룩을 넣고 일정기간이 지나면 술이 완성된다. 술을 빚는 재료로는 기장이 으뜸이었다고 하는데, 차지지 않아 맑은 술을 빚을 수 있기 때문이었다. 이렇게 해서 만들어진 술은 알코올 농도가 높지 않은 발효 곡주였기 때문에 그다지 독하지 않았다. 술고래들이 말술을 마시고도 끄떡없었던 이유도 술이 그다지 독하지 않았기 때문이었다. 또 고대의 도량형 용기가 오늘날보다 작아 한대의 1석石은 송대의 3두斗 정도에 불과했고, 이태백이 마셨던 한 말 술은 오늘날의 1되 1홉, 즉 2 l 였다.

오늘날 중국인들이 마시는 독한 술은 증류주인데 언제부터 만들어지기 시작했는지는 명확하지 않다. 이시진李時珍의 《본초강목本草綱目》에 의하면 원대에 와서야 고농도의 증류주가 아랍으로부터 전래되었다고 한다. 송대에 이미 증류주가 출현했다고 보기도 하나 이때에는 널리 보급되지는 않았던 것 같다. 원대에 증류주는 아라크(阿剌吉) 주라 했다. 아라크 주는 아라비아 말로 땀이 난다는 뜻이다. 술을 증류할 때 용기의 벽에 맺히는 응결된 방울을 묘사한 것이다. 《음선정요飮膳正要》에서는 아라크 주의 맛은 달면서도 매우며 매우 독하고 마시면 몸이 뜨거워져 한기를 없애줄 수 있다고 했으니, 오늘날 중국인들이 즐겨 마시는 백주가 이것이다. 원대 초기에는 주로 상류층이 마셨으나 후기에는 민간에서도 널리 증류주를 마셨다.

과실주 중에서는 포도주가 가장 널리 보급되었다. 포도는 한대 장건이 개척한 실크로드를 따

명대 사람 정운붕鄭雲鵬이 그린 〈쇄주도灑酒圖〉. 술을 거르는 모습을 묘사했다.

라 중국으로 들어왔으나 포도주 담는 방법까지 전수되었는지는 불분명하다. 북위시대에 쓴 《제민요술濟民要術》에 포도주에 대해 간략하게 기술되어 있고, 북제의 세종世宗이 이지충李之忠에게 포도주를 하사한 기록이 있는 것으로 보아 일찍이 남북조시대에도 포도주를 마셨던 것이 분명하다. 당 태종이 서역 고창국高昌國을 정복하면서 마니馬妳 포도를 가져와 장안에 심고 독한 술을 빚었다는 기록도 있다. 그러나 포도주가 널리 보급된 것은 보다 후대의 일인 것 같다.

  포도주의 명산지인 산시 성(山西省)의 포도주 생산 기원에 관해서는 재미있는 일화가 있다. 원대 사람 원호문元好問의 〈포도주부葡萄酒賦〉에 나오는 이야기다. 산시 서남쪽 안이(安邑)는 원래 포도가 많이 재배되는 지역이었으나 포도주 담는 법을 몰랐다. 금나라 정우貞祐 연간 이 지역에 도적떼가 나타나 한 가족이 산중으로 피난했다 돌아와보니 대나무 광주리에 담겨 있던 포도즙이 발효하여 맛있는 포도주로 변해 있었다는 것이다. 처음에는 그 집만 비법을 알았으나 얼마 후 주위에 알려져 이후 포도주가 산시 지방의 명주가 되었다.

6. 인체의 필수품, 소금

소금은 어디서든 손쉽게 살 수 있고 값도 매우 싸기 때문에 하찮은 존재로 생각하기 쉽다. 그러나 소금은 인류가 생명을 유지하는 데 꼭 필요한 물품이고, 오늘날처럼 소금이 대량으로 생산되지 않았던 시대에는 소금을 확보하는 일이 개인이나 국가에 있어 사활을 건 중요한 문제였다. 소금은 과거 중국인들의 삶에서 어떤 의미를 지녔을까?

◉ 오미의 으뜸인 소금

현대 의학에서는 짠 음식이 고혈압과 같은 성인병에 좋지 않다고 하여 가능하면 음식을 싱겁게 먹으라고 권한다. 그러나 만일 사람들이 장기간 소금기를 전혀 섭취하지 못한다면 어떻게 될까? 그 결과는 의외로 심각하다.

체내에 소금이 부족하면 우선 소화액 분비가 부족하여 식욕이 떨어진다. 소금 성분의 하나인 나트륨이 담즙, 췌액, 장액 등 알칼리성 소화액의 성분이 되기 때문이다. 또 소금은 체액의 삼투압을 유지시켜주는 중요한 구실을 한다. 그래서 체내에 소금기가 오랫동안 부족하게 되면 권태, 피로, 정신불안 증상 등 육체적으로나 정신적으로 치명적인 상태에 이르게 된다.

중국인들의 옛 기록에서도 소금이 인체에 필수적이라고 말한 예들을 종종 볼 수 있다. 남조의 유명한 의학가 도홍경陶弘景은 오미 중에서 소금만은 없어서는 안 될 것이라고 하면서 소금의 다과가 인체에 미치는 영향에 대해서도 지적했다. 당나라의 시인 유종원柳

宗元은 사람이 소금에 의지하는 것은 곡물에 의지하는 것과 맞먹는다고 했다. 곡기만큼이나 소금기의 섭취가 중요함을 알고 있었던 것이다. 명대의 뛰어난 과학자 송응성宋應星도《천공개물天工開物》에서 오미 중 다른 것은 먹지 않아도 별 문제가 없으나, 소금은 결핍되면 권태롭고 무력해지며 장기간 지속되면 치명적이라고 기록하고 있다. 이는 오늘날의 과학적 분석과 거의 일치한다.

아무리 산해진미가 가득해도 간이 제대로 맞지 않으면 맛을 잃는 법이다. 더구나 간을 맞추는 소금은 생명 유지와도 직결되어 있다. 그런 만큼 중국인들은 일찍부터 오미 중에서 소금을 으뜸으로 쳐서, '훌륭한 요리사는 소금 한 줌으로 맛을 낸다(好廚一把鹽)'는 속담이 있을 정도다.

유교 경전의 하나인《상서尙書》〈설명說命〉에는 맛있는 죽을 만들려면 소금과 매실이 꼭 필요하다는 구절이 있다. 중국인들은 음식의 맛을 내는 데 소금이 다른 무엇보다 중요한 구실을 한다는 사실을 일찍이 체득했음을 알 수 있다.

소금이 인류에게 가져다준 또 하나의 혜택은 음식의 부패를 방지하는 물질이었다는 점이다. 고대 이집트에서는 소금이 부패를 방지한다는 데 착안하여 미라를 만들 때 시체를 소금물에 담갔다. 중국 고대 형벌 중에서는 사람을 죽여 젓갈로 만드는 형벌이 있었다. 이는 물론 매우 잔인한 형벌이지만, 이를 통해 중국인들이 일찍부터 어류나 육류를 젓갈로 담가 먹었음을 알 수 있다. 채소 역시 일찍부터 소금에 절여 오랫동안 보관하여 먹었다.

중국인들은 소금을 직접 음식에 넣기도 했지만 이보다는 콩을 발효시켜 소금을 넣어 메주로 가공하여 사용하거나, 메주에서 나온 즙인 장(醬, 간장)으로 간을 하는 경우가 더 많았다. 이렇게 메주와 간장으로 음식에 간을 하거나 음식을 저장하는 방법은 한대 이전부터 등장했다. 한대에는 사람들이 간장을 매우 즐겨 먹어, 장안에는 간장을 팔아 부자가 된 상인들이 있을 정도였다. 환담桓譚의 《신론新論》에는 당시 사람들이 간장을 얼마나 좋아했는지 알 수 있는 재미있는 일화가 등장한다. 어떤 사람이 맛있는 간장을 얻었는데 다른 사람이 먹을까봐 침을 뱉었다. 이를 본 옆사람이 화가 나서 코를 빠뜨려 결국 아무도 먹지 못하게 되었다는 것이다.

중국인들의 일상생활에 꼭 필요한 물품들을 지칭하는 '개문칠건사' 중에 간장이 포함되어 있는 것을 봐도 한대 이후 간장은 중국인들에게 필수품이었음을 알 수 있다.

◉ 치우의 피가 흘러 이루어진 소금호수

북에서 남으로 흐르던 황허가 동쪽으로 꺾어지는 산시 성(山西省) 남서부에 해주(解州, 지금의 運城)라는 지역이 있는데, 여기에 황허 유역 중류 유일의 소금호수가 있다. 1965년 현재 산시 성 각지에서 발견된 석기시대 유적지 중 다수가 이 소금호수 주위에 분포되어 있다. 이 지역 일대는 황허 유역의 다른 지역에 비해 지리적 조건이나 생태 환경, 기후 등에서 결코 우월하다고 할 수 없다. 그런데 왜 이 호수 주위에서 많은 석기시대 유적지가 발견되었을까?

인류가 문명을 꽃피울 수 있었던 자연조건을 꼽을 때 일반적으로 따뜻한 기후 조건과 물을 먼저 떠올리게 된다. 여기에 또 하나의 요소가 있다면 바로 소금이다.

채집과 수렵 생활을 하던 원시시대에는 산짐승, 들짐승, 물고기

공중에서 본 해주 염지.

의 몸 속에 포함되어 있는 염분을 통해 인체에 필요한 소금을 섭취했다. 그런데 정착하여 농경생활을 하게 되면서 인류는 생명을 유지하기 위해 소금을 따로 섭취해야만 했다. 특히 농경과 함께 주식이 된 곡물 속에는 칼륨이 많이 들어 있어 인체의 균형상 나트륨이 포함된 소금이 더 많이 필요했다.

　소금은 물에 완전히 녹아버리고 체내에서도 완전히 소화되어 흔적을 남기지 않기 때문에 그 유적을 발견하기란 매우 어렵다. 그렇지만 인류가 소금을 구하기 쉬운 곳에 정착해서 문명을 꽃피웠으리라는 사실은 어렵지 않게 짐작해볼 수 있다. 물도 그렇지만 특히 소금은 아무 데서나 구할 수 없고, 또 소금을 개발하고 이용하는 것은 생산력과 과학기술의 발전 정도에 의해 제약을 받기 때문이다.

　신석기시대 유적지가 집중적으로 분포된 산시 성 해주 일대는 전설에 나오는 중국 문명의 창시자 황제黃帝가 활동했다는 지역과 일치한다. 이는 중국 문명의 탄생이 소금 산지와 밀접하게 관련되어 있음을 의미한다. 전설에 따르면 황제가 이곳에서 치우蚩尤라는 또 다른 전설 속의 인물과 전쟁을 했다. 그 결과 황제는 치우를 살해하여 그 시체를 지해(肢解, 사지를 찢음)했고, 치우의 피는 소금이 되어 호수로 흘러들어가 소금호수를 이루었다는 것이다. 해주라는 명칭은 바로 시체를 지해한 데서 비롯되었다.

　치우의 피가 흘러 소금호수가 되었다는 이야기는 물론 전설이겠지만 생명의 상징인 피가 소금으로 변했다고 보는 것은 소금과 생명의 뗄래야 뗄 수 없는 관계를 반영한다. 또 어떤 사람은 이 전설이 소금 산지를 둘러싼 부족들 사이의 쟁탈전 결과 황제가 이끄는 부족이 이 소금호수를 차지한 내용을 담고 있다고 주장한다.

황제에 이어 전설상의 성군으로 일컬어지는 요·순·우가 수도로 정했다는 곳도 이 해주의 소금 산지와 인접한 곳이다. 우의 손자 태강太康에 이르러서야 은나라의 중심지였던 허난 성 일대로 수도를 옮겨왔지만, 은족과 주족의 주요 활동지역도 이 일대에서 크게 벗어나지는 않았다. 춘추전국시대 이 소금 산지를 차지한 삼진三晉이 강국이었음은 물론이다. 중국 문명 초기로 올라갈수록 소금의 위력은 더욱 강하게 작용했던 것이다.

◉ 소금호수에서 소금바위까지

흔히 소금 산지 하면 바다를 가장 먼저 떠올리게 된다. 그러나 땅이 넓고 기후와 토양 조건이 다양한 중국에서는 바다뿐 아니라 내륙 호수와 바위에서도 소금을 채취했다.

중국 문명은 황허 유역을 중심으로 내륙에서 시작되었던 만큼, 생명 유지에 필요한 소금도 멀리 떨어진 바다에서 구하기보다는 내륙의 짠 호숫물에서 구했다. 중국 내륙의 산시(陝西), 산시(山西), 간쑤, 칭하이(淸海), 신장(新疆), 시장(西藏), 네이멍구(內蒙古), 닝샤(寧夏) 등지에는 모두 소금호수가 산재해 있어 내륙 거주자들의 소금 공급원이 되었다. 처음에는 호수에서 퍼올린 소금물을 끓여서 소금을 만들었으나, 나중에는 햇볕에 말려서 소금을 만들었는데, 이를 지염池鹽이라고 한다.

이들 소금호수 중에서도 산시 성 해주의 염지는 유일하게 지면에 노출되어 있어, 호숫물을 따로 퍼서 끓일 필요 없이 바람에 말리기만 하면 저절로 소금 결정이 생산되었다. 그래서 이 지역은 중국 문명 발생과 밀접하게 관련되어 있고 또 가장 먼저 개발되어 중국 여러 왕조의 중요한 재정 수입원이 되었다.

중국의 영역이 내륙에서 동쪽과 남쪽으로 확장되어 바다와 접하게 되면서, 랴오닝(遼寧), 허베이, 산둥, 장쑤, 저장, 푸젠, 광둥 등 바다와 접한 지역에서는 소금을 생산할 수 있었다. 주나라의 통치 영역 중에서 연해와 접한 랴오닝, 허베이, 산둥 등지에서는 이미 소금이 생산되었으며, 춘추전국시대에 이들 지역에 속했던 연나라, 제나라 등도 소금 생산으로 부국강병을 이룰 수 있었다.

바닷물에서 소금을 생산해내는 방법은 바닷물을 퍼서 끓이거나 염전에서 햇볕에 말리는 것이다. 초기에는 끓이는 방법이 주로 사용되었지만 후기로 갈수록 햇볕에 말리는 방법이 더 보편화되었다. 이렇게 해서 생산된 소금을 해염海鹽이라고 한다.

해안선이 긴 만큼 연해에 펼쳐진 소금 산지도 매우 넓어서, 연해의 소금 생산지를 몇 개의 구역으로 나누고 각 지역에서 생산되는 소금은 그 지역 내에서만 매매할 수 있게 했다.

쓰촨과 윈난(雲南) 등 서남 내륙 지역에서는 우물을 파서 땅 속에 고여 있는 소금물을 퍼내거나 소금기를 포함한 우물에 물을 넣고 끓여서 소금을 생산하기도 했는데, 이를 정염井鹽이라고 한다. 전국시대 진나라의 효공孝公이 이빙李冰을 보내 쓰촨 지역을 다스리게 했을 때, 그가 이 지역의 지맥을 살펴서 소금우물을 발견하여 정염을 생산했다는 기록이 나온다. 정염을 생산하는 데는 상당한 기술이 필요하여 지염이나 해염에 비해 개발이 늦었으나, 당대에는 정염을 생산하는 쓰촨, 윈난 등도 산염지역으로 주목을 받았다.

《중수정화본초重修政和本草》에 수록된 해염 생산 과정(왼쪽).
후한시대 쓰촨 청두에서 출토된 정염 제작 과정을 묘사한 화상전(오른쪽).

명청시대에 이르러서 이 지역 소금우물 개발은 매우 활기를 띠었다. 청대 쓰촨 지방에는 정염산업이 발달하여 각지에서 소금상인들이 모여들었고, 염업으로 갑부가 된 사람들도 등장했다.

서양 고대 그리스, 로마에서는 소금을 화폐로 사용했으며, 봉급을 뜻하는 샐러리salary라는 말이 현물 급여를 뜻하는 라틴어 살라리움salarium에서 나왔다는 사실은 잘 알려져 있다. 그런데 중국에서 정염도 화폐 구실을 했다. 마르코 폴로의 《동방견문록》에는 정염이 생산되는 윈난 지방에서는 소금을 교환수단으로 사용했다는 기록이 있다. 실제로 청대에 와서 금속화폐가 대량으로 사용되기 전까지 윈난 지역에서는 소금이 화폐로 널리 통용되었다.

바닷물, 호숫물, 우물 외에 또 하나 소금이 생산될 수 있는 곳은 소금으로 이루어진 바위, 즉 암염岩鹽이다. 암염은 아주 오래 전에 바다였던 곳이 지각 변화에 의해 육지가 되어 물이 증발한 후 형성되거나, 내륙의 소금호수가 증발하여 이루어진다. 중국에서 암염이 생산되는 지역은 윈난, 시장, 신장 등에 한정되어 있다. 이들 지역은 사람들이 많이 거주하지 않는 오지인 만큼 암염이 차지하는 비중은 그다지 높지 않다.

◉ 소금과 정치

　소금이 귀하던 시절에는 소금이 국가를 부강하게 하는 중요한 자원이었다. 황제와 치우의 전쟁에 관한 전설을 소금호수 쟁탈전으로 해석하는 것은 이런 의미에서 설득력을 지닌다. 또 춘추전국시대에 진나라, 연나라, 제나라 등이 강성했던 것도 바로 소금 자원을 확보할 수 있었기 때문이었다.

　중국의 여러 왕조들은 소금의 생산과 판매를 독점하여 국가의 중요한 수입원으로 삼으려 했다. 주대에 이미 염인鹽人이라는 관리를 두어 소금의 생산과 판매를 국가가 관리했다는 기록이 있다. 춘추전국시대 소금 생산으로 부유해진 제나라는 식염국食鹽局이라는 기구를 두어 이미 일부 전매제를 실시했다.

　한나라 무제 때는 원정과 토목공사로 인한 재정 적자를 만회하기 위해 본격적으로 철과 함께 소금의 전매를 시행했다. 우선 노동할 사람들을 불러모아 관에서 소금을 끓이는 데 쓰이는 솥과 비용을 제공한 다음, 소금이 만들어지면 관에서 사들여 직접 운송하고 판매도 했다. 물론 사사로이 소금을 제조하고 판매하지 못하도록 엄하게 단속했다. 이 방법에는 여러 가지 폐단이 많았으므로, 당시에 정치가와 학자들 사이에는 소금과 철의 전매제를 둘러싼 논쟁이 격렬했다. 그러나 소금을 국가의 돈줄로 생각하고, 소금의 생산과 판매를 통제하려 한 점에는 변함이 없었다.

　국가가 직접 소금의 생산과 판매를 관리하기란 매우 번거로웠다. 당 중기 유안劉晏은 이런 문제점을 해결하기 위해, 국가가 생산만 독점하고 판매는 국가에서 지정한 특정한 상인에게 맡기고 그 상인들에게 특허의 대가로 세금을 지불하게 하는 방법을 제시했다. 송대부터 청대까지 국가의 소금 관리 방법은 세부적으로는 달랐지만 기본적으로는 이 방법과 동일했다.

당대에는 한때 소금 전매 수입이 국가 수입의 절반을 차지했을 정도로 소금의 위력이 대단했다. 송나라 역시 사정은 비슷했다. 서하, 요, 금 등과의 전쟁을 위한 군사비 마련과, 또 이들 나라에서 요구하는 세폐歲幣를 마련하기 위해 소금이 필요했던 것이다. 자연히 이들 물품의 독점 판매를 담당한 특허 상인들의 위세도 그 어느 때보다 당당했다.

이들은 때로 권력자와 결탁하기도 하고, 권력의 핵심에 서기도 했다. 당대의 시인 백낙천白樂天은 〈소금장수 부인(鹽商婦)〉이라는 글에서 소금 판매 독점권으로 돈방석에 올라앉은 소금장수의 부인을 묘사하면서, "금목걸이 은팔찌에 옥비녀를 꽂았고, 팔은 살이 쪄서 은팔찌가 들어가지 않아"라고 그 호화로운 모습을 풍자했다.

청대 소금상인들의 회합 장면을 그린 그림.

소금 특허 상인들이 이렇게 호의호식할 때 일반 백성들은 소금을 얻기 위해 턱없이 비싼 대가를 지불해야만 했다. 실제로 역대 중국의 소금값은 원가의 수십 배에서 심하면 100배까지 달했다. 게다가 백낙천이 말하는 것처럼 소금 상인들이 판 소금값의 대부분은 소금장수 개인의 호주머니로 들어갔다.

이렇게 되면 소금의 암거래가 성행하게 되는 것은 당연한 이치다. 암거래는 항상 목숨을 담보로 하는 위험한 일이다. 그래서 소금 암거래에 가담하는 자들은 비밀조직을 결성하고 무기를 지니고 다녔다. 뿐만 아니라 뇌물을 주어 암거래를 단속하는 관리들을 자기편으로 만들기도 했다.

기울어져가는 당나라를 완전히 쓰러뜨린 것은 당말 중국 전역을 휩쓴 '황소黃巢의 난'이다. 이 난의 지도자 황소가 바로 소금 밀매 상인 출신이었다. 국가의 입장에서는 소금 밀매가 유통질서를 어지럽히고 재정 수입을 감소시키는 암적인 존재였다. 그러나 울며 겨자 먹기로 비싼 소금을 사먹어야 하는 가난한 백성에게 소금 밀매 상인들은 오히려 고마운 존재였다.

더구나 이들은 조직력과 무장력도 있었다. 사회가 혼란스럽고 먹고살기가 어려워질 때 야심만만한 소금 밀매상이 나타나 관에 저항의 기치를 내걸 때 백성들이 이에 호응하는 것은 어쩌면 당연한 일이 아닐까? 국가에서 엄중히 단속했음에도 청대까지 소금 밀매가 존속되고, 그들의 비밀결사 조직이 위력을 발휘할 수 있었던 것도 바로 백성의 호응이 있었기 때문일 것이다.

송나라를 위협한 서하의 건국도 소금 전매를 둘러싼 갈등과 관련이 있다. 서하가 자리했던 지역인 오늘날의 네이멍구, 닝샤 등지에는 지염 산지들이 있다. 송이 소금 전매 제도를 정비하기 전에는 서하에서 생산되는 소금이 송에 수출되었고, 서하는 교역의 대가로 송에서 곡물을 수입해올 수 있었다. 그러나 송이 전매제를 확립하자 서하 소금의 수입이 금지되었다. 서하는 경제적 봉쇄를 당한 셈이었다. 이는 탕구트 족의 민족의식을 자극하게 되었다. 마침내 탕구트 족은 송에 독립을 선언하고 송에 대한 전쟁을 개시했다.

衣

2장 비단의 나라, 중국

의복의 기본 재료 | 유교사상과 복식 | 신분과 지위의 상징인 복식
의복을 통해 본 농경민과 유목민의 침투와 대립 | 유행은 현대인의 전유물이 아니다

인간이 옷을 입는 행위는 단순히 자연적인 본능이라기보다 사회적, 문화적 행위다. 의생활은 생산력과 과학기술의 발전, 사회제도, 종교, 사회계층, 정치권력 등과 밀접하게 연관되어 있기 때문이다.

의복은 정치, 사회제도 등과 달리 한 사회의 모습을 직접 드러내는 것이 아니어서, 의복에 스며 있는 무수한 상징성을 제대로 읽어내는 일이 그리 간단하지는 않지만, 분명히 시대와 사회의 특성을 반영하고 있다. 이제 중국 전통사회의 성격이 중국인의 의생활에 어떻게 표현되어 있는지 살펴보자.

1. 의복의 기본 재료

원시시대에는 인류도 다른 동물과 마찬가지로 몸에 털이 숭숭 나서 옷이 필요 없었다. 노천생활을 청산하고 동굴이나 나무 위로 주거를 옮기면서 약해진 피부를 보호하기 위해 옷을 입게 되었다. 하지만 화학섬유가 개발되고 섬유산업이 발달하기 전까지 인류의 옷은 보잘것없었다. 과거 중국인들은 무엇을 재료로 어떻게 옷을 만들어 입었을까?

◉ 1년을 의미하는 칡옷과 갈옷

아담과 이브가 에덴동산에서 걸쳤던 옷은 무화과잎이었다. 오늘날 아프리카 원주민들이 입고 있는 나뭇잎이나 여러 가지 풀을 엮어 만든 옷을 보면 인류 최초의 의복을 짐작해볼 수 있다. 문명 초기의 중국인들 역시 처음에는 이렇게 몸을 가렸을 것이다. 지혜가

좀더 발달함에 따라 칡이나 마와 같은 식물 줄기로 원시적인 형태의 방직을 해서 옷을 만들어 입었다. 신석기시대의 여러 유적지에서 출토된 뼈바늘과 방추차 등을 통해 당시 사람들이 실을 자아 옷을 만들어 입었음을 알 수 있다.

여름에는 나뭇잎이나 풀잎으로 몸을 가릴 수 있었지만, 겨울이 오면 추위를 막아줄 옷이 필요했다. 이때 손쉽게 얻을 수 있는 것이 동물의 가죽이었다. 재봉기술이 발달하지 않은 당시에는 동물의 가죽을 벗겨 그대로 걸치고 다리 부분을 앞에서 매어서 옷을 고정시켰을 것이다. 오늘날에도 중국의 일부 소수민족은 동물가죽을 벗겨 그 모양대로 몸에 걸치고 다리 부분을 앞에서 여며 입고 생활하고 있다.

쓰촨 청두 교외의 한대 묘지에서 출토된 화상전. 길쌈을 하는 모습이 묘사되어 있다.

중국인의 옷감 하면 얼른 비단을 떠올리게 된다. 물론 중국에서는 신석기시대부터 이미 비단이 생산되었고 이후에도 최대의 비단 생산국이었다. 그러나 비단을 만드는 데는 여러 가지 복잡한 공정과 고도의 기술이 필요한 만큼 생산량이 한정되어 있어 주로 상류층의 옷을 만드는 데 사용되거나 아니면 수출용이었다. 일반인들은 비단옷을 평생 몇 번 입어보지 못했다.

중국어에서 '구갈裘葛'이라는 단어는 여름에 입는 칡넝쿨로 짠 옷과 겨울에 입는 가죽옷을 말한

허베이 성 가오청(藁城)에서 출토된 은대 마포의 잔편.

다. 이 단어는 1년을 의미하기도 한다. 의복기술이 발달하기 전까지 여름에는 칡옷 한 벌, 겨울에는 가죽옷 한 벌로 보냈다. 그래서 구갈이라는 말로 1년을 대신했다.

만리장성 이북 초원지대에는 비단과 마 등이 생산되지 않아 1년 내내 가죽옷을 입어야 했다. 처음에는 동물의 가죽을 벗긴 그대로 겨울에는 동물의 털이 안으로, 여름에는 밖으로 나오게 입었고, 이후에는 동물의 털로 옷을 만들어 입게 되었다.

요즘에야 모피 코트를 최고의 옷으로 치지만 사시사철 가죽옷이나 모직물을 입어야 했던 유목민에게는 여간 고역이 아니었을 것이다. 농경지대로 들어온 이들이 중국의 왕족과 귀족들이 입었던 부드러운 비단에 도취되었을 것임은 상상하기 어렵지 않다. 기름진 쌀밥에 보드라운 비단옷을 걸치게 되면서 상무적 기풍을 잃고 타락하게 되리라는 것 역시 쉽게 짐작할 수 있다. 이것이 농경지역으로 내려와 왕조를 건설한 유목민이 오래 버티지 못한 이유 중 하나다.

⦿ 비단의 나라 중국

은대 갑골문은 제사와 점복에 대한 기록으로 이를 통해 당시 사람들이 어떻게 살았는지를 이해할 수 있다. 갑골문 내용 중에는 누에신에게 제사 지냈다는 기록이 보이고 잠蠶, 상桑, 사絲, 백帛 등 비단을 의미하는 글자도 보인다. 은나라 청동기에도 누에무늬가 새겨져 있는 것을 볼 수 있다.

비단의 원산지 중국에서는 신석기시대 말기에 야생누에에서 실을 뽑아 비단을 만들기 시작했으며, 은대에는 누에를 길러 비단을

왕정王禎의 《농서農書》를 바탕으로 그린 〈직경도〉 중 누에고치에서 실을 뽑는 모습.

만드는 기술이 상당히 발전해 있었다. 《시경詩經》〈위풍魏風십무지간十畝之間〉에 "10무의 땅이지만 뽕 따는 이들이 한가롭네. 나도 그대와 함께 전원으로 돌아가리"라 하여 주나라시대에 뽕나무를 심는 것이 보편화되었음을 알 수 있다.

한나라 무제는 서쪽지역에 대월국大月國이라는 강국이 있다는 말을 듣고, 이 나라와 손을 잡고 흉노를 물리치기 위해 장건을 사신으로 파견했다. 비록 이 제휴는 실패했지만 장건은 서역으로 연결되는 동서 교통로를 개척했다. 이 길을 따라 중국의 비단이 서역으로 수출되었기 때문에 이 길을 실크로드라고 부른다.

BC 1세기경 로마의 카이사르는 중국에서 들어온 비단으로 만든 옷을 입고 연극을 구경했는데, 극장에 모인 관중들이 그 눈부신 화려함에 넋을 잃어 연극은 보지 않고 카이사르의 옷만 보았다는 기록이 있다. 동서 교역로를 따라 비단이 로마까지 수출되어 로마 사람들은 중국을 비단의 나라로 인식했던 것이다.

20세기 초 실크로드 탐험의 선구자 스타인은 실크로드 상의 대도시 호탄(于闐) 근처 모래 속에서 '양잠서점전설養蠶西漸傳說'이라는 판화를 발견했다. 중국의 왕녀가 호탄으로 시집갈 때 누에씨를 머리카락 속에 감추어온 내용을 전하는 그림이다. 아마도 중국은 비단 수출을 독점하기 위해 양잠을 비밀로 했던 것 같다. 그리스, 로마 인 역시 일찍이 실크로드를 따라 들어온 비단의 존재를 알았지만 비단이 누에에서 나왔다는 사실은 한참 동안 알지 못했다.

동물가죽이나 모직물밖에 입을 것이 없었던 유목지역의 지배자들에게 중국 비단은 각광을 받았다. 서하, 요, 금 등 북방 유목민이 세운 왕조들과 대치해 있던 송나라는 평화를 유지하기 위해 이들에게 매년 대량의 비단을 바쳐야 했다.

비단은 국가에 바치는 세금으로, 또는 화폐 대신 교역의 수단으로 사용되었으며, 비단을 비롯한 옷감을 짜는 일은 주로 여성들이 담당했다. 그래서 흔히 남경여직男耕女織, 즉 '남자는 농사짓고 여자는 길쌈을 한다'고 표현한다.

1년 농사의 풍년을 기원하는 여러 가지 행사가 있듯이, 비단 생산이 잘 되기를 기원하는 행사 역시 매년 성대하게 거행되었다. 이들 행사는 여성 중심으로 이루어졌고, 기원 대상이 되는 신들도 여신이었다. 결교乞巧라는 이 의식 때 마두낭馬頭娘이라는 잠신蠶神에게 제사를 지내기도 하고, 견우와 직녀가 만나는 칠월 칠석날 직녀에게 기원을 하기도 했다. 변소를 관장하는 여신 자고신紫姑神에

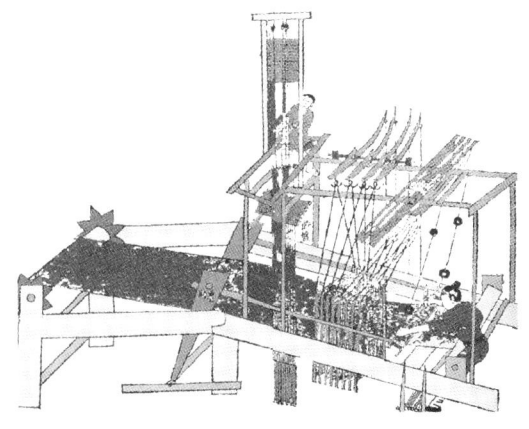

당대에 직조된 화조무늬 비단 (왼쪽).
명대에 만들어진 무늬비단을 짜는 기계(오른쪽).

게도 제사를 지냈다. 변소신에 대한 숭배는 인분에 신성성을 부여한 것이라 할 수 있다. 변소를 관장하는 신을 여성으로 설정했던 것도 바로 여성이 대지와 생산을 상징한다는 점과 관련이 있는 것 같다.

농촌의 여성들은 이렇게 온갖 정성을 들여 비단을 생산했지만, 정작 자신들이 생산한 비단을 입을 수 있는 기회는 거의 없었다. 이들이 생산한 비단은 귀족이나 왕족들의 몸을 감싸는 데 사용되거나, 실크로드를 따라 목숨 걸고 비단을 수출하는 모험 상인들을 갑부로 만들어주었다.

서주시대 마지막 왕인 유왕幽王에게는 포사褒姒라는 총애하는 비妃가 있었다. 포사는 언제나 우울한 표정을 짓고 있어 유왕은 그녀의 활짝 웃는 모습을 보기를 소원했다. 어느 날 비단이 찢어지는 소리를 들은 포사가 자지러질 듯이 웃었다. 이후 유왕은 포사를 기쁘게 하려고 매일 여러 필의 비단을 찢도록 했다고 한다.

진나라 귀족들은 사치와 향락을 일삼은 것으로 유명한데, 그 시대 호화 생활자 명단에서 단연 1위를 차지하는 인물이 석숭石崇이다.《진서晉書》〈유식전劉寔傳〉을 보면 그의 화장실은 비단으로 천막을 하고 호화롭게 꾸며놓아 여염집의 안방보다 훌륭하여 사람들이 감탄을 금치 못했다고 한다. 또 행차할 때는 자신이 가는 길 양옆에 비단 장막을 쳤을 정도였다.

당나라시대에 이르러 대외교역이 활발해지고, 경제수준이 향상되어 귀족들의 비단 수요가 많아지자, 비단을 전문적으로 생산하게 되었다. 특히 송대 이후 강남지역의 개발이 본격화되었는데, 이 지역은 양잠업과 견직업을 하기에 좋은 기후조건을 갖추고 있었다. 쑤저우(蘇州), 항저우(杭州), 난징과 같은 도시들이 질 좋은 비단 생산으로 흥청대는 대도시로 성장하고, 쑤저우의 성쩌진(盛澤鎭)같이 작은 읍에서 대도시로 급성장한 곳도 등장했다.

● 검소함의 상징 모피

전국시대 맹상군孟嘗君이라는 유명한 정치가가 있었다. 그는 당시 강국이었던 진의 소왕昭王에게 죄를 지어 사형을 당할 처지가 되었다. 맹상군은 소왕의 애첩에게 몰래 목숨을 구해달라고 간청했다. 그녀는 흰여우 가죽으로 만든 옷을 가져다주면 목숨을 살려주겠다고 했다. 그 모피는 원래 맹상군이 소왕에게 선물한 것이었다. 맹상군은 자신이 거느리고 있던 식객 중 개 흉내를 내어 도둑질하는 사람에게 몰래 모피를 훔쳐오도록 하여 목숨을 건질 수 있었다. 결국 여우 모피가 목숨을 살린 셈이다.

모피와 관련된 또 한 가지 일화를 살펴보자.《여씨춘추》〈분직分職〉에는 다음과 같은 고사가 있다. 위령공衛靈公이 추운 날 연못을 만들고자 했다. 그러자 완춘宛春이라는 자가 "추운 날씨에 공사를 하면 백성들이 힘들게 될까 염려됩니다"라고 간했다. 그러자 위령공이 "날씨가 그렇게 추운가?"라고 물었다. 이에 완춘은 "공은 여우 모피를 입고 곰털로 된 방석에 앉아 계시고, 집 안에는 불을 지피고 있으니 춥지 않겠지만, (그렇지 못한) 백성들은 춥습니다"라고 말했다. 위령공이 이 말을 듣고 공사를 중지했다고 한다.

최초의 인류는 동물의 가죽을 걸치고 겨울을 견딜 수 있었고, 중국인들 역시 여러 동물의 가죽으로 옷을 만들어 입었다. 특히 여우나 표범 등으로 만든 가죽은 때로 천금을 헤아리는 값진 것이어서 귀족이나 왕족들만이 입을 수 있는 고급품이었다.

그러나 중국의 왕족이나 귀족들은 모피옷보다는 비단옷을 더 귀하게 여겨, 여우나 표범 가죽 등을 제외한 동물의 모피는 일반적으로 싸구려로 취급되었다. 또 여우가죽 옷이나 표범가죽 외투를 입더라도 그 털을 바깥으로 드러내어 입으면 예의에 어긋난다고 생각했다. 동물의 털이 바깥으로 드러나는 것을 아름답게 여기지 않았기 때문이다. 그래서 손님을 대할 때나 의례를 행할 때는 그 위에 석의楊衣라는 겉옷을 모피의 색깔과 맞추어 입어 멋을 내고 예의를 차렸다.

일찍부터 비단이나 마 같은 섬유직물을 입은 중국인들과는 달리, 북방 유목민은 동물의 가죽과 털을 의복의 주재료로 삼을 수밖에 없었다. 그래서 유목민은 일찍부터 양털을 이용한 방직업을 발전시켜, 모방직업 기술은 유목민을 통해서 농경지역에 전해졌다. 유목민이 대거 농경지역으로 들어온 남북조시대에는 모직으로 만든 관복을 입기도 했지만, 역시 하급관리들의 관복이었다.

동물의 가죽이나 털은 옷 외에 담요, 방석, 혁대, 장화 등 여러

둔황 모가오굴 196굴 북벽의 공양인과 동자상(복원도). 공양인은 장화를 신고 있다.

가지 물건을 만드는 데도 사용되었다. 특히 유목민에게 모피는 깔고 앉거나 덮는 이불을 만들 때, 이동주택을 만들 때도 빼놓을 수 없는 재료였으며, 말을 탈 때 꼭 필요한 장화 역시 동물의 가죽으로 만들었다.

유목민이 농경지대로 들어온 남북조시대에는 유목민이 신는 장화가 중국인들 사이에서도 유행했다. 《북제서北齊書》〈임성왕개전任城王湝傳〉에는 한 부녀가 하천에서 빨래를 하면서 벗어놓은 가죽신을 도난당하자 임성왕이 해결한 일을 기록하고 있다. 쉽게 구할 수 있고 잘 닳지도 않는 가죽신을 부녀자들도 신었음을 알 수 있는 내용이다.

모피옷이나 신발, 동물 털로 만든 방직품은 평민 백성이나 신분이 낮은 사람들이 주로 입었으므로, 당송시대에 과거에 합격해서 관직에 오르는 것을 석갈釋褐, 즉 '털옷을 벗는다'라는 말로 표현하기도 했다. 그래서 상류층 사람들이 모피옷을 입거나 가죽신을 신으면 매우 검소한 사람으로 평가되었다.

중국에서 가죽제품이나 모방직품이 썩 환영받는 옷감이 아니었던 만큼, 19세기 말 중국 시장 개척에 나선 영국도 모직물 판매에 실패했다. 당시 영국은 중국을 엄청난 잠재시장으로 보고 모직물을 팔아 곧 부자가 될 것으로 착각했다. 그러나 중국인들은 모직물을 그다지 좋아하지 않았으며, 대부분 옷감은 자급자족하는 상황이었다. 여기에 청나라는 무역항을 광둥 성에 있는 광저우 하나로만 통일하는 폐쇄적 대외정책을 폈다. 광둥은 중국 최남단 아열대기후에 속하니 이들이 모직물을 입을 일은 별로 없다. 영국의 모직물 판매 계획에 차질이 생길 수밖에 없었다. 이렇게 하여 아편무역이 시작된 것이다.

● 가난한 백성들이 따뜻하게 겨울을 날 수 있게 한 목면

중국은 '비단의 나라'이며 비단 생산의 역사도 매우 길지만, 누구나 비단옷을 입을 수는 없었다. 비단보다 더 일찍 인류의 의복 재료가 되었던 것은 칡과 마 같은 식물의 줄기였다. 이런 줄기들은 질긴 성질 때문에 짜서 옷감으로 사용했다.

칡은 처음에는 식용이었다가 이후 줄기를 이용해서 옷을 만들 수 있게 되었을 것이다. 마는 당연히 베를 짜는 식물로 알고 있지만 고대에는 마의 종자 역시 먹는 음식이었다. 중국인들이 말하는 오곡 속에 마가 들어가는 것은 바로 이 때문이다.

칡과 마는 다 같이 식물의 줄기이지만 칡은 거칠고 마는 부드럽다. 그래서 칡으로 만든 옷은 일반적으로 저급품으로 일반 백성들이 입었다. 갈의葛衣란 칡넝쿨로 짠 옷으로 낮은 신분을 대변하기도 한다. 반대로 마는 부드러워서 귀족들이 입었다. 따라서 매우 조밀하게 짜여진 마직품이 일찍부터 생산되었다. 주대의 일을 기록하고 있는 《예기》에는 마포의 가는 정도를 신분에 따라 규정하고 있다.

귀족이나 관료들은 겨울에는 비단옷을 입고 여름에는 더위를 피하기 위해 마직으로 만든 옷을 입었지만, 비단옷을 입을 형편이 안

《천공개물》에 묘사된 면직물 제조 과정. 왼쪽부터 씨 발기기, 솜 틀기, 고치 만들기, 실 잣기.

되는 일반 백성은 겨울에도 갈의를 겹쳐 입고 추위를 견뎌야 했다.

일반 백성들이 겨울을 따뜻하게 보낼 수 있게 된 것은 면직물이 보급된 이후의 일이었다. 면화는 진나라 때부터 광둥, 하이난(海南) 일대의 남부지역과 서남지구 신장 등지에서 재배되었다. 한족의 문화가 변경으로 확산됨에 따라 면화 재배도 중원으로 확대되었다. 중원에서 면화 재배가 시작된 시기는 다른 옷감보다 늦었다. 남북조와 수당시대의 기록에 보이는 길패吉貝가 바로 면포다. 남방 연해 지역에서 전해진 것이라 하여 남포南布라고도 했으며 귀중한 옷감으로 취급되었다.

면화가 중국 황허, 화이수이, 창장 유역 일대 등에 널리 재배된 것은 송 이후의 일이다. 고려 말 문익점이 원나라를 통해 목화씨를 몰래 들여왔는데, 이때 중국도 목면을 널리 입기 시작한 지 그리 오래되지 않았을 때였다.

목면의 전래에 대해서는 설화가 있다. 원나라시대에 오늘날의 상하이(上海) 지역 출신 황도파黃道婆라는 여성이 있었다. 그녀는

근대적 면방직공장인 난통(南通) 다성쓰창(大生絲廠)의 모습.

전란으로 고향을 떠나 이리저리 떠돌다 하이난 도에 이르게 되었다. 그곳 원주민들은 면화 가공 기술을 알고 있었는데, 황도파가 이를 배워 중국인들에게 전래했다. 흔히 모든 기술을 중국인들이 먼저 전래했다고 생각하기 쉽지만, 모방직 기술과 마찬가지로 면방직 기술도 변방인들에 의해 전래되었다. 이리하여 원대에는 장시(江西), 후광(湖廣), 푸젠 등지에 두루 목면제거사木棉提擧司라는 관청이 설치되고 면옷을 입는 일이 보편화되었다.

명청시대에 들어오면 면화의 수요가 늘어남에 따라 면화를 상품으로 재배하는 지역이 증가하고 면업으로 부를 이루는 경우도 생겼다. 이를 자본주의 맹아 형성의 한 형태로 보기도 한다. 영국에서 산업혁명 시기 공장을 세우고 노동자를 고용하여 면직물을 상품으로 대량 생산함으로써 자본주의 경제체제로 전환되었는데, 중국에서도 면방직물업에서 이런 모습의 싹이 보이게 된다.

청말 서구의 기술과 공장의 도입으로 부국강병을 이루려 했던 양무운동 시기, 상하이에 근대적 면방직 공장이 설립되는 등 19세기 말에서 20세기 초에 면방직업이 상당한 성장을 보였다. 그러나 잇따른 서구 열강의 침탈과 정치적 혼란으로 그 명맥을 이어나가지 못하고 말았다.

2. 유교사상과 복식

《사기》를 비롯한 중국 역대의 정사에는 〈예복지禮服志〉〈예의지禮儀志〉〈의위지儀衛志〉 등이 많은 분량을 차지하고 있다. 그 내용은 황제를 비롯하여 귀족, 관료 또는 이들의 부인들이 각각의 상황과 신분에 따라 입어야 할 복식에 대한 상세한 규정이다. 왜 이처럼 많은 지면을 할애하여 복식에 대해 상세하게 규정해놓았을까? 2,000여 년 동안 중국의 통치이념이었던 유교사상은 중국인들의 의생활에 어떻게 반영되었을까?

⦿ 의복은 정권 유지의 수단?

제복은 각자의 개성에 상관없이 제복이 대표하는 직업이나 신분에 맞도록 행동할 것을 사람들에게 강요하기도 하고, 특수한 제복을 입은 사람에게 권위를 부여하는 특성이 있다. 마찬가지로 중국 역대 황제들이 조회나 제사 때 입는 예복은 황제의 위엄을 과시하는 것이었다. 또 문무관료들은 등급에 따라 규정된 관복을 입음으로써 황제에 충성해야 할 엄숙한 임무를 생각하게 되고, 백성들 또한 관복을 통해 이들의 권위를 인정했다. 유교를 통치이념으로 했던 중국 전통사회에서는 복식에 대한 상세한 규정을 통해 상하관계의 질서를 유지하고, 왕조의 통일과 안정을 지속시켜나가려고 했다.

공자와 맹자가 확립한 유가적 통치이념과 제도는 주나라 전성기의 제도와 이념을 본보기로 삼았다. 주나라시대의 제도와 문물을 기록한 《주례》에 따르면 주나라 천자는 행사의 성격에 따라 6종류

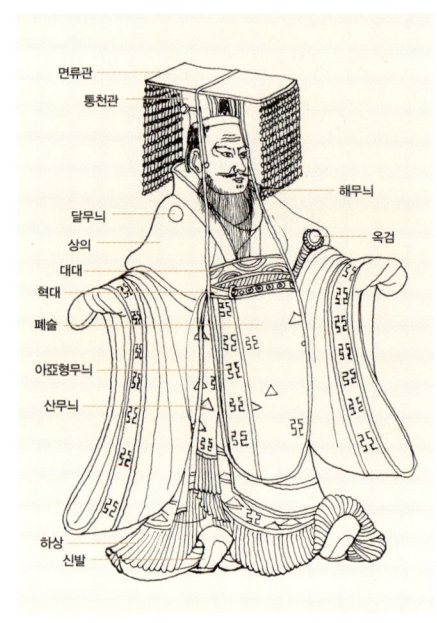

제왕 면복의 각 부분별 명칭.

의 예복을 입었으며, 이를 면복冕服이라 한다. 물론 천자 이하 제후들에게도 등급에 따른 예복이 규정되어 있었으며, 황후의 예복도 마찬가지였다.

춘추전국을 통일한 진시황 역시 통일과 안정을 위해 6국의 관복제도를 정리하여 복식에 대한 규정을 했고, 한나라시대에도 신분과 의례의 종류에 따른 복식 규정이 있었다. 한 무제 때 외척 무안후武安侯 전념(田蚡)이 집에서 입는 첨유襜襦를 입고 궁에 들어온 일이 있었다. 이런 복장을 하고 궁에 들어온 것은 예의에 어긋난다 하여 작위와 봉토를 거두어 들였다고 한다.

전한은 왕망王莽의 정권 찬탈로 무너졌는데, 왕망을 물리치고 유씨 왕조를 부흥한 사람이 갱시제更始帝 유현劉玄이다. 당시 갱시제를 도와 정권을 창출한 사람은 대부분 하층민들이었다. 정권 창출의 공으로 고관이 된 이들이었지만, 유교적 예의범절을 제대로 몰라 하층민 시절에 입던 평민 복장을 그대로 입었고, 이는 사람들의 놀림감이 되었다. 갱시 정권이 금방 몰락한 데는 여러 가지 원인이 있겠지만, 의복에 대한 예절을 소홀히 했던 것도 이들의 권위를 떨어뜨리는 한 요인이 되었다고 볼 수 있다.

이를 교훈으로 삼은 탓인지 후한 명제明帝 영평永平 2년 여복령輿服令에 와서는 이전 왕조들의 복장 양식을 바탕으로 복식에 대한 법령을 규정했다. 이때의 공복제도는 일본, 조선, 안남 등 동아시아 여러 왕조의 복식제도에 결정적 영향을 미쳤다. 이 규정에는 의례의 종류에 따른 복식의 양식과 음양오행에 따른 복식의 계절별 색깔, 국가의 중요 의례 때 문무백관이 쓰는 면관에다는 옥의 수와 색깔, 허리에 차는 패식의 양식까지도 규정했다.

● 통치자의 염원을 담은 복식

《주례》〈주관周官〉 '사복司服'에는 주나라 천자가 의례를 거행할 때 입었던 6종의 예복이 기록되어 있는데, 거기에는 예복에 들어가는 문양도 규정해놓고 있다. 가장 중요한 의례인 상제上帝에 대한 제사를 지낼 때는 12문양을 그려넣은 대구大裘라는 예복을 입었다. 나머지 예복들에는 의례의 중요도에 따라 문양의 수가 줄었다.

주대 천자의 면복에 그려진 12개의 문양은 해, 달, 별, 용, 산, 화충(華蟲, 깃털이 화려한 새), 제사용 예기인 종이宗彝, 수초(藻), 불, 쌀가루(粉), 보(黼, 도끼모양 무늬), 불(黻, 亞형 무늬) 등이다. 다른 아름다운 무늬도 많았을 텐데 왜 하필 이 열두 가지 모양으로 문양을 만들었을까? 해답은 의복을 통해 질서를 유지하려 했던 통치자들이 복식 속에 자신들의 의지를 담은 상징적 기호를 넣고자 했기 때문이다.

해, 달, 별은 광명을 나타낸다. 변화무쌍한 용은 변화에 잘 적응하는 제왕의 능력을 상징한다. 산은 장중함의 상징으로, 제왕이 천하를 제압함을 표시한다. 화충은 제왕의 광채로운 문장文章을 상징하는데, 화

명대 《삼재도회三才圖會》에 나오는 12문장.

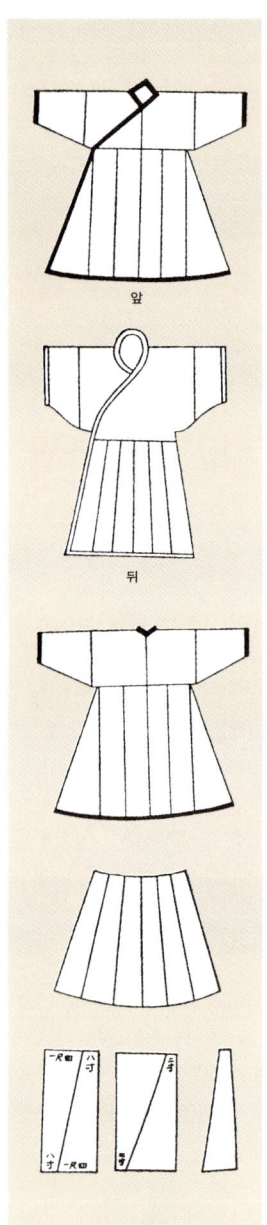

후난 창사 마왕두이에서 출토된 한대 심의(오른쪽)와 심의 재단 방식(왼쪽).

충의 모습이 화려한 데서 따온 것이다. 종이는 충효를 의미하며, 수초는 정결을, 불은 백성들이 제왕에게 귀순함을 상징한다. 쌀가루 무늬는 제왕이 백성들을 잘 먹여 살린다는 의미이고, 도끼 무늬는 결단력을, 아亞형 무늬는 명석한 판단력을 각각 상징한다.

한대에는 천자의 곤복에서 12개의 문양 중 해, 달, 별을 없애고, 관료의 예복에도 등급에 따라 문양의 수에 차이를 두었다. 수대에 와서는 폐지되었던 세 가지 무늬를 다시 회복했다. 이후 역대 왕조마다 다소 변화가 있었으나, 황제와 관료의 예복의 문양은 청대까지 기본적으로 계속 유지되었다.

유교적 통치이념이 담겨 있는 복식의 예는 이외에도 많다. 중국 고대에 남녀 모두 예복으로 입던 심의深衣라는 상하가 붙어 있는 옷에도 거창한 의미가 내포되어 있다. 우선 이 옷은 12폭으로 되어 있어 열두 달과 일치시키고 있다. 또 재봉 방법에는 규(規, 동그라미를 그리는 도구), 구(矩, 사각형을 그리는 도구), 승(繩, 직선을 그리는 줄), 권

(權, 저울추), 형(衡, 저울대)의 원리가 포함되어 있다. 즉, 둥근 소매는 규를 상징하고, 목둘레는 방형方形인 구를 의미하며, 뒤의 재봉이 곧은 것은 승과 같고, 옷의 자락이 곧고 평평한 것은 권을 상징했다. 여기서 규는 삿됨이 없음을 상징하며, 먹줄은 곧음, 권형은 공평함을 의미한다. 이 규, 구, 승, 권, 형은 모두 천하를 올바르게 통치하는 원리다.

일개 걸식승에서 황제의 자리까지 오른 명나라 태조 주원장朱元璋은 황제의 권위를 강화하고, 모든 백성을 일사불란하게 통치하기 위해 온갖 방법을 다 썼던 사람이다. 그래서인지 명대에는 통치자의 염원을 담은 복식이 많이 등장하고 있다.

명대 사대부들은 사방이 모두 평평한 사방평정건四方平定巾을 즐겨 착용했다. 이 건은 원래 양유정楊維楨이라는 사람이 썼던 것이다. 태조가 그에게 관직을 주려고 조정으로 불렀는데, 그가 쓴 건의 모습이 독특하여 건의 이름을 묻자, 양유정이 엉겁결에 사방평정건이라고 답했다. 막 천하를 통일한 주원장은 그 건의 명칭에 천하통일의 의미가 담겨 있다고 기뻐하며, 전국에 이 건을 쓰도록 명했다고 한다. 또 명대에 사대부에서 서민까지 두루 착용했던 육합일통모六合一統帽라는 모자는 6조각을 합쳐 만든 것으로 안정과 화목을 상징하는 것으로 보았다.

명 만력 연간에 출판된 어세인풍御世仁風 삽도에 있는 사방평정건을 쓴 인물.

한대에 유교를 통치이념의 자리에 올려놓는 데 결정적인 공을 세운 동중서董仲舒는 자연현상을 설명하는 음양오행사상을 정치와 사회현상에 적용했다. 이에 의하면 자연을 구성하는 오행은 인간 세상에서 오덕으로 표현된다. 동중서는 왕조 교체를 오행으로 구성된 우주 만물이 변화하는 것과 같은 이치로 설명하고, 각 왕조는 오덕의 하나를 기반으로 하고 있다고 해석했다.

오행은 색깔로도 표현되어 흙, 나무, 쇠, 불, 물은 각각 노란색, 푸른색, 흰색, 붉은색, 검은색에 해당한다. 따라서 각 왕조는 자신들의 왕조를 지탱하는 오덕의 하나를 상징하는 색깔을 특별히 선호했다.

중국 최초의 제왕이라 일컬어지는 황제는 토덕土德을 기반으로 하여 노란색을 숭상했다고 하며, 하나라는 목덕을 기반으로 푸른색을 숭상했고, 은나라는 금덕으로 흰색을 숭상했다는 것이다. 은나라를 멸망시킨 주나라는 화덕을 기반으로 하여 붉은색을 으뜸으로 쳤다.

오행의 변화가 왕조의 교체와 어떻게 연결되는가에 대해서는 사람마다 시대마다 설명하는 방법이 달랐다. 그렇지만 각 왕조가 오덕 중 하나를 기반으로 하고 있다는 생각에는 변함이 없었다. 때문에 각 왕조는 왕조를 대표하는 색깔을 정하여 공복의 색깔로 삼았고, 황제나 귀족들도 주로 왕조를 대표하는 색깔의 옷을 입었다. 이 역시 왕조의 지속을 바라는 통치자들의 희망을 표현한 것이 아니겠는가?

◉ 군자가 항상 몸에 지녀야 했던 옥

유행을 주도하는 것은 여성이며 장식은 여성의 전유물처럼 생각되기도 한다. 그러나 원시시대에는 남성의 복식과 장식이 더 정밀하고 화려했다. 아마 자신을 매력적으로 보여 여성의 관심을 끌고, 또 상대방에게 위엄을 과시하기 위한 방법이었을 것이다.

남성 중심의 사회가 되고부터는 남성의 선택을 받아야 하는 여성이 주로 화려한 장식을 했지만, 중국 고대 사회에서는 남성들도 화려한 장식을 즐겨 했는데, 장식을 통해 신분과 지위를 과시하기 위해서였을 것이다.

유교사상을 신봉했던 중국 사대부들에게 가장 사랑받은 장식품은 옥玉이었다.《예기》〈옥조편玉藻編〉에는 사대부들이 가장 이상적인 인간형으로 생각한 군자는 특별한 이유 없이 몸에서 옥을 떼는 일이 없는 법이라고 기록하고 있다. 왜 이처럼 옥을 귀중하게 생각했을까?

공자는 제자 자공子貢에게 군자가 옥을 귀하게 여기는 까닭은 군자의 도덕적 품성과 옥의 성격이 닮았기 때문이라고 했다. 즉, 옥이 윤이 나는 것은 군자의 인仁과 닮았고, 단단한 성질은 지智와 상통하며, 사람을 찌를 만큼 날카롭지 않은 것은 군자의 품성인 의義와 닮았다고 보았다. 몸에 드리워진 모습은 예禮의 상징이며, 맑고 은은한 옥의 소리는 유교에서 중시하는 악樂, 잡티가 없는 순수함은 충忠, 사방에 가득한 광채는 신信을 의미한다는 것이다. 이처럼 유교에서는 장식품 하나에도 잊지 않고 유교 도덕의 색채를 부여했다.

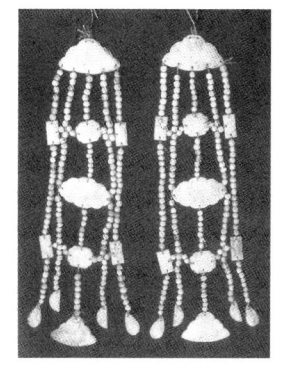

명 만력제와 황후의 능인 정릉定陵에서 출토된 만력제의 옥 패식. 패식을 달면 움직일 때마다 아름다운 화음을 이루는 소리가 났다.

사대부들이 몸에 지녔던 옥 장식에는 여러 종류가 있었다. 옥 장식은 주로 혁대에 매달았는데, 황제나 고관 등은 여러 가지 모양과 종류의 옥을 함께 주렁주렁 매달기도 했다. 그래서 움직일 때마다 아름다운 화음을 이루는 소리가 났고 화음이 맞지 않으면 예에 어긋난다고 생각했으니, 이는 바로 조화와 신비감의 표시였다.

통치자나 사대부들이 이처럼 옥에 예사롭지 않은 의미를 부여함에 따라 질 좋은 옥은 값이 엄청나게 비쌌다. 옥으로 만든 장식품

허난 성 안양의 은허부호묘殷墟婦好墓에서 출토된 용 모양 옥결.

중 가장 널리 사용된 것은 옥벽玉璧이었다. 옥벽은 둥글고 가운데 네모난 구멍이 뚫린 형태인데, 춘추시대 초나라의 변화卞和가 찾아냈다는 화씨벽和氏璧은 옥벽 중에서도 가장 값진 것이었다. 전국시대 진나라 소왕은 화씨벽을 가지고 있던 조나라의 혜문왕惠文王에게 자신이 지배하던 15개의 성과 화씨벽을 맞바꾸자고 했다. 그래서 화씨벽은 연성벽連城璧이라고도 부른다. 이 말에서 '매우 값지다'라는 의미의 가치연성價値連城이라는 표현이 파생되기도 했다.

옥 장식이 통치자와 사대부들에게 애용됨에 따라 옥은 이들 사이 의사전달의 수단이 되기도 했다. 옥벽과 유사한 것으로 환環과 결玦이라는 것도 있다. 환 역시 둥글고 가운데 구멍이 있는데 옥벽의 구멍에 비해 작다. 결도 환과 형태는 같지만, 한쪽의 이가 빠져 있다는 점에서 구분되며, 결이라는 명칭도 터지다는 의미의 결決에서 유래했다. 그래서 고대 중국인들은 이 결玦로 결별, 또는 결심을 나타내기도 했다.

《사기》〈항우본기項羽本紀〉에 범증이 결을 보여 항우에게 유방을 죽일 결심을 하라고 암시한 대목이 보인다. 《백호통白虎通》에도 군자가 결단할 수 있으면 결을 찬다고 했고, 《순자荀子》〈대략大略〉에서도 신하가 군주에게 죄를 지으면 변경으로 가서 3년 동안 군주가 불러주기를 기다렸는데, 이때 군주가 환을 보내면 돌아오라는 의미이고, 결을 보내면 관계를 끊겠다는 뜻이었다고 한다. 이런 방식으로 의사표현을 하는 것은 송대까지도 계속되었다.

● 목은 자를 수 있어도 머리카락은 자를 수 없다

구한말 단발령이 내려지자 신체발부身體髮膚를 훼손하지 않는 것이 효의 근본이라고 생각한 유학자들이 목을 자를지언정 머리카락을 자를 수 없다고 항거한 일은 유교적 전통 속에서 머리카락이 지닌 의미를 단적으로 드러낸다. 유교의 본고장 중국에서도 머리카락 자르는 일을 역시 불경시했다. 진나라 법률에서는 고의로 사람의 머리카락을 손상시키면 처벌했다. 한족들에게 머리카락을 자르는 일은 승려가 되거나, 죄를 지어 강제로 머리카락을 깎여 죄수임을 표현하는 경우 외에는 없었다.

농경민족인 한족과 문화적 전통을 달리하던 만주족이 청나라를 세워 중국 본토를 정복한 후, 정수리 부분만 남기고 나머지는 다 깎은 후 정수리 부분의 머리를 땋아내린 소위 변발辮髮을 한족들에게 강요하자, 많은 한족들이 변발을 하지 않음으로써 청에 대한 완강한 저항 의지를 표시하기도 했다.

변발을 한 청말의 남성.

청나라에 끝까지 복종하기를 거부하다 투옥된 명나라의 한 관리는 머리카락을 단속하기 위해 썼던 망건을 몰수당하자, 자기 노비에게 붓으로 이마에 망건을 그리게 했다고 한다. 망건은 명나라 태조가 쓰도록 규정한 것으로 나라가 망했다고 해서 조상을 잊을 수는 없다는 것이 이유였다.

유교 의례에서는 20세가 되면 남자들은 관례冠禮를 행하고 관을 쓰게 된다. 이때 비로소 머리를 묶어올려 상투를 튼다. 관은 그 상투

위에 쓰는 것을 말하며, 성인의 표시이기도 했다. 우리가 흔히 쓰는 약관弱冠이라는 말은 관을 쓴 젊은이, 즉 막 20세가 되어 관례를 행한 남자를 지칭하는 것이다. 관을 쓰려면 반드시 머리를 묶어야 했으므로, 결발結髮, 속발束髮로 20세를 표시하기도 한다.

원래 관은 고관 귀족들만 쓸 수 있는 것이었으므로, 신분을 표시하는 상징의 의미를 갖기도 한다. 따라서 관을 쓰는 일은 '예'의 하나로 매우 중요하게 생각했다. 전국시대 조나라의 공자 평원군平原君이 신릉군信陵君에게 죄를 지었는데, 신릉군이 조나라를 떠나려 하자 평원군이 관을 벗고 사죄하면서 신릉군에게 머물러달라고 청한 일이 있었다. 이는 관을 벗어 자신의 잘못을 인정하고 스스로 신분을 낮춘 것으로, 관이 신분의 상징임을 나타내는 적절한 예일 것이다. 공자의 제자 자로子路가 관의 끈이 끊어지자 전투를 그만두고 끈을 매다 상대방에게 살해되었다는 《좌전左傳》의 이야기는 관을 얼마나 중시했는지를 여실히 보여준다.

후베이 성 우창(武昌) 당나라 묘지에서 출토된 도용陶俑의 머리 모양. 어린아이의 머리 모양인 아두다.

여성들도 15세가 되면 비녀를 꽂는 의식, 즉 계례笄禮를 행한다. 그래서 성인이 된 여성을 급계及笄라고 표현하기도 한다. 신석기시대 유적에서도 부녀들이 꽂았던 비녀가 출토되기도 했지만, 대개 계례는 주나라시대부터 시행되었다.

계례를 하면 여성들의 머리 모양도 변화하여 머리를 틀어 정수리나 뒷머리에 쪽을 쪘다. 15세 이하의 아이들은 머리를 두 가닥으로 빗어올려 뒤통수나 양쪽 귀 옆에 2개의 뿔처럼 묶었는데, 그 모습이 나뭇가지가 양쪽으로 나와 있는 모습과 같다 하여 아두丫頭 또는 아환丫環이라 했다. 나이 어린 소녀나 계집종을 아계丫髻라고 칭한 것은 여기에서 유래한다.

보통 15세로 성년이 된 여성은 정혼 상태였기에 계례를 하고 쪽을 쪘지만, 15세가 넘어도 정혼한 곳이 없는 여성, 요즘으로 치면 노처녀라도 늦어도 20세가 되면 계례를 행했다. 그러나 이때의 계례는 매우 간단하여 잠시 머리를 올려 비녀를 꽂는 의식을 행하고는 다시 원래대로 어린아이의 머리를 했다고 한다. 당대 서민들의 애환을 잘 묘사한 것으로 유명한 두보의 시 중에도 쓰촨 지역에서 매년 이어지는 전란으로 남자들이 감소하여 40~50세가 되어 양쪽 귀밑머리가 희어도 여전히 어린아이의 머리 모양을 한 미혼 여성이 많다고 한 내용이 보인다.

◉ 중산복에 나타난 중화민국의 통치이념

1911년 신해혁명辛亥革命의 발발로 2,000여 년간 지속되었던 황제 통치체제가 무너지고 국민이 주인이 되는 중화민국이 탄생했다. 새로 탄생한 정부는 과거 왕조 체제하의 여러 모순들을 개혁하고, 새로운 정치체제에 맞는 새로운 제도를 실시했다.

단발령에 의해 강제로 머리카락을 잘리는 모습.

과거의 복식에 대한 규정이 유교적 권위주의를 상징하던 것인 만큼, 복식에 대한 개혁 역시 빼놓을 수 없는 부분이었다. 우선 변발이 폐지되고 신분에 따른 엄격한 복장 규정도 폐지되었다. 중화민국 원년(1912) 7월 참의원參議院에서 남녀 예복제를 공표했고, 1929년 국민당도 헌법 제정시 예복을 정했다. 그 당시 예복은 서양식 복장이거나 중국식과 서양식을 혼합한 형식이었다.

왕조체제가 무너진 후에도 복식에 통치의 이념을 부여하려는 의지는 사라지지 않았다. 대표적인 예가 서양식

중화민국의 통치이념을 담고 있는 중산복.

중산복을 입은 손중산의 모습.

복장을 개조하여 만든 중산복中山服이다. 중산복은 신해혁명의 주도자이며 중국 혁명의 아버지로 불리는 손중산(孫中山, 쑨원)이 솔선하여 입어 붙여진 명칭이다.

손중산은 중화민국이 건설된 후 혁명 중국을 상징하는 일종의 국민복을 만들어서 보급하려 했다. 베트남 화교 거상 황융생黃隆生이 디자인한 중산복은 1929년 국민당이 헌법을 제정할 때 국가의 공식 예복으로 지정되었다.

이 예복의 상의 앞에 달린 4개의 주머니는 유교의 예의염치를 상징하여, 이를 국가의 네 가지 근간으로 삼겠다는 의미다. 또 앞단추는 5개를 달았는데, 이는 손중산이 주장한 서구의 입법, 사법, 행정 3권 분립에 감찰, 고시권考試權을 더한 5권 분립을 의미하고, 소매에 달린 3개의 단추는 중화민국의 기본이념인 민생, 민주, 민족의 삼민주의를 나타낸다. 목에 꼭 맞도록 만들어진 칼라로, 머리와 몸을 선명하게 구분하여 사상과 행동의 명확한 구분을 나타내고 동시에 극기와 충동 억제를 표시했다. 또 근엄한 칼라와 정중앙에 위치한 앞섶은 엄격, 성실, 평형감각을 보이고자 함이었고, 번잡한 장식과 주름을 넣지 않음으로써 신뢰감과 힘찬 모습을 보여주고자 했다.

3. 신분과 지위의 상징인 복식

화이트칼라와 블루칼라는 사무직 노동자와 육체 노동자를 구분하는 용어로 사용되어왔다. 넥타이 부대, 면사포, 베레모 등도 옷차림으로 신분이나 지위를 나타내는 말들이다. 복식으로 신분과 지위를 판단하고, 신분과 지위에 따라 입을 수 있는 옷이 규정되어 있던 전통사회의 관습은 오늘날에도 적용되고 있다. 중국인들의 의복에서 신분과 지위의 상징들은 어떻게 표현되어 있을까?

⦿ 황포, 황제의 옷

송나라를 세운 태조 조광윤趙匡胤은 후주後周의 절도사로 쿠데타를 일으켜 황제의 자리에 올랐다. 당시 중국 북부지역은 거란족이 세운 요나라가 지배하여 후주는 이들과 대치해 있는 상태였다. 어느 날 북변수비대로부터 요나라와 북한北漢의 연합군이 침입해온다는 소식을 들었다. 후주 조정은 조광윤에게 금군禁軍을 이끌고 출동하라고 명했는데, 카이평(開封) 동북방 진교역陳橋驛에 도착한 금군 병사들이 조광윤의 어깨에 황포를 걸쳐주었다. 병사들은 조광윤을 받들어 수도로 돌아와 선양禪讓의 형식을 빌려 황제의 자리에 앉혔다. 물론 이는 예정된 각본으로 당시 요와 북한의 침입 움직임은 없었다. 그럼에도 조광윤은 병사들이 자기에게 황포黃袍를 걸쳐주어서 얼떨결에 황제가 되었다고 강변했다.

복두에 둥근 목깃 황포를 입은 송 태조 조광윤.

금군 병사들이 조광윤에게 걸쳐준 황포는 황제만이 입을 수 있는 황제를 상징하는 옷이었다. 《수서隋書》〈예의지〉에 의하면 수대에는 관리와 일반 백성에 이르기까지 모두 황색 옷을 즐겨 입었다. 당대에도 황색을 숭배하는 관습이 있어, 관리나 백성들 모두 황색 옷을 즐겨 입었다. 그런데 어느 날 뤄양의 한 관리가 황색 옷을 입고 외출했다가 촌민에게 구타당한 사건이 발생했다. 그 촌민은 그가 관리인지 몰랐다고 변명했다. 이후 황제는 모든 관원과 백성들이 황색 옷을 입지 못하도록 정했다.

신분에 따라 입을 수 있는 옷 색깔을 구분한 예는 곳곳에서 보인다. 주대에 이미 홍색, 황색 등 귀한 색깔의 옷은 왕이나 귀족만 입을 수 있었고, 백성들은 주로 어두운 붉은색이나 푸른색, 검은색 등의 옷을 입었다. 수덕水德에 기반을 둔 진나라는 검은색을 귀히 여겨 평민들도 검은색 옷을 입었으나 죄수의 경우는 흙빛이 나는 붉은색 옷을 입어야 했다. 또 진한대에 죄수나 노비들은 푸른색 두건으로 머리를 싸도록 했고, 일반인들이 입는 옷 색깔도 주로 푸른색과 녹색이었다.

수대에도 서리는 푸른색 옷을, 서민들은 흰색 옷을, 도살업이나 상업을 하는 자들은 검은색 옷을 입도록 규정했음이 《수서》〈예의지〉에 보인다. 당 태종은 서민들에게 흰색 옷을 입도록 명했고, 송대 역시 검은색과 흰색을 천시하여 일반인들은 주로 이런 색깔의 옷을 입었다. 아직 과거에 합격하여 출세하기 전 수험생들도 검은 관에 얇고 볼품 없는 흰색 포삼布衫을 입었는데, 사람들은 이들을 조롱하여 쌀바구미라고 불렀다.

명대에도 일반 백성들은 주로 푸른색과 흰색 옷을 입었다. 명말

당 태종의 모습.

혼란기에 숭정崇禎 황제가 태자에게 백성들이 입는 흰색 바지와 푸른색 저고리를 입혀 신분을 숨기고 피신하게 했다는 일화가 전한다. 또 명대 창기나 배우 등 하층민들은 녹색 모자를 쓰도록 규정하여, 녹색 모자를 쓰라는 말은 상대방을 모욕하는 말을 의미하기도 했다.

명 중기 일품 문관의 보자.

⦿ 신분증 역할을 하는 의복의 무늬와 장식

흔히 출세하여 고향으로 돌아간다는 뜻으로 금의환향錦衣還鄕이라는 말을 쓴다. 금의는 수놓은 비단으로, 비단 중에서 가장 고급품에 속한다. 《사기》〈항우본기〉에도 항우가 부귀해지고도 고향에 돌아가지 않는다면, 수놓은 비단옷을 입고 밤길을 가는 것과 같으니 누가 출세한 줄 알겠느냐고 말한 대목이 나온다. 수놓은 고급 비단은 바로 부와 지위를 상징했다. 이처럼 옷의 색깔뿐 아니라 옷감의 종류, 옷을 장식하는 수와 무늬를 통해 신분과 권위를 나타냈다.

명대 도어사都御史의 해치 보자.

주대 면복에 그려진 12문양은 제왕의 위엄을 드러내기 위한 것이었으며, 당대의 경우 일반적으로 문관은 새 문양, 무관은 동물 문양의 옷을 입었는데, 이런 형태는 명청시대 보복補服의 맹아라고 할 수 있다.

보복은 관복인 포袍의 앞뒷면에 무늬를 넣은 장식판인 보자補子를 단 옷을 말하는데, 그 장식이 문무와 관직에 따라 달라 등급을 표시하는 수단이 되었다. 또 명대에는 망의蟒衣, 비어복飛魚服, 기린복麒麟服 등 특이한 문양의 옷들이 등장했다. 이는 원래 황제가 공신 등 특별한 사람에게만 하사하는 것이었다.

망의를 입은 명대 관리의 초상.

명나라 무종武宗은 종종 궁전에서 환관들을 모아 고구려와 당으로 나누어 전쟁놀이를 했다. 그리고 누구든지 적진으로 단독 전진하는 자에게는 망의를 하사했다. 어느 날 외모가 출중한 한 환관이 소진왕小秦王으로 꾸미고 가호모假胡帽를 쓰고 전쟁놀이에 나왔는데, 무종이 그 분장이 마음에 들어 자신이 타던 말을 하사했다. 갑자기 주인이 바뀌자 놀란 말은 고구려군 진영으로 돌진했고, 무종은 좋아라 웃으며 그에게 망의를 하사했다.

단추가 등장하기 전 중국 전통 복식에서 옷을 여미기 위해 허리띠는 필수였다. 허리띠는 옷을 단속하는 대대大帶와 패물을 다는 혁대革帶로 구분되며, 혁대는 대대 위에 매었다. 대대는 원래 비단으로 만들어 장식을 달기에 적합하지 않았으므로 가죽으로 만든 혁대를 그 위에 매었던 것이다. 대대와 혁대 역시 모양, 색깔, 장식 등으로 신분을 대변하기도 했다.

관료들의 예복에 맨 대대의 매듭은 아래로 늘어뜨렸는데 이를 신紳이라고도 하며, 늘어뜨리는 길이는 관품에 따라 달랐다. 《논어》〈위령공衛靈公〉에 자장子張이 공자의 가르침을 신에 적었다는 기록이 있는데, 이는 급한 마음에 대대의 매듭 아래로 내려온 부분에 글을 썼다는 뜻이다. 그러나 이는 임시방편이고 관리들은 홀忽이라는 수판手版에 메모를 했으며, 이를 사용하지 않을 때는 대대 사이에 끼워두었다. 이로 인하여 신을 늘어뜨리고 홀을 끼고 있는 관료들을 진신搢紳이라고 불렀으며, 이후 진신 또는 신사紳士가 사대부를 의미하는 말로 전화했다.

허리에 달아 신분을 표시하는 다른 예로 인수印綬가 있다. 인印은 신분을 증명하는 도장을 통칭한다. 《설문통훈정성說文通訓定聲》에 의하면 진나라 이래 천자, 제후의 것은 새璽라 하여 옥으로 만

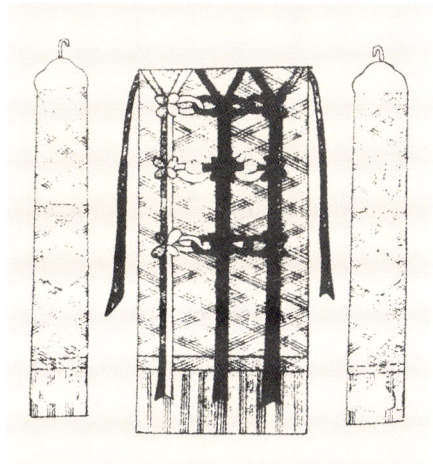 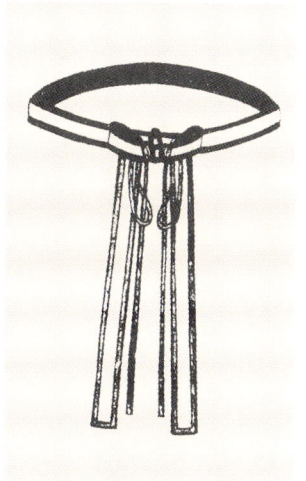

《중동궁관복中東宮冠服》에 묘사된 인수(왼쪽)와 대대(오른쪽).

들고, 열후列侯로 2,000석 이상의 봉록을 받는 사람의 도장은 장章, 1,000석에서 400석의 봉록을 받는 관리의 신분증명은 인印이라고 했다. 수綬는 인을 보관하는 주머니로 인수가 관직의 대명사로 쓰이는 것은 이 때문이다. 한율漢律의 규정을 보면, 인수의 색깔과 길이도 지위에 따라 달랐다.

당대에는 어부魚符, 어대魚袋라는 장식품을 허리에 달았는데, 역시 신분을 나타내는 것이었다. 어부는 두 쪽으로 된 물고기 모양 부절符節로 위에 구멍이 있어 매달 수 있었다. 어대는 어부를 넣는 주머니다. 어부의 오른쪽은 어대에 넣어 관료들이 허리에 차고 다니고, 왼쪽은 조정에 두었다. 궁중에 들어갈 때는 어부를 맞추어 신분을 확인했다. 당시 사용했던 물고기는 주로 이어鯉魚였는데, 이鯉의 발음이 당 왕조의 성인 이李와 같았기 때문이다. 송대의 패어佩魚 역시 성명, 관직, 품급 등을 기록한 관직의 표시였으나 당대처럼 부절로서의 의미는 사라지고 단순히 신분을 구분하는 장식품이 되었다.

이외에도 고대 중국의 관리들은 검劍과 도刀 같은 무기를 호신과 장식을 위해 지니고 다니기도 했다. 양쪽으로 칼날이 있고 길이가 긴 것을 검이라 하는데, 찌르기에 좋은 무기였다. 칼날이 한쪽에만 있고 길이가 짧은 것을 도라고 하는데 자르기에 적합한 무기였다. 물론 문관이 차고 다니는 장식용 칼에는 칼날이 없었지만, 고대에는 문신들도 상무정신이 강했음을 나타내는 것 같다. 또 활시위나 가죽을 장식으로 달고 다니기도 했다. 가죽은 처음에는 딱딱하지만 무두질을 한 후에는 부드러워지고, 활시위는 활 위에서 긴장하고 있는 상태이므로, 이를 통해 좌우명을 나타내고 스스로를 경계하기 위함이었다.

◉ 신분의 상징, 모자

인체의 모든 부분이 중요하지만, 그중에서도 머리를 가장 중요한 부분으로 꼽는 데 이의를 제기하는 사람은 별로 없을 것이다. 그래서 머리는 여러 가지 상징적 의미를 지니며 신분을 표현하는 말 중에는 머리와 관련된 것도 많다. 예로부터 머리카락의 형태나 머리에 쓰는 장식이나 모자를 통해 신분을 표시했다.

성인례를 치른 남자들이 쓰는 관에는 여러 종류와 형태가 있어 각각의 신분을 상징하는 의미를 가졌다. 황제와 관료들이 중요한 의례 때만 쓰는 면류관에는 신분에 따라 매다는 구슬의 수가 정해져 있었으며, 송 이후에는 황제만 면류관을 쓸 수 있도록 규정했다. 평민 출신으로 한나라를 세운 유방이 평민일 때 썼던 죽피竹皮로 만든 관은 그가 황제가 됨에 따라 덩달아 높은 지체의 상징이 되어 중요 공신이나 황제의 친족들 외에는 쓸 수 없었다.

문무관료들이 쓴 관모 역시 신분과 직무를 상징하는 것이어서 관모를 통해 직무를 알 수 있었다. 무인들은 할鶡이라는 새 모양을 본뜬 관을 썼는데, 할새가 매우 용감하게 싸우는 성질을 가지고 있기 때문이었다. 법을 집행하는 관리들은 해치관獬豸冠을 썼다. 해치는 전설의 동물로 모양은 양과 비슷한데, 시비를 분명히 구분할 줄 알고 성질이 충직하다. 법관에게 해치관을 씌운 것은 공정한 법 집행을 일깨워주려는 의미였다.

전국시대 자호경刺虎鏡에 묘사된 할관을 쓴 기사.

한나라 이전에 평민들은 관 대신 두건을 썼다. 최초의 두건은 긴 수건으로 머리를 감싸는 형태였으나 이후 여러 가지 모양으로 발전했다. 일반 백성을 지칭할 때 검수黔首라는 표현을 쓰는 것은 진대에 백성들이 모두 검은색 두건을 썼던 데서 비롯된다. 죄수의 머리를 깎지 않는 경우에는 푸른색 두건을 씌워 죄수임을 표시했고, 노복이나 하인들도 푸른 두건을 썼다. 따라서 창두蒼頭는 노복이나 하인, 죄수 등의 대명사로 쓰이기도 한다.

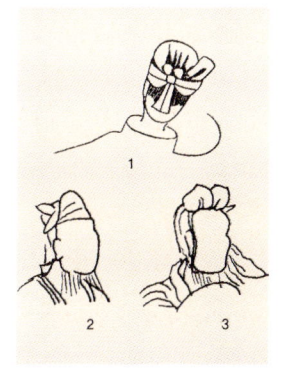

한-남북조시대 두건의 모습(1은 쓰촨 출토 한대 도용. 2, 3은 난징의 남조시대 묘지 벽돌에 묘사된 폭건).

두건의 일종인 책幘은 원래 머리띠와 유사한 형태로 머리카락을 가릴 수 없었다. 관을 쓰지 못하는 비천한 자들이 썼다고도 하고, 진대에 무장들에게 하사하여 신분을 구별하는 표지로 삼았다고도 한다. 채옹蔡邕이 쓴 《독단獨斷》에 따르면 상류층 남성들도 책을 쓰게 된 시기는 한나라 원제元帝 때부터다. 원제는 앞머리가 많아 관을 쓸 때 앞이마 쪽으로 머리가 흘러내렸다. 이로 인해 자신이 지혜롭지 못하게 보일까 염려한 원제가 관을 쓰기 전에 책으로 미리 머리카락을 단속했는데, 군신들이 이를 따랐다.

또 이 책에 따르면 머리띠 형태의 책을 두건과 같은 형태로 변형시킨 사람은 한나라의 외척으로 한나라를 무너뜨리고 신나라를 세

금대의 와전瓦磚에 부조된 피리를 부는 아이의 모습. 머리에 와룽모瓦楞帽를 쓰고 있다.

청대 관모에 달린 화령. 품급을 구별하는 표시였다.

운 왕망이었다. 왕망은 대머리였기 때문에, 책 위에 건巾을 올려 자신의 대머리를 감추었다.

머리에 쓰는 것에는 관, 건 외에 모帽가 있다. 이 명칭은 한대 이후에 등장하나 송대 이전에는 문헌에 자주 보이지 않는다. 모는 머리에 쓰는 것을 총칭하기도 하고 구체적인 사물을 지칭하기도 하는데, 형태와 만드는 재료 역시 매우 다양하다. 대체로 둥근 형태이고 창이 있어 햇빛이나 바람을 막을 수 있도록 한 것이 특징이다.

모 역시 특별한 신분과 의미를 상징했다. 남조 이전에 황제가 죽으면 태자가 복상服喪 중일 때 백사모白紗帽를 썼는데, 남조에서는 하극상의 풍조가 횡행하여 황제들이 잇따라 피살되어 빈번히 교체되었으므로, 백사모가 황제를 지칭하는 말이 되어버렸다.

원대에도 모자에 다는 장식으로 신분을 구분하여, 서민들은 모자에 금옥으로 장식을 할 수 없었다. 청대 관료들이 썼던 예모禮帽 역시 끝에 붉은색, 푸른색, 흰색 등의 구슬을 달아 관품을 표시했고, 구슬 아래에는 화령花翎이라는 깃털을 달았다. 이 화령을 단 모자는 황제가 하사한 특별한 사람만이 쓸 수 있었다. 강희康熙 연간 타이완(臺灣)을 평정하여 청의 통치를 공고히 한 제독提督 시랑施琅을 강희제가 해정후海靖侯에 봉하려 했으나 시랑은 이를 사양하고 대신 내신과 같이 화령이 달린 모자를 사여해달라고 청했다.

◉ 귀걸이는 여성을 속박하기 위한 것이었다?

여성들은 남성들과 달리 관직에 나아갈 수 없었기 때문에 신분과 지위에 따른 복식의 구분이 남성들만큼 자세하지는 않다. 그러나 여성의 의복, 머리 모양, 장식품에도 신분을 나타내는 상징들이 있었다. 다만 여성의 지위는 남성에 의해 결정되었기 때문에 남편이나 자식의 지위와 관직에 따라 입을 수 있는 옷이 달랐다.

황족이나 귀족 여성들은 값비싼 보석을 박은 장신구로 신분과 권위를 과시했다. 이런 여성의 장식품들은 신분과 미를 자랑하려는 것이기도 하지만, 남성들의 선택을 기다려야만 하는 여성들에게 하나의 굴레를 의미하기도 했다.

귀걸이가 대표적인 예다. 귀걸이에는 결玦과 환環 두 가지 형태가 있다. 환은 둥근 모양에 가운데 네모난 구멍이 있다. 결도 환과 같은 형태이지만 한쪽의 이가 빠져 있다는 점이 다르다. 그래서 결은 귀에 끼우기만 하면 되지만, 환을 착용하려면 귀를 뚫어야 했다.

귀를 뚫어 귀걸이를 단 유래는 여성들에게 그다지 유쾌하게 들리지 않는다. 귀걸이를 달면 움직일 때마다 딸랑거리는 소리가 났는데, 여성들에게 밖으로 나돌아다니지 말고 정숙하게 집 안에 있도록 일깨우려는 목적이었다고 한다. 원래 중국 변방 소수민족 여성들 사이에서 유행하던 풍습이었는데 한대에 중국인들이 이를 모방한 것이다.

그래서 귀를 뚫는 것도 의무였다. 딸이 10세가 되기 전에 어머니는 귀를 뚫어주었다. 그 방법은 쌀알로 반복하여 문질러 귓불이 얇아지면 바늘로 작은 구멍을 뚫는 것이었다. 그 구멍에 풀잎이나 새끼를 넣어 귀걸이를 걸 수 있을 만큼 구멍이 커지면 귀걸이를 달아주면서 어머니들은 딸들에게 여성이 지켜야 할 여러 가지 도덕적 설교를 했다.

이런 상황에서는 귀를 뚫지 않는 것이 오히려 특별한 대우로 여

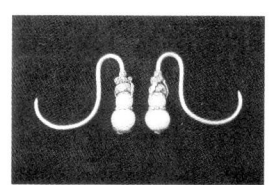
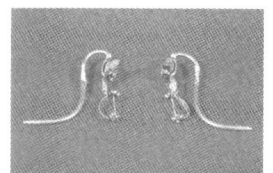
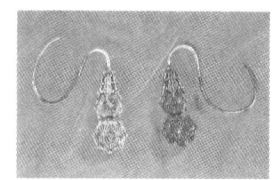

명대 묘지에서 출토된 귀걸이(위). 귀에 구멍을 뚫어 귀걸이를 단 명대 황후(맨 아래).

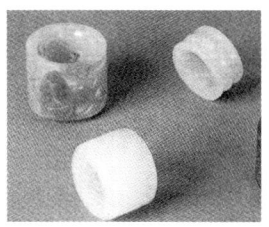

청대의 여러 가지 반지.

겨졌다. 진한시대에는 황후비빈이나 귀부인은 귀를 뚫지 않아도 되는 특권을 누렸다. 이들의 귀걸이는 이패라 하여 귀에 직접 달지 않고 비녀 등에 달아 귀 근처까지 늘어뜨린 것이었다.

육조와 수당시대에 이르면 일반 부녀도 귀를 뚫지 않았다. 이는 이 시기가 비교적 개방적이고 여성들이 유교 도덕에 그다지 속박되지 않았던 풍조와 관련이 있다. 반대로 유교 이념이 강화된 송 이후에는 귀 뚫는 풍속이 다시 유행하여 황후비빈들도 귀를 뚫었다. 근대에 와서 여성들이 귀 뚫는 풍속을 폐지하자고 주장한 것도 귀를 뚫는 것이 여성의 속박과 연결되어 있었기 때문이다.

반지는 오늘날과 마찬가지로 정혼의 표시로 사용되기도 하지만 그 유래 역시 오늘날 여성들이 듣기에 썩 유쾌하지 않다. 원래 반지는 궁중의 후비들이 끼기 시작했다고 전한다. 후비가 잉태 또는 월경으로 임금을 모실 수 없을 때 왼손에 금가락지를 끼고, 평상시에는 오른손에 은가락지를 껴서 표지로 삼았다.

◉ 의복으로 저항을 표시하다

복식에 대한 규제가 엄격했던 만큼 이를 어김으로써 기존의 권위에 도전하려는 욕구가 생기는 것은 어쩌면 당연한 일이다. 위진 남북조 혼란기에 초야에 은거하여 기행을 일삼으며 소극적으로 사회에 저항했던 죽림칠현은 머리를 풀어헤치고, 정통 복장에 구애받지 않고 기괴한 복장으로 자신들의 저항의지를 표현했다.

여진족이 세운 금나라에 영토를 빼앗겨 남쪽으로 쫓겨갔던 남송대의 사대부들은 야복野服을 입어 금나라와 화의를 주도한 주화파 신료들에 대한 불만을 표하기도 했다. 또 영토를 회복하고 금나라

난징에서 출토된 남조 전각화에 묘사된 죽림칠현 중 혜강(좌)과 완적(우)의 모습(왼쪽). 남송의 〈중흥사장도中興四將圖〉에 묘사된 군복을 입은 악비와 한세충의 모습으로 가운데 두 사람이 그들이다(오른쪽).

에 저항하는 마음의 표시로 군복을 입기도 했다. 조정에서 이 옷을 입지 못하도록 하자 흰색 양삼凉衫을 입어 송의 두 황제가 금에 포로로 끌려간 것에 대한 애도를 표했다.

한나라 멸망에 결정적 역할을 한 황건적의 난에 참여한 사람들은 모두 황색 두건으로 동질성을 표시했다. 이 난의 우두머리인 장각張角은 "창천蒼天은 이미 죽었으니, 황천黃天이 마땅히 일어나야 한다"는 주장을 널리 퍼뜨렸다. 황천이란 토덕을 기반으로 한 새로운 왕조를 세우겠다는 의미였다. 저항의 의미를 색깔로 표현한 예다.

서민층이 성장한 송대에는 도시 서민들이 짙은 자주색이나 검은 빛이 도는 자주색 옷을 한사코 입었다. 수대 이후 이런 색깔들이 고급색으로 취급되었는데, 송 태종이 서민들에게 자주색 옷을 입지 못하게 하자 이에 대한 반발심의 발로였다. 결국 7, 8년 후 조정에서는 사인이나 서민들이 자주색 옷을 입도록 허락할 수밖에 없었다. 또, 인종仁宗 연간에는 한 염색공이 새로 개발한 검은빛이 도는 자주색 안료를 헌상하자 황제가 환관과 친왕親王에게 하사했는데, 서민들이 다투어 이를 모방했다. 이번에도 황제가 금하려 했으나 결국 막을 수 없었다.

청말 한때 중국 영토의 절반을 지배한 태평천국太平天國은 전쟁

중 청조의 관복을 아무렇게나 버리고 짓밟음으로써 청나라 조정에 대한 저항의식을 드러냈다. 또한 청대에 와서 폐지되었던 황제의 포袍에 수놓는 용무늬를 부활시켰다. 태평천국 조정에서는 천왕天王뿐 아니라 제왕이나 승상들도 용무늬 옷을 입도록 했다. 태평천국 통치자들이 자신의 이념으로 내세웠던 평등의 의지를 옷을 통해서도 실현하려 했던 것이다.

특이한 것은 태평천국의 용포에 그려진 용의 눈이 짝눈이었다는 점이다. 이는 태평천국 창시자인 홍수전洪秀全이 처음에 상제, 즉 자신에게 강림한 하나님의 입을 빌려, 용을 마귀와 요괴라고 배척했기 때문이었다. 용포에 용의 눈을 짝눈으로 그려넣어 마귀로 간주되는 전통적인 중국의 용과 구분했던 것이다.

각 왕조에서는 비단옷의 착용에 대해서도 신분에 따라 종종 규제를 가했다. 한대에는 상인들에게 비단옷을 입지 못하도록 한 규정이 있었다. 위나라 명제明帝는 황제 외에 신료들은 양모와 면, 마 등을 섞어 짠 옷만을 입도록 규정했다.

남조 각 왕조에서도 관료의 등급에 따라 착용할 수 있는 비단에 차등을 두었다. 명대 역시 일반 백성들은 고급 비단옷을 입지 못하도록 했다.

물론 이런 규정들도 다른 것과 마찬가지로 제대로 지켜지지 않았다. 한대에 상인들에게 비단옷 착용을 금지한 규정은 당시 부유한 상인들이 값비싼 비단으로 치장을 하자 귀족들이 배가 아파서 만들었는지도 모르겠다. 특히 부자들은 흰 비단 바지를 즐겨 입어 환고紈袴, 즉 흰 비단 바지는 부잣집 한량 자제들을 지칭하는 대명사가 되었다. 두보의 글 중에도 "흰 비단 바지 입은 자들은 굶어 죽는 일이 없고 유학자들은 대부분 신세를 망친다"는 구절이 있으니, 비단 바지나 입고 놀고 먹는 한량들이 세인들의 눈에 곱게 비쳤을 리 없다.

4. 의복을 통해 본
농경민과 유목민의 침투와 대립

만리장성을 경계로 서로 다른 자연적, 문화적 환경에서 살았던 유목민과 농경민은 옷 모양과 머리 모양, 옷을 입는 방법도 달랐다. 유목민과 농경민이 교류함에 따라 의복과 관련된 문화가 상대방에게 영향을 주었다. 그러나 때로는 의복이 자민족의 자존심과 우월감의 상징이 되어, 목숨 걸고 복식을 고수하려고 안간힘을 쓰기도 하고 상대방에게 자민족의 복장을 강요하기도 했다.

⊙ 바지로 농경민과 유목민을 구분

치마는 여성들의 전유물처럼 생각되지만 예제가 확립된 주나라의 천자나 관료들은 의례를 행할 때 치마를 예복으로 입었다. 은나라시대 출토품에서 볼 수 있는 남자들의 의복도 물론 아래는 치마였다.

중국인들은 최초에 남녀 모두 치마를 입었다. 중국의 전통적인 의복을 상의하상上衣下裳, 즉 위에 입는 옷을 의, 아래에 입는 옷을 상이라 하는데, 상의 사전적 의미는 치마다. 상하가 붙어 있는 원피스는 포袍라고 하는데, 포의 최초의 형태라고 할 수 있는 심의深衣 역시 치마였다.

한자로 고袴라고 표기하는 바지가 없지는 않았다. 그러나 요즘 우리가 입는 바지처럼 허리까지 올라오는 것이 아니라 2개의 다리통만 있어서 다리에 끼우는 형태였다. 물론 입는 방법도 달라서 치마나 원피스 안에 바지를 입었다.

생각해보라. 다리통만 끼운 바지를 입은 모습이 그리 아름다울 수는 없다. 그래서 바지를 입은 모습이 다른 사람의 눈에 띄면 예에 어긋난다고 생각했기 때문에 치마 안에 바지를 입었던 것이다. 중국 전통 예복에는 폐슬(蔽膝 또는 위군圍裙)이라 하여 앞치마와 같이 앞에 두르는 옷이 있다. 원시시대 성기를 가리던 풍습에서 발전했다고도 하지만, 역시 바지를 가리기 위한 것이기도 했다.

단추가 없었던 고대에는 저고리나 두루마기를 입을 때 앞섶을 겹친 다음 허리띠로 고정시켰다. 고대 중국인들이 입었던 두루마기는 뒤로 돌려 친친 감겨진 모습인데, 역시 바지를 가리기 위해서였다.

요즘은 남성복과 여성복을 구분하는 기준의 하나가 오른쪽 앞섶이 올라와 있느냐 왼쪽이 올라와 있느냐 하는 것이다. 그런데 고대 중국인들은 남녀 모두 왼쪽 앞섶으로 오른쪽 앞섶을 덮는 우임右袵을 했다. 반면 만리장성 이북에서 생활하던 유목민은 좌임左袵이었다. 그래서 중국인들은 옷섶의 위치로 자신들과 유목민을 구분하여 좌임을 한 사람들을 오랑캐로 칭했다.

허리까지 올라오는 바지는 유목민들의 개발품이었다. 치마는 말을 타고 이동하면서 생활해야 했던 유목민에게는 거추장스러웠을 테고, 그래서 말타기에 편리한 바지를 개발했을 것이다. 바지는 중국의 농경민과 유목민을 구분하는 중요한 기준의 하나가 되었다.

이동생활을 하는 유목민은 몸에 지니고 다녀야 할 물건이 많았다. 허리띠에 필요한 물건을 달고 다니기도 했지만 더 확실한 보관을 위해 호주머니를 발명했다. 호주머니의 호胡 자가 오랑캐, 즉 북방 유목민을 의미하는 말인 것은 이 때문이다.

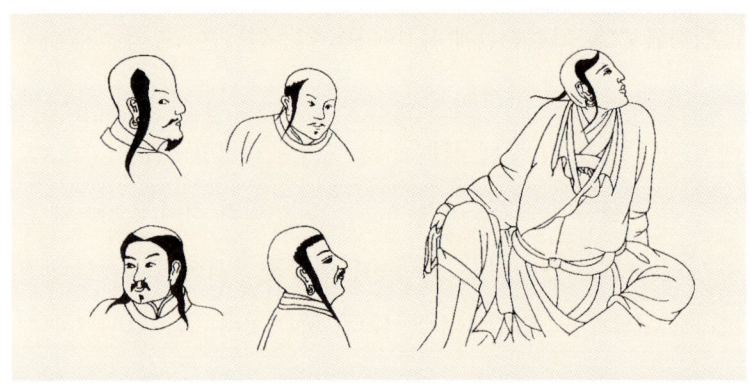

요나라 묘지 벽화에 묘사된 요나라 남성들의 머리 모양.

농경민과 주변 유목민의 차이는 머리 모양에서도 나타난다. 최초의 중국인들은 남자나 여자나 긴 머리를 그대로 풀어헤쳤는데, 이를 산발散髮 또는 피발披髮이라고 한다. 풀어헤친 머리는 외관상 그다지 아름다운 모습이 아니어서 점차 여러 가지 방법으로 머리카락을 단속하고, 그 형태에 따라 신분이나 지위를 구분하기도 했다.

그러나 중국 서북지역을 비롯한 변경지역에서는 머리를 풀어헤치는 풍속이 여전히 계속되었다. 일설에는 진나라 여공厲公 시기에 변방 민족인 강족羌族의 한 수령 부인이 코가 잘려 머리카락을 풀어헤쳐 얼굴을 가렸는데, 사람들이 이를 모방하여 풍속이 되었다고 한다. 이후 풀어헤친 머리, 즉 피발은 문명사회에 뒤떨어진 오랑캐를 대변하는 용어가 되기도 한다.

한족은 머리카락을 목숨처럼 귀중하게 생각했지만 거란족, 몽골족, 만주족 등은 대머리나 머리카락 일부만 남기고 다 잘라내는 머리 스타일을 유지했으며, 중국인에게도 그런 머리 모양을 강요하여 민족 감정을 자극했다. 심지어 요나라 귀족 여성들은 결혼 전에는 머리를 깎고 결혼한 다음에는 다시 길렀다고 하니, 대머리를 백안시하는 것도 고정관념에 지나지 않는 것 같다.

⊙ 호복을 도입한 조나라의 무령왕

주나라가 서북지역 유목민의 침입으로 수도를 동쪽 뤄양으로 옮긴 후 700여 년간 계속된 춘추전국시대에는 중국의 정치, 사회, 문화 전반에 걸쳐 엄청난 변화가 일어났다. 저고리와 치마, 또는 심의라는 두루마기를 입던 중국인들이 유목민의 복장인 바지를 입기 시작한 것도 이 시기다.

춘추전국시대에는 유목민과의 전쟁, 또 제후국들 사이의 패권을 차지하기 위한 전쟁이 계속되었다. 당시 제후국 사이의 전쟁에서 주력 부대는 보병이었다. 말을 이용한다 하더라도 말에 직접 타지 않고 마차를 이용했다.

전국시대 북방의 강국이었던 조나라는 동호東胡, 누번樓煩 양 유목민과 경계가 맞닿아 있어 이들과 자주 전쟁을 치렀다. 이들 유목민은 말 위에 직접 올라타고 공격하는 기마전에 능숙했다. 조나라는 지세가 평탄하여 마차전에는 익숙했으나 말을 타고 습격해오는 이들을 당해내기 어려웠다. 더욱이 양 지역과의 경계지역은 지세가 험난하여 전차로는 구불구불한 산길에서 전쟁을 하기가 용이하지 않았다. 이들과의 전쟁에서 승세를 잡기 위해서는 조나라 역시 기마전으로 맞설 필요가 있었다. 그런데 치마와 심의를 입고는 도저히 말을 타고 달릴 수가 없었다. 따라서 기마전을 수행하기 위해서는 마땅히 복식도 바꾸어야 했던 것이다.

이 개혁을 단행한 사람이 조나라의 무령왕武靈王이다. 《사기》〈조세가趙世家〉를 보면, 무령왕은 무릎까지, 심지어 땅에 끌리는 심의를 입고는 도저히 기마전을 할 수 없음을 깨닫고 병사들의 복장을 유목민의 복장, 즉 호복으로 바꾸려고 했다. 당시 조정의 관료들은 의복제도는 선왕, 성인이 정한 것으로 함부로 바꿀 수 없다고 강력하게 반대했다. 그러나 무령왕은 과감히 복식을 개정한다고 선포했다.

무령왕은 우선 소매가 넓고 품이 헐렁한 윗도리를 몸에 꼭 맞는 형태로 바꾸었다. 헐렁한 옷을 입고는 말을 타기가 불편했기 때문이다. 또 가랑이 바지를 가리기 위한 폐슬을 없애고, 허리까지 올라오는 바지를 입도록 했다. 당시에 신었던 신발 역시 말을 타는 데 적합하지 않았으므로 유목민이 신는 목이 긴 가죽장화를 신도록 했다. 그리고 전쟁과 행군에 필요한 여러 가지 물건을 달 수 있게 허리띠로 옷을 조여 매도록 했다.

허난 성 뤄양의 후한 공심전에 묘사된 할관을 쓰고 호복을 입은 기사의 모습.

무령왕은 스스로 호복을 입어 모범을 보이고 장군, 대부 등에게 호복을 입도록 명령했으며, 기사들에게도 호복을 하사했다. 그러자 중원의 여러 제후국들도 이를 본받아 병사들의 복장을 호복으로 바꾸었다. 중국 최초의 천하 통일자 진시황의 무덤 속에는 당시 진나라 병사들의 진영이 그대로 재현되어 있는데, 병마용의 의상 역시 호복이다. 조나라는 결국 멸망하고 말았지만, 무령왕은 바지를 보급한 사람으로 중국인들의 기억 속에 남아 있다.

◉ 중국 복식의 전형이 만들어진 한대

중국 민족을 한족漢族이라 부르고 중국 문자를 한문漢文이라고 한다. 중국 문화의 전형이 확립된 시기가 한대이기 때문에 이렇게 부르는 것일 것이다. 의복의 형태라고 해서 예외일 수 없다.

전국시대 바지가 보급된 후에도 왕족이나 귀족들은 여전히 치마나 두루마기를 입었으며, 관료들도 공복으로 저고리와 치마, 그 위에 두루마기를 입었다. 바지를 입더라도 대부분은 그 위에 다시 포, 삼 등 두루마기를 입었다.

셴양 양지에완(楊家灣)에서 출토된 한대의 채색 무사 도용.

한대 이전에 남자들이 입었던 두루마기는 앞섶을 뒤로 돌려 친친 감았던 형태였지만 한대에 남자들이 입었던 두루마기는 앞에서 고정시켰다. 다리통만 있는 바지를 입을 때는 그 흉한 모습을 가리기 위해 두루마기를 휘둘러 감았지만, 허리까지 오는 바지를 입게 되자 그럴 필요가 없게 되었던 것이다.

평생 노동을 해야 하는 일반 백성들은 주로 바지를 입었다. 특히 한대에는 정강이까지 내려오는 품이 헐렁한 바지가 등장했는데, 그 모습이 송아지의 코처럼 생겼다 하여 독비곤犢鼻褌이라고 했다. 당시 하층 남성들은 상의도 없이 독비곤 하나만을 걸친 채 생활하기 일쑤였다. 한대의 유명한 문장가 사마상여司馬相如가 탁문군卓文君과 몰래 야반도주하여 술장사를 할 때 독비곤을 입었다고 하니, 사마상여는 사랑을 위해 스타일을 완전히 구긴 셈이다.

남성 예복의 앞섶을 매는 방법은 간단해졌지만 여성의 예복은 옛 의례를 계승하여 앞섶을 뒤로 감은 형태의 심의가 여전히 보편적이었다. 불편하기는 하지만 장식적 효과가 더 높았기 때문일 것이다.

한대 유적에서 출토된 도용. 당시 사람들의 복식을 알 수 있는 귀중한 자료다.

당시 유행한 심의는 앞섶을 여러 차례 몸에 감고, 아래 폭은 바깥쪽으로 퍼져 나팔형을 이루게 하고 길이가 매우 길어서 걸을 때 발이 보이지 않게 만든 것이었는데, 이는 신체를 드러내면 예의에 어긋난다고 생각하는 유교사상과 맞았고 우아하기도 했다. 호미의 狐尾衣라 하여 앞쪽은 발을 덮고 뒤쪽은 땅에 끌려 여우 꼬리 모양을 한 것도 있었다.

소매폭도 넓어서 후한시대 뤄양 여성들의 옷소매를 만드는 데 비단 한 필이 든다는 비판조의 노래가 유행할 정도였다. 또 허리 부분을 꽉 조여 강조하기도 하고, 목 깃은 목 입구가 낮아 속옷이 잘 드러났다.

한대 여성 의복의 대표적인 양식은 위에는 유襦를, 아래에는 군裙을 입는 것이었다. 상의인 유는 주로 허리까지 내려왔다. 한나라 말기에는 치마를 가슴까지 올리고 아래는 길게 내리는 형식이 유행하기도 했다. 그래서 귀부인들이 걸을 때는 양쪽에서 시녀가 치마를 들어주어야 할 정도였다. 하지만 노동을 해야 하는 일반 부녀들은 무릎까지 오는 치마를 입고 그 위에 위군, 즉 무릎 덮개를 하기도 했다.

여성들 역시 바지를 입었는데 처음에는 말고袜褲라 하여 가랑이만 있는 바지였다. 한나라 소제昭帝 시기를 전후하여 다리통이 허벅지까지 올라오고 허리까지 감싸도록 연결된 궁고窮褲가 출현했다. 이와 관련된 기록이 《한서》〈외척전外戚傳〉에 보인다. 대장군 곽광霍光은 당시 대단한 권세가였고 외손녀는 소제의 황후였다. 곽광은 외손녀가 낳은 아들을 왕위에 오르게 하여 계속 권세를 누리고 싶었다. 그러려면 다른 궁녀가 소제의 아들을 낳지 못하도록 해야 했다. 곽광은 모든 궁녀들에게 궁고를 입게 하고 그마저도 끈으로 묶게 했다. 옷을 쉽게 벗을 수 없도록 하려는 의도였던 것이다.

◉ 위진수당시대의 호복 유행

한나라 말과 삼국시대에 변방지역이 혼란해진 틈을 타 만리장성 이북의 유목민들이 대거 장성을 넘어들어왔다. 이들은 중국인들이 거주하고 있던 황허 유역을 점거하고 한족들과 결합하여 여러 왕조를 세웠다.

이 시기에 또 한 차례 유목민의 문화와 풍습이 중국에 들어와 중국인들의 생활에 새로운 요소가 도입되었다. 특히 북조의 경우에는 한족과 호족 사이에 혈연적 융합이 이루어졌고, 북조의 여러 왕조는 한족에 동화하려고 애를 썼다. 남조의 여러 왕조들은 이들과 대치한 상태였지만 역시 유목민의 풍습이 들어오는 것을 막을 수는 없었다.

위진남북조시대의 이러한 문화적 특성은 당시 사람들이 입었던 의복에서도 드러난다. 북조의 지배자들은 유목민 출신이어서 고습袴褶이라는 바지와 저고리를 주로 입었다. 그러나 북위의 효문제孝文帝는 한족의 문화를 받아들이는 데 적극적이어서, 성씨는 물론 황제와 관료들이 입는 공복도 중국식으로 바꾸었다. 북조시대의 한족들 역시 활동에 편리한 호복의 양식을 많이 수용해서 소매나 품이 헐렁한 것보다 몸에 꼭 붙는 옷을 주로 입었다. 특히 여성들은 몸에 꼭 맞는 옷으로 곡선미를 강조했으며, 윗옷은 길게, 치마는 땅에 끌리지 않게 짧게 입었다.

유목민이 즐겨 신는 가죽장화는 말을 탈 일이 드물고 날씨가 그

고습복을 입은 북위시대의 도용.

다지 춥지 않은 남조에서는 별로 쓸모가 없었지만, 군인이나 일부 관리들 사이에서 이국적이라는 이유로 환영을 받았다. 제나라의 소억蕭嶷은 관대한 사람으로 아래 관원들이 보낸 고소장을 모두 신발에 감추어두었다가 봐도 못 본 것처럼 하고 불에 태워버렸다는 기록이 있는데, 그가 장화를 신지 않았다면 이런 일은 불가능했을 것이다.

북조 여러 왕조의 한족 문화에 대한 지나친 동화정책으로 북방민족은 점차 정체성을 상실해갔으며, 결국 수나라에 의해 멸망했다. 수나라나 뒤이은 당나라도 혈통적으로는 북방민족의 피가 혼혈되어 있었고, 문화적으로도 이미 한대와는 달리 북방 유목문화가 많이 흡수된 상태였다.

유목민의 생활터전인 초원이나 사막은 낮과 밤의 기온차가 매우 심하고, 불어닥치는 모래 바람은 몸을 가누기도 힘들 정도다. 그래서 유목민의 의복에는 기온차에 따라 쉽게 입고 벗을 수 있는 조끼나 숄, 바람을 막을 수 있는 망토 등이 발달했다.

중국인들 사이에서 조끼와 같은 형태의 옷이 유행하게 된 것은 유목민의 영향이다. 북조시대에 처음으로 양당兩襠이라는 남녀 공용의 조끼 모양 옷이 등장했다. 수대에는 요즘식으로 말하면 반소매 옷인 반비半臂가 처음으로 나타나며, 바람을 막을 수 있는 일종의 망토인 피풍披風이 유행했다. 이것들은 기온차에 적응하고 사막의 바람을 막기 위해 유목민이 입던 옷이었다.

당대에 그려진 벽화를 보면 허리까지 내려오는 저고리에 긴 치마를 입고 숄을 걸친 여성들이 많이 등장한다. 이 숄을 피백披帛이라고 하는데, 서아시아에서 사용하기 시작하여 불교의 전파와 함께 중국에 전래되었다. 이것 역시 낮과 밤의 기온차가 큰 서역에서 기후에 적응하기 위해 사용한 것이었다.

산시 성 셴양 볜팡춘(邊防村)에서 출토된 당삼채 여용. 피백을 걸친 당대 여성의 모습이다(왼쪽).
호복을 입은 당대 여성 도용(오른쪽).

서역과 교류가 활발했던 당대에는 세계 각지에서 상인과 사신이 왕래하여 수도 장안의 거리는 마치 패션쇼 무대와 같았다. 특히 중국인들은 서역의 무용에 열광하여 장안의 여성들은 무용수들이 입는 옷과 화장, 머리 모양 등을 다투어 모방했다. 서역 무용복의 특징은 꺾어진 깃에 좌우 앞섶을 한가운데서 여미는 대금對襟, 좁은 소매가 특징이며, 춤출 때마다 흔들리는 방울을 단 허리띠로 꽉 조여 여성의 곡선미를 그대로 살릴 수 있었다. 이런 유행을 주도한 사람이 바로 중국 미인의 대명사인 양귀비楊貴妃였다. 또 당대 여성들은 즐겨 남장을 하기도 했는데 이 역시 호복의 유행과 관련이 있다.

⊙ 의복으로 민족성을 되살리려 했던 송나라와 명나라

세계 제국을 자랑하던 당나라가 쇠퇴하기 시작하면서 의복에도 변화가 나타나기 시작했다. 몸에 딱 붙는 옷은 점차 사라지고 다시 한대와 같이 품이 넓고 소매가 헐렁한 옷이 유행했다. 소매의 넓이가 당 초기에 비해 당말에는 10배 이상 넓어졌다고 할 정도였으며, 바지도 거의 입지 않았다. 당말에 안녹산安祿山을 비롯한 이민족 출신 장군들이 반란을 일으키고, 당대를 통해 강성해진 이민족이 중국을 위협한 것에 대한 반감 때문이었다고 한다.

송나라는 이민족에 개방적이었던 당나라와 달리 중국인의 우월성을 강조하고 주변 민족을 배척했다. 이는 송과 대치해 있던 요, 금, 서하 등 주변 민족과 적대적이었던 탓이기도 했다. 송대에 확립되어 이후 중국 지배층의 정신적 지주가 된 성리학에서는 당대까지 유행했던 불교와 도교를 강력하게 비판하고 있다. 또 스스로를 중화中華로 자처하고 이민족을 오랑캐라고 멸시하는 화이사상華夷思想도 강하게 드러난다.

이런 연유로 송대 사대부들은 의복에서도 한대의 전통으로 되돌아가려는 의지를 갖고 있었다. 의식적으로 유목민의 복장인 고습을 배척했고, 백성들이 거란식 복장을 못하도록 법령으로 금지했다.

유송년劉松年의 〈회창구로도 會昌九老圖〉에 묘사된 송대 남자들의 평상복식.

성리학의 가르침에 따라 송대 사대부들의 복장은 당대에 비해 훨씬 검소했다. 여성들의 복장 역시 일반적으로 당대에 비해 자연미를 강조했다. 그러나 제사의식과 같은 의례를 행할 때 입는 옷은 매우 화려하고 의례의 종류에 따른 규정도 엄격했다.

송대에는 상품경제가 발달하고 도시와 서민의 성장이 두드러졌다. 직물업과 재봉업 등이 발달한 북송의 수도 카이펑에는 옷이나 모자를 파는 상점들이 즐비했다. 또한 봉재도구도 발달하여 바늘은 송대 주요 대외무역 상품의 하나로 남양 각지에 운송되었다.

송대 도시에 거주하는 서민들은 직업에 따라 정해진 유니폼을 입어야 했고, 옷의 색깔과 모양 등에서도 규제를 받았다. 서민들의 성장을 경계한 지배층의 조치였을 테지만, 이 규제들은 제대로 지켜지지 않았으며, 상업과 수공업을 통해 돈을 번 서민들은 화려한 의복으로 부를 과시했다.

명 태조 주원장은 한족 왕조를 다시 일으킨 후 변발, 호복, 승마용 바지, 좁은 소매 등 몽골 풍 의복을 금지하고, 전통 한족의 예복

구영仇英이 그렸다고 전하는 〈육십사녀도六十仕女圖〉에 나오는 하피를 걸친 명대 여성.

인 포와 삼을 위주로 한 복식을 부활시켰다. 또 유교적 통치체제를 강화하기 위해 신분에 따른 복장의 구별도 엄격히 했다.

예를 들어 당대에 유행했던 피백은 명대에 하피霞披로 변형되었는데, 이는 귀부인들만이 사용할 수 있는 장식물이었다. 그러나 일생에 한 번 있는 결혼식 때는 일반 백성들도 하피를 착용하도록 허락되었다. 그래서 중화민국 시기까지도 신부는 결혼식 때 송대와 명대 귀부인들이 썼던 봉관鳳冠을 쓰고 하피를 착용했다.

명대 민간에서 출현한 특이한 여성 복장으로 수전의水田衣라는 것이 있다. 이는 형태가 다른 천 조각들을 붙여 만든 모양이 마치 논이 이어진 모습과 같다 해서 붙여진 이름이다. 수전의는 색채가 다양하고 생동감이 있으며 활동에도 편리한 옷으로, 명대 여성들의 미의식을 보여주는 대표적인 옷이다. 일반적으로 의복 양식은 상류사회에서 하층으로 퍼지는데, 수전의는 민간에서 먼저 유행하여 상층 부녀들도 이를 모방했다. 명대 상품·화폐경제의 발달과 서민의 성장을 보여주는 일면이 아닌가 생각된다.

명대 민간에서 출현하여 상류층까지 유행한 수전의.

● 의복으로 민족적 우월감을 표현했던 청나라

청나라를 세운 만주족은 강한 민족적 우월감을 지녔는데, 그 우월감은 복식에서도 나타났다. 청 태종 홍타이지(皇黃太極)는 한족의 복식을 취하자는 신하들의 건의에 대해, 소매가 넓고 품이 헐렁한 옷을 입는 것은 다른 사람이 고기를 잘라주기를 기다려 먹는 것과 같다고 하면서 신하들의 건의를 일축했다. 몸에 붙고 소매 폭도 좁아 활동하기 편리한 만주족의 전통복장을 포기하고, 편안히 앉아 놀고 먹기 좋은 중국식 복장을 함으로써 자신들의 상무정신을 잃을까 경계한 때문이었다. 그래서 한족에게도 변발을 강요했으며, 2,000여 년 동안 내려왔던 중국 전통의 관복제도를 폐지하고 만주족 전통의 복식을 취했다. 이 때문에 청대 복식에는 만주복 양식을 지닌 새로운 형태의 의복이 많았다.

청대 황제의 용포. 용은 황제의 상징이었다.

그러나 청대 복식에는 한족의 복식과 융합된 면도 많이 보인다. 예를 들어 황제의 예복인 조포朝袍는 우임에 옷섶을 가운데서 여미는 대금大襟, 목깃은 둥근 원령圓領이었는데, 이런 형태는 전통 한족의 복식이었다. 다만 역대 조복과 달리 소매통이 좁고 윗부분은 길고 아래는 짧아 말발굽 모양과 유사한 마제수馬蹄袖라는 특이한 소매 모양을 하고 있다. 위는 보온에, 아래는 물건 집기에 편리했으며 말을 타는 데도 편리한 실용적인 소매였다. 여기서 만주족의 심미주의적 특성이 드러난다.

청 중기 이후에는 소맷부리가 점차 넓어져 말발굽과 같은 형태가 없어졌는데, 황제들은 이처럼 전통적인 만주 의복 양식이 상실되는 것에 우려를 표했다. 이는 만주족의 상무정신을 잃게 되는 것에 대한 염려였던 것이다.

조복朝服을 입은 인수황태후仁壽皇太后의 초상.

마괘를 입은 남자.

청대의 치파오.

청대의 포는 한족의 포와 유사하면서도 아랫부분을 텄다는 점이 다르다. 황실 귀족의 포는 전후좌우 네 곳을 트고, 관리와 평민이 입는 포는 양쪽만 터서 계층적 차이를 두었다. 문무백관은 포 위에 괘자褂子라는 웃옷을 덧입었는데, 이 역시 아래쪽을 좌우로 튼 형태였다. 특히 말을 탈 때 입는 괘자를 마괘馬褂라고 했다. 황마괘黃馬褂는 황제가 하사하는 가장 고급품으로, 이를 하사받은 사실이 역사에 기록될 정도였다.

한편 청대에는 가죽 복장을 중시하여, 경성 내외의 관원 및 부인들은 모두 가죽옷을 입도록 명하고 이를 어기면 황제의 명을 어긴 것으로 간주했다.

평민 남자들은 포와 삼 같은 두루마기와 바지 또는 바지 위에 덧바지를 주로 입었으며, 후기에는 마괘도 널리 입었다. 바지는 허리춤이 높았으며, 특히 북방의 경우 바지 아래쪽은 보온과 활동의 편리를 위해 띠로 묶었다.

청대 한족 남성들이 변발을 강요당하고 만주족 의복을 입어야 했던 것과는 달리, 한족 여성들은 명대에 입던 양식을 그대로 계승해 입었다.

청대 만주족 여성들 사이에서 가장 유행한 복식은 치파오(旗袍)다. 추운 지방에서 생활했던 만주족은 원래 남녀노소 모두 장포長袍를 입었는데, 청대에 와서 특히 만주족 여성들의 장포를 치파오라고 칭했다. 치파오라는 명칭은 청대 만주족을 기인旗人이라 칭한 데서 비롯되었다. 치파오는 가슴 부분은 딱 맞고 아래로 내려가면서 넓어지는 A라인이며, 우임에 목깃은 둥글다. 또 좌우를 터서 걷거나 노동하기에 편리하고 말을 타기에도 적합했다. 치파오 아래

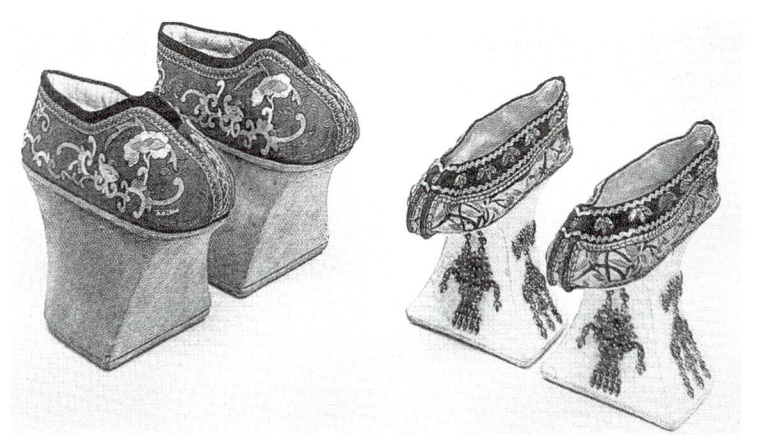

치파오 아래에 신었던 굽 높은 신발.

에는 보통 굽이 높은 신발을 신었는데, 일설에는 전족을 하지 않은 발을 가리기 위한 것이었다고 한다.

5. 유행은 현대인의 전유물이 아니다

유행과 개성은 현대인의 전유물이라고 생각하기 쉽지만, 과거 중국에도 오늘날 못지않게 개성 있는 옷차림과 머리 모양으로 유행을 선도한 인물들이 있었으며, 시대에 따른 독특한 유행이 있었다.

⊙ 여자의 변신은 무죄

'여자의 변신은 무죄'라는 말처럼 예뻐지고 싶은 여성의 욕망은 옛날 여성들이라고 해서 다를 것이 없었다.

미인의 필수 조건인 뽀얗고 생기 있는 얼굴을 만들어주는 화장품의 기본은 분이다. 최초의 분은 미분米粉, 즉 곡물을 물에 가라앉혀 부드럽게 만든 다음 햇볕에 말려 분말로 만들고, 여러 가지 향료를 섞어 얼굴에 바르는 형태였다. 전국시대의 일을 기록한《전국책》에 정나라의 여성들은 얼굴에 분칠을 하고 눈썹을 그렸다는 기록이 나와 있는 것으로 보아 중국에서 분을 사용하기 시작한 역사는 매우 오래되었음을 알 수 있다.

이후 곡물가루로 만든 분 외에 아연과 주석 같은 물질에 초산을 넣어 화학반응을 일으켜 만든 연분鉛粉이 개발되었다. 이것은 미분에 비해 보드랍고 매끄러우며 색이 윤택하고 희다. 또한 오래 보관할 수 있는 장점도 있어 여성들에게 환영을 받아 점차 미분의 자리를 대신하게 되었다.

분은 단독으로 바르기도 하지만 붉은색이 나는 연지와 섞어서 바르는 경우도 많았다. 연지는 간쑤 성 지롄(祁連) 산맥의 옌즈 산(焉支山)에서 자라는 식물의 즙에서 추출한 붉은색 안료로, 처음에는 연지燕支 또는 언지焉支라고 불렀다. 남북조 무렵에는 연지에 소의 골수나 돼지기름 등을 넣어 윤기를 더했기 때문에 연지胭脂라고도 불렀으며, 이후 계속 연지라고 칭했다.

보통은 연지와 연분을 미리 물에 섞어서 분홍색으로 만들어 얼굴에 발랐지만, 먼저 백분을 바른 다음 이마와 턱 등에 부분적으로 연지를 발라 입체감을 강조하는 화장법도 젊은 여성들 사이에서 유행했다. 젊은 과부들은 보통 백분만 발라 병적인 아름다움을 강조했는데, 일반 여성들은 불길하다 하여 이런 화장법을 피했으나 양귀비는 이 화장법을 모방했다고 한다.

잘생긴 눈썹 역시 미인의 필수 조건이었으며, 흔히 누에나방 눈썹처럼 가늘고 아름다운 아미蛾眉는 미인의 대명사였다. 수대에 오강선吳絳仙이라는 여성은 그 긴 눈썹이 호색으로 유명한 양제煬帝의 마음을 사로잡아 궁녀로 발탁되었다. 이후 뭇여성들이 그녀의 눈썹 모양을 모방했다고 한다.

눈썹을 그릴 때는 석대石黛라는 검은색 광물을 이용했다. 처음에는 일일이 벼루에 갈았으나 수당시대 이후에는 고형으로 가공한 것이 나와 물에 타기만 하면 사용할 수 있었다고 한다. 석대는 페르시아, 즉 지금의 이란 지역에서 수입한 것이 고급이었는데, 미인을 좋아한 수양제는 한 개에 10금金까지 호가하는 이 석대를 대량 수입하여 후궁 비빈들에게 나누어주었다. 여기에 다른 궁중 여성들도 다투어 석대로 눈썹을 그려 많은 양의 석대가 필요하게 되었

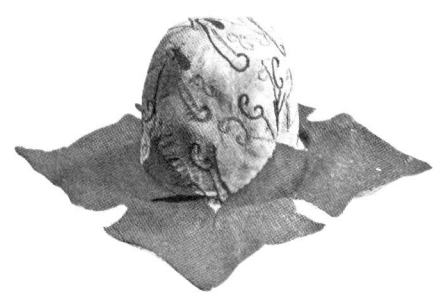

장시 성 징더전(景德鎭) 부근 송대 묘지에서 출토된 영청도 자분합.

제1단계	제2단계	제3단계	제4단계	제5단계	제6단계	제7단계
분 바르기	연지 바르기	눈썹 그리기	화전 그리기	보조개 그리기	사홍 그리기	입술연지 바르기

당대 여성의 화장 순서. 분을 바른 다음 연지, 눈썹, 화전, 보조개, 사홍, 입술연지 순으로 화장을 한다.

다. 이를 위해 세금을 늘리기까지 하여 수양제는 세인들의 빈축을 샀다.

당대에는 이국적인 복식뿐만 아니라 화장이나 패션에서도 활달하고 개성적인 모습이 두드러졌는데, 눈썹 모양에서도 마찬가지였다. 특히 당대 초기에는 거칠고 짙은 눈썹이 유행하다가 이어서는 짙고 긴 눈썹이 유행했으며, 중기 이후에는 가늘고 긴 눈썹이 주를 이루었다. 이외에도 팔자 모양 눈썹, 마치 굵은 붓으로 찍어 붓 자국이 남아 있는 듯한 눈썹, 안쪽이 치켜올라간 형태의 눈썹 등 기상천외한 눈썹 모양도 등장했다. 또 원대 몽골 귀부인들의 눈썹도 일자로 그린 특색 있는 모양이었다.

송대 사람이 쓴 《청이록清異錄》이라는 책에는 당시 형저瑩姐라는 한 기녀가 100여 종의 눈썹 그리는 양식을 발명하여, 100일 동안 매일 다른 모습의 눈썹을 그렸다고 하니, 미에 대한 관심은 오늘날과 그리 다를 것이 없다.

앵두 같은 입술 역시 동양 전통사회에서 미인의 조건의 하나로 간주되었다. 단순호치丹脣皓齒, 즉 붉은 입술에 흰 이 역시 미인의 상징이다. 늦어도 한대에 입술에 붉은색을 바르는 풍속이 등장한 것 같다. 입술에 바르는 안료는 단朱을 사용하기도 했지만 주로 연지를 발랐다. 대체로 작고 진한, 앵두 같은 입술을 선호한 편이었지만 입술 모양 역시 눈썹 못지않게 다양한 모양으로 그렸다.

중국 여성들은 눈썹과 입술을 그리는 것 외에도 얼굴 각 부위에 특이한 장식을 했다. 우선 이마에는 기하학 무늬나 꽃잎 무늬를 그려넣거나 잘라 붙였는데, 이를 화전花鈿이라고 한다. 남조 송나라 무제의 딸 수양공주가 궁전 뜰에 누워 있을 때 바람에 매화꽃잎이 떨어져 이마 가운데 붙어 그 꽃물이 아무리 씻어도 지워지지 않는 것을 보고 궁녀들이 모방한 것이 유래라고 한다. 일설에는 중국 유일의 여황제 측천무후가 묵형墨刑을 받았던 흔적을 가리기 위해 이마에 장식을 했던 데서 비롯되었다고도 한다.

광대뼈 바깥쪽에 초승달 모양의 그림을 그려넣는 사홍斜紅이라는 장식도 유행했다. 이 장식은 삼국시대 위나라의 문제가 총애하던 설야래薛夜來라는 궁녀에서 유래했다는 설이 전한다. 어느 날 밤 문제가 수정으로 만든 병풍을 둘러치고 책을 읽고 있었는데, 설야래가 투명한 병풍을 알아채지 못하고 다가오다가 병풍에 머리를 부딪혀 피가 뺨을 타고 흘러내렸다. 문제는 그런 그녀의 모습이 아름다워 그녀를 더욱 사랑했다고 한다. 이후 궁녀들이 앞다투어 양쪽 뺨 끝 쪽에 혈흔과 같은 모양을 그려넣게 되었고, 이후 사홍으로 변했다는 것이다. 뿐만 아니라 입가 양쪽에는 보조개처럼 붉은 점이나 여러 가지 형태의 도안을 그리거나 붙이는 화장도 했다. 이는 궁녀들이 월경으로 황제를 모실 수 없음을 표시한 데서 비롯되었는데 이후 민간에서도 유행하게 되었다.

이런 화장법은 주로 궁중에서 황제의 총애를 다두던 궁녀들이나 기녀들에게서 비롯된 것이 많았으니, 남성들의 호감을 사지 않으면 안 된다는 여성들의 조바심을 나타내고 있는 것 같다. 청말 여성들에게 신식교육을 시행하면서 짙은 화장을 하는 과거의 악습이 고쳐지기 시작했다는 기록도 여성들의 짙은 화장이 스스로를 남성에게 속박시키는 봉건적 형태였음을 말해주고 있다.

⊙ 후한대의 패션 메이커 양기와 그의 처

후한 중기 대장군 양기梁冀는 황제를 내쫓고 세우는 일을 마음대로 할 수 있을 만큼 권세가 대단했다. 그런데 양기와 그의 아내 손수孫壽는 후한시대에 상류사회의 유행을 선도한 부부로도 유명하다.

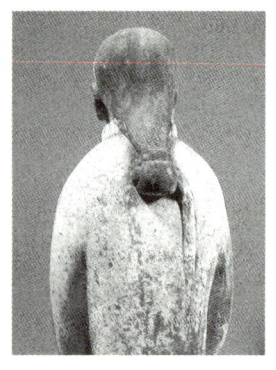

시안 런지에포(任家坡)의 전한시대 묘지에서 출토된 타마괄을 한 한대 여성.

손수는 화장법이나 머리 모양, 심지어 걸음걸이조차도 남달랐다. 그녀는 우는 얼굴처럼 보이는 읍장泣粧이라는 특이한 화장법을 개발하고, 이에 맞추어 눈썹도 가늘고 긴 곡선으로 그렸는데, 수심을 머금은 모습을 강조한 것이어서 이를 수미愁眉라고 이름했다.

한나라시대 여성들의 머리 모양은 추발椎髻이라 하는데, 긴 머리를 뒤에서 한 번 감아 늘어뜨린 모습이 마치 망치와 같다고 해서 붙여진 이름이다. 손수는 이러한 추발을 변형시켜 약간 헝클어지고 한 자락이 묶음에서 빠진 형태의 타마괄墮馬髻이라는 머리를 창조했다. 말에서 막 떨어진 듯한 머리 모습에서 붙여진 것이다. 그녀는 또 이 머리 모양에 맞추어 절요보折腰步라는, 말에서 떨어져 절뚝거리는 듯한 모습의 걸음걸이도 연출해냈다.

또한 손수는 화장, 머리 모양, 걸음걸이와 조화를 이루는 특이한 미소법도 개발했다. 우치소齲齒笑라 하여 마치 치통을 앓고 있는 듯 고통을 머금은 미소가 그것이다. 그녀의 패션과 미적 감각은 놀라운 점이 있지만 전체적으로 병적인 아름다움을 강조하여 남성들의 보호 본능을 자극하려는 것이었다.

양기 역시 아내인 손수 못지않게 패션에 신경을 썼다. 그는 당시 관료의 복식에 대한 규정을 무시하고, 새로운 형태의 평상병차平上軿車를 만들어서 타고, 협관狹冠이라는 특이한 형태의 관을 썼으며, 큰 부채를 들고 다녔다. 두루마기 뒷자락도 여우 꼬리 모양으로 만들어서 이를 호미단의狐眉單衣라 했다.

손수와 양기의 새로운 패션은 금방 수도 뤄양의 귀족들 사이에서 유행했고, 이어서 전국적으로 퍼져나갔다. 그러나 양기가 사살되고 나자 그 부부가 유행시켰던 옷이며, 모자며, 머리 모양은 일시에 자취를 감추었다. 유행도 결국 권력의 산물이었던 셈이다.

한대에 상층 사회 남성들도 두건을 쓰게 되면서 개성에 따라 특이한 형태의 이름과 모양을 가진 두건이 등장했다. 임종건林宗巾도 그중 하나다. 임종林宗은 후한시대 부패한 조정에 참여하지 않아 뜻 있는 선비들 사이에 명망이 높았던 곽태郭泰라는 인물의 자字다. 어느 날 비에 젖어 곽태가 쓰고 있던 건의 한쪽 각이 접혀 반은 높고 반은 낮은 형태가 되었다. 그의 행동거지를 흠모하고 따르던 많은 사람들이 이것 역시 무슨 의미가 있는 양 모두 일부러 건의 한쪽 각을 낮게 쓰고 다녔다.

송대의 유명한 문인 소동파蘇東坡 역시 자신의 풍격을 대변하는 독특한 형태의 건을 창조했는데, 이를 사람들이 동파건東坡巾이라 불렀다. 당시 전국에 이 건이 두루 유행했고, 명대에도 여전히 문인들 사이에서 환영을 받았다.

동파건을 쓴 소동파의 모습.

북주 무제시대에는 두건을 네 갈래로 만들어 두 갈래는 접어서 머리 위에서 매고 두 갈래는 아래로 늘어뜨리는 복두幞頭가 등장했다. 수당 이후 여러 가지 재료와 형태의 복두가 등장했는데, 늘어뜨리는 끈의 형태를 통해 다양한 개성을 표현했다. 특히 아래로 늘어뜨리는 끈에 철사 같은 딱딱한 심을 넣어 양쪽 귀 옆으로 평행이 되게 한 복두가 관료들 사이에서 널리 유행했다. 처음에는 길이가 얼마 되지 않았으나 점차 길어져, 얼굴 넓이의 몇 배가 되는 우스꽝스러운 모습을 하게 되었다. 이는 조정에서 조회할 때 관료들이 귀를 맞대고 소곤거리는 것을 방지하기 위한 것이라고 한다.

⊙ 남자도 미모가 중요했던 위진남북조시대

남북조시대 여성들 사이에서는 이마에 황색으로 칠하는 풍속이 유행했다. 이는 이 시기 불교의 유행과 관련이 있다. 즉, 도금을 하여 황색을 띤 불상의 모습을 흉내낸 것으로 이를 불장佛妝이라 불렀다. 이런 풍속은 이후 북방지역에서 계속 유행하여 《거란국지契丹國志》에 북방의 부녀들이 얼굴을 황색으로 칠했다는 기록이 보인다.

송대에 장계유莊季裕가 쓴 《계륵편鷄肋編》에는 얼굴 전체를 황색으로 칠하는 행위가 방한과 피부 보호작용을 한다고 기록하고, 여인네들이 겨울 내내 쑥즙을 얼굴에 발라두었다가 봄이 되어 씻어내면 찬바람에 노출되지 않아 백옥처럼 깨끗한 피부가 드러난다고 했다.

이 시대에는 잦은 왕조 교체와 계속되는 전란으로 사람들은 내일을 기약할 수가 없었고, 이로 인해 일시적 향락에 빠져드는 풍조가 만연했다. 그래서 이 시대의 의복은 화려함의 극치를 이루고 있

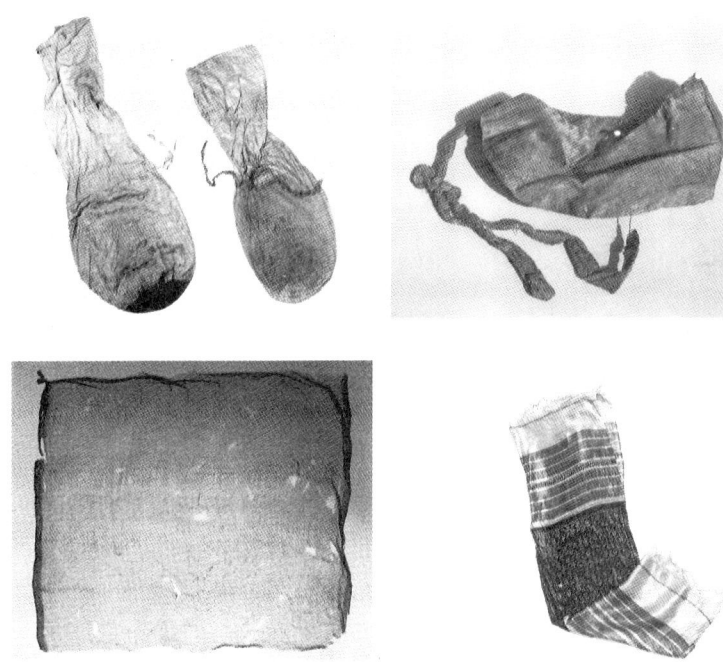

마왕두이에서 출토된 향낭.

으며, 여성의 의복은 목과 가슴을 많이 드러냈다.

심리적으로나 사회적으로 불안하고 혼란한 시기에는 사치와 향락 풍조의 유행과 함께, 개인의 능력보다 아름다운 외모가 중시되고 퇴폐적이고 연약한 모습이 아름답게 여겨진다. 남조 진나라 무제가 태자에게 비를 짝지어줄 때 단정한 용모와 큰 키에 피부가 희어야 한다는 조건을 내세웠다. 이는 유교에서 가장 중시하는 여성의 정숙보다는 외모를 중시한 조건이다.

이 시기에는 여성뿐 아니라 남성에게도 아름다운 외모가 중요했다. 얼굴이 희고 피부는 매끄러우며 검은 눈에 부드러운 분위기를 풍기는 남성이 잘생긴 남성의 표본이었다. 우락부락한 남성미보다는 여성미가 강조되었던 것이다. 그리고 이러한 외모가 정치적 성공의 기본 전제가 되었다. 그래서 이 시기의 남성들은 미용에 많은 신경을 썼다. 이 시대 상황을 잘 설명하고 있는《안씨가훈顔氏家訓》에 남자들도 분을 발랐다고 전하며, 요즘의 향수와 같은 향낭을 지니고 다니는 남자들도 많았다. 위나라 하안何晏이라는 사람은 이 시기 잘생긴 남성을 대표하는 사람이었는데, 그는 여성복 입기를 좋아하고, 흰 피부에 걸음걸이도 우아했다.

《세설신어世說新語》에는 그의 얼굴이 너무나 희어서 분을 발랐음이 틀림없다고 생각하고 일부러 뜨거운 탕을 먹게 하여 땀을 흘리게 했더니, 과연 붉은 옷에 흰 분가루가 녹아 떨어져내렸다는 기록이 있다.

⊙ 육체미를 과시한 수당시대 여성들

유교를 통치이념으로 삼은 중국 전통사회에서 여성이 얼굴이나 피부를 함부로 드러내고 바깥 출입을 하는 것은 예의에 어긋나는 행동이었다. 그러나 유교적 전통이 약화되고 북방 유목민의 영향이 강했던 위진시대부터 당대에 이르는 시기에는 여성들이 피부를 과감히 노출했다.

유목민이 입던 의복의 영향을 받아 만들어진 짧은 소매 옷인 반비半臂는 원래 예복 위에 덧입었다. 그런데 수나라 궁녀들 사이에서 반비를 겉옷으로 입어 팔을 그대로 드러내놓는 것이 유행했다. 나아가 당대의 궁녀들은 목둘레가 낮아 가슴까지 내려오는 과감한 옷도 입었다. 또 몸매가 그대로 내비치는 얇은 비단인 사라紗羅로 옷을 만들어 입기도 했다. 더욱이 내의를 입지 않는 경우가 많아 당대 여성들은 자신의 신체를 드러내기를 꺼리지 않았다.

당나라 초기까지는 여성들이 외출할 때 조선시대 쓰개와 같은 형태의 멱리冪羅를 썼다. 멱리는 몸 전체를 가리는 것이어서 남자들도 군사행동을 할 때 쓰기도 했다. 그러다가 점차 멱리를 벗어던지고 망사로 얼굴 부분을 가린 모자인 유모帷帽를 쓰거나, 아예 얼굴을 가리지 않는 호모胡帽를 쓰고 말을 타고 다녔다.

당대 전기의 여성들은 소매가 좁은 웃옷을 주로 입었는데, 이는 호복의 영향이었다. 뿐만 아니라 귀족에서 하층민에 이르기까지 호복이 유행했다. 특히 호무의 인기로 호무복도 각광을 받았는데, 중국 미인의 대명사인 양귀비가 바로 이 유행을 선도했다고 한다.

당대에 여성들이 이처럼 얼굴과 피부를 과감히 노출하거나 육체미를 그대로 드러낸 것은, 여성의 개성 해방 욕구와 자신감, 진취성의 표현이라 할 수 있을 것이다. 당나라의 문화가 개방적이고 세계적이었던 것과도 밀접한 관련이 있다.

유모를 쓰고 말을 탄 당대 여성의 모습.

오늘날 남아 있는 당나라시대 벽화 등을 보면 그곳에 그려져 있는 여성들은 대부분 통통하게 살이 오른 얼굴 윤곽에 가느다란 눈매를 한 풍만한 모습이다. 당대에는 풍만한 육체의 여성이 아름답게 여겨져서 여성들은 자신들의 풍만한 육체를 최대한 과시하려 했다.

세계 제국이었던 당나라는 경제가 발달하고 생활도 풍족하여 영양상태가 비교적 좋았고 상류층은 생활의 여유를 누릴 수 있었다. 그런 영향으로 당나라 사람들은 풍만한 육체를 아름답게 여겼다. 위진남북조시대 중국을 지배했던 유목민 역시 건강하고 풍만한 육

산시 성 시안 진바오춘(巾堡村) 당대 묘지에서 출토된 풍만한 여성 도용(왼쪽).
주방周昉의 〈잠화사녀도簪花仕女圖〉에 묘사된 당대 미녀의 모습(오른쪽).

체를 아름답게 생각했는데, 이러한 유목민의 사고방식과 생활습관은 수당시대에도 영향을 남겼다. 이 시기에 유행한 불교 역시 풍만하고 건강한 아름다움과 관련이 있다. 후덕하고 풍만한 불상의 모습에서 이상적인 아름다움을 보았던 것이다.

● 발이 작아야 호강할 수 있었다

중국에서 언제부터 전족纏足이 시작되었는지에 대해서는 설이 분분하다. 전설에서는 은나라 주왕의 애첩 달기妲妃에서부터 비롯되었다고 한다. 달기는 원래 여우가 둔갑한 사람으로 자신의 여우 발을 감추기 위해 발을 비단으로 쌌고, 이것이 궁녀들 사이에서 유행했다는 것이다. 이는 사실이 아니겠지만 이 시기에도 이미 전족을 하는 풍습이 있었는지도 모른다. 중국 미인의 대명사인 양귀비는 발이 3촌寸밖에 되지 않았는데, 이는 전족의 영향이었을 것이다.

전족은 당말 오대 무렵 본격적으로 출현했는데, 무희들이 예술적 효과를 위해 발을 묶은 것을 보고 궁중의 여인들이나 상류층 귀부인들이 이를 모방한 데서 비롯되었다고 한다. 이어 송대에 전족이 유행하기 시작했고, 몽골 족 지배하의 원대에는 일반 서민들 사이에서도 전족이 유행했는데, 일설에는 오랑캐들과 구별하기 위해서였다고 한다. 명청시대에는 전족이 극성하여 대부분의 여성들이 전족을 했으며, 전족을 하지 않은 발은 경멸의 대상이 되었다. 이 관습은 1930~40년대까지도 사라지지 않았다.

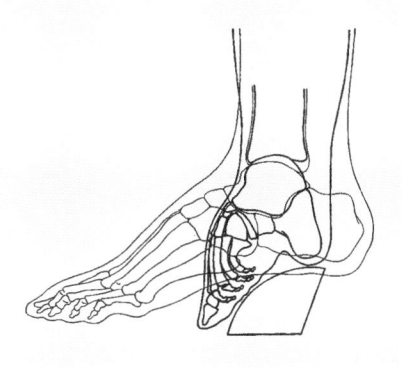

전족 후에 기형적으로 일그러진 발의 모습.

인위적으로 발을 작게 만드는 전족은 매우 고통스러운 것이어서 때로는 피가 나고 살갗이 벗겨지며 고름이 생기기도 한다. 그래서 밤에 잠을 잘 수도 없고, 목구멍으로 음식을 넘길 수도 없어 여러 가지 병이 생기기도 했다.

이처럼 잔인한 전족의 풍습은 유교적 남존여비사상에서 여성을 남성의 예속하에 두고, 집 안에 묶어두기 위한 수단이었다. 성인의 몸집에 어린아이의 발, 그것도 기형적으로 어그러진 발로는 거동이 불편하여 외출이 어려웠기 때문이다. 그래서 여성들은 외출할 때 가마를 타지 않으면 지팡이에 의지해야 했기 때문에 여성들의 사교적 모임 장소에는 지팡이가 숲을 이루었다고 한다.

한편 전족이 성행하게 된 이유는 작고 섬세한 것을 아름답다고 여기는 중국인들의 미의식에서 비롯되었다는 설도 있다. 《한비자 韓非子》〈이병편二柄編〉의 기록을 보면 일찍이 초나라 영왕靈王이 가는 허리를 좋아하여, 세간에 다이어트를 하다가 굶어죽는 사람들이 허다했다고 한다. 가는 허리를 아름답게 여기는 풍습은 작은 발을 예쁘게 생각하는 것으로 발전했다. 유목사회나 해양을 통한 상업에 의존하는 사회에 비해 상대적으로 안정된 농경사회의 타성이, 작고 섬세하고 유약한 것을 숭상하는 문화를 발전시키고, 여성에 대해서도 섬세하고 병약한 아름다움을 강요하는 것으로 나타났다고 볼 수 있다.

여성이 남성에 의존해서 살아야 했던 시대에는 여성들은 이러한 남성들의 심미관에 맞출 수밖에 없었으므로 경쟁적으로 작은 발을 가지려 했다. 전족이 한창 성행할 때는 여성의 발 크기가 자신의 앞날과 운명을 결정했다. 그래서 한 어머니는 딸에게 "한순간만 고생하면 평생 동안 얼마나 보기 좋겠니? 작은 발을 보면 누구나 칭찬할 것이고, 자라서는 이 한 쌍의 보배 같은 발 덕분에 잘 먹고 잘 살며 일생을 향수할 수 있을 테니 얼마나 좋은 일이냐"라고 말하기도 했다.

이런 기형적인 심미안은 점차 극단적인 형태로 발전했다. 전족이 남성의 성적 자극물이 되었던 것이다. 전족을 하고 뒤뚱거리며 걷는 여성에게서 성적 자극을 느꼈을 뿐 아니라, 심지어 전족을 한 여성이 신는 신발인 궁혜弓鞋를 술잔삼아 음주를 즐기기도 했다. 무료하고 할 일 없는 자들은 스스로 아호를 애련거사(愛蓮居士, 전족을 금련金蓮이라고도 칭한 데서 나온 명칭)라 칭했다. 또 전문적인 전족 감상가도 출현하여 전족에도 등급을 정하고, 마치 오늘날 미인대회를 하듯 누구의 전족이 더 예쁜지 품평회를 열기도 했다.

이렇게 전족은 여성을 봉건적인 족쇄에 가

전족을 한 여성이 신었던 궁혜.

두고 성적 대상으로 삼는 도구가 되었다. 그래서 봉건적인 통치체제를 비판하는 사람들은 어김없이 전족의 폐지를 주장했다. 청말 중국을 휩쓸었던 태평천국운동의 지도자들은 전족을 철저히 금지하여 어기는 자는 사형에 처했고, 청말 개혁가, 혁명가들도 한결같이 전족 폐지를 부르짖었다. 전통시대에도 몇몇 양심적인 학자들은 전족의 비인간성에 대해서 비판했다.

청대의 학자 이여진李汝珍은 다음과 같은 말로 전족을 신랄하게 비판했다. "전족을 하지 않으면 아름답지 않단 말인가? 만일 코가 큰 사람이 코를 깎아 작게 하고 이마가 높은 사람이 깎아서 평평하게 한다면, 사람들은 틀림없이 불구자라고 놀릴 것이다. 그런데도 어찌하여 두 발이 기형으로 생겨 잘 걷지도 못하는 것을 아름답다고 여기는가? 예전의 서자西子, 왕장王嬙 같은 미녀들이 어찌 전족을 하여 미인이라 했겠는가? 하물며 전족이 유행한 까닭이 성적 유희를 위한 것임에랴! 이는 성인들이 반드시 주살할 바이고 현자들이 행할 바가 아니다."

● 근대 중국의 파리, 상하이의 유행을 선도했던 치파오

1840년 아편전쟁에서의 패배는 세계의 중심을 자처하던 중국인들에게 커다란 충격이 아닐 수 없었다. 이에 중국의 급진적 관료와 지식인들은 서구에 대항하기 위해서는 중국의 봉건적 전통을 타파하고, 스스로 서양의 발달된 기술과 제도, 문물 등을 배워야 한다고 주장했다.

급진개혁파를 대표하는 캉유웨이(康有爲)는 황제를 시작으로 모든 백성들이 단발을 하고, 관복도 개정할 것을 주장했다. 이에 서구 문명을 먼저 접한 유학생들이 솔선하여 단발을 했고, 군인, 경찰과 학생들의 복장도 서구식 복장으로 바뀌었다. 그러나 정부는 조훈 준수를 주장하며 학당의 관복 외에는 전통 복장을 고수하도록 했다.

정부의 이런 완고한 태도에도 불구하고 활동에 편리한 서양식 복장은 점차 중국인들 사이에서 인기를 얻었다. 양복은 개화문명의 상징이 되었고, 중국식과 서양식 의복을 절충한 새로운 형태의 의복도 등장하게 되었다. 특히 1911년 신해혁명으로 2,000여 년 동안 유지된 왕조 통치체제가 무너지면서 신분에 따른 엄격한 복장 규정도 폐지되었다. 이제 옷은 신분에 관계없이 자유롭게 개성을 드러내는 수단이 된 것이다.

중국 제2의 도시이며, 가장 부유한 도시인 상하이는 바로 이 무렵부터 발전하기 시작했다. 상하이는 아편전쟁으로 개항지가 된 이후 서양 여러 나라의 조차지가 설정되고, 서구 문물이 가장 먼저 들어오는 첨단의 도시가 되었다. 1920~30년대 상하이에 모여든 돈 많은 금융업자, 지식인, 영화배우 등은 최첨단 패션으로 유행을 주도했다.

청대 만주족 여성들이 입었던 치파오는 근대에 들어와서 한족 여성들도 즐겨 입어 1930~40년대에는 널리 유행했으며, 동남아 등지의 여성들에게도 환영을 받았다.

최초로 치파오를 입은 한족 여성들도 바로 상하이의 일군의 여학생들이었다. 1920년에 이들은 넓은 남포藍布의 치파오를 입고 거리에 나가 사람들의 주목을 끌었으며, 다른 여성들도 서로 다투어 이를 모방했다고 한다.

1920~30년대에 유행한 치파오를 입은 여성의 모습.

    1920년대 상하이의 한 여성이 회풍은행滙豊銀行의 사장과 결혼할 때, 은행계는 새로운 조류를 받아들이는 데 비교적 개방적이라고 생각하고 홍상공사鴻翔公司에 특별히 주문한 치파오를 결혼복으로 입어 세인의 이목을 집중시켰다. 그녀가 입은 치파오는 허리는 잘록하고, 목둘레는 움푹 패이고 소매는 짧게, 아래선이 곡선을 이룬 개량 치파오로 곡선미가 잘 드러났다. 이 치파오는 상하이를 비롯한 여러 지역 여성들 사이에서 널리 유행했다. 이후 치파오의 양식은 유행에 따라 변했다.

    1930년대에는 치파오의 모양이 날로 변하여, 초반에는 목선이 높이 올라온 모양이 유행하여, 여름에 입는 매미날개처럼 얇은 치파오에도 목은 귀까지 올라오는 특이한 형태도 있었다.

    나중에는 목선이 움푹 패인 치파오가 유행하여 더 이상 내려갈 수 없을 때까지 내려갔다고 할 정도였다. 소매 역시 긴 것이 유행할 때는 손목을 덮을 정도였고, 짧은 것이 유행할 때는 팔꿈치가 다 드러났다.

유행에 따라 치파오의 모양이 계속 변했기 때문에, 당시 복장 선전 문구 중에는 구식이라고 생각되는 치파오도 잘 보관해두었다가 8~10년이 지나 다시 꺼내 입으면 신식이 될 것이라 하기도 했다.

住

3장 천자의 도시, 베이징

자연환경과 주택 | 역대의 도성들 | 도시인들의 생활 | 일상 기거

주택이나 그 속에서의 생활방식은 자연환경의 산물이다. 뿐만 아니라 거주 형태는 사람이 살고 싶어하는 이상적인 세계의 모습을 닮도록 만들어져왔으며, 환경 조건과 생산 조건이 같더라도 사회적 규범과 제도에 따라 각 지역과 사회마다 고유한 주거 형태가 형성되어왔다.

오랜 전통과 문화를 자랑하는 중국. 영토가 넓은 만큼 자연환경도 다양한 중국에서 과연 사람들은 어떤 주거 양식을 형성하고 발전시켜왔을까?

1. 자연환경과 주택

황허 유역에서 문명을 꽃피운 중국인들은 황토와 주변에서 흔히 구할 수 있는 풀과 나무를 이용하여 원시적인 형태의 집을 짓고 살았다. 이후 건축 재료와 건축 기술이 진보되는 한편 중국인의 의식과 사상 역시 건축에 많은 영향을 주어 중국 특유의 독특한 구조를 발전시켰다. 또한 광대한 영토를 가진 중국은 지역마다 지형이나 기후 조건이 다르고 집을 지을 수 있는 재료 또한 다양하다. 각 지역은 이러한 지형, 기후 조건, 건축 재료에 맞는 특색 있는 주택을 발전시켰다.

◉ 건축에 나타나는 중국인의 의식 세계

중국의 심장부 베이징의 한 중앙을 차지하고 있는 자금성紫禁城을 보면 오랫동안 중국인들의 의식을 지배해왔고, 지금도 남아 있는 중화사상, 즉 중국은 세계의 중심이라는 생각을 떠올리게 된다.

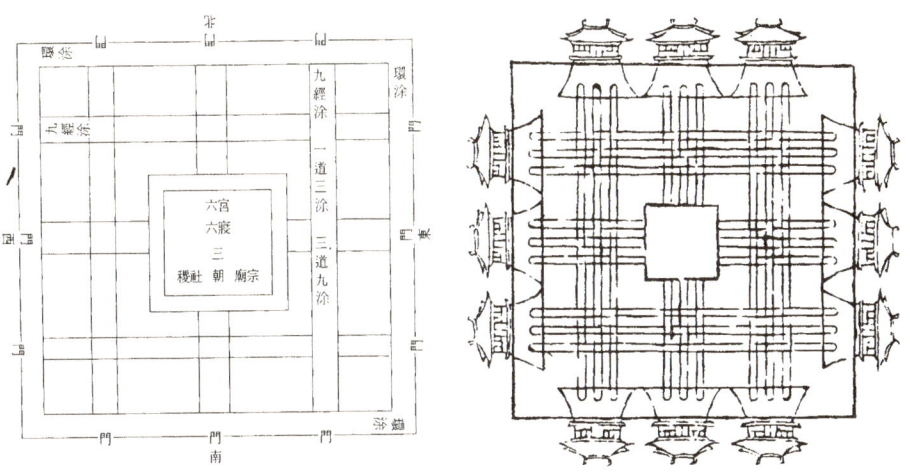

〈고공기도考工記圖〉와 〈삼례도三禮圖〉에 나오는 〈주왕성도周王城圖〉.

기능적 관점에서 보면 시내 한가운데 자금성이 버티고 있어 교통의 흐름을 방해하는 매우 비경제적인 이런 도시 구조는 중국인들의 중화사상과 밀접한 관련이 있다.

유교에서 이상적인 세계로 생각하는 주대의 문물과 제도에 대해 서술한 《주례》〈고공기考工記〉는 건축에 대한 중국인들의 이상을 그대로 나타내고 있다. 여기에 그려진 천자의 도성은 중앙에 왕궁이 있고 왕궁의 동쪽은 종묘, 서쪽은 사직, 앞에는 정부관서, 뒤에는 시장을 배치하도록 되어 있다. 그리고 사방을 성으로 둘러싸 각 변에 3개씩 문을 설치하고, 성 안에는 동서 방향과 남북 방향으로 각각 9개씩의 간선도로를 설치한 구조다.

베이징을 비롯한 중국의 역대 도시에서부터 궁전과 사원, 무덤, 일반 주택에 이르기까지 중국의 건축들은 한결같이 〈고공기〉의 이상을 실현하려고 했으며, 그 속에서 중국인들의 의식 세계를 엿볼 수 있다.

둥근 하늘을 상징하는 천단의 환구단.

　중국의 역대 도시는 모두 전체를 성곽으로 둘러싸 외적의 침입에 대비하고 있다. 이는 폐쇄적이고 내향적인 중국인들의 의식 세계를 반영하고 있는 듯하다. 일반 주택의 경우도 집 전체를 높은 담으로 둘러싸 아무나 내부를 들여다볼 수 없게 되어 있다.

　도성의 한가운데 위치한 궁전은 천자를 세계의 중심으로 생각하는 중국의 통치 질서를 반영하고 있다. 지리적 조건 등으로 궁전을 한가운데 배치하지 않은 경우도 있었지만, 황제가 거주하는 궁전을 도시의 중심으로 삼은 점에서는 변함이 없다. 중국 건축의 또 하나의 특징인 좌우대칭의 구조 역시 황제가 세계의 중심이라는 생각의 반영이다.

　이런 구조는 일반 주택의 경우에도 그대로 적용된다. 집 안에서 가장 중요한 건물인 조상 사당은 남쪽으로 향한 건물의 한가운데에 두었고, 중앙의 뜰(中庭)을 중심으로 전후좌우에 건물을 배치하여 중앙 뜰을 집 안의 중심으로 삼았다. 이런 건물 배치는 도시의 경우 황제를 정점으로, 한 집안의 경우 조상을 정점으로 한 유교적 위계질서를 표현하고 있다.

중국의 도시나 주택의 평면은 자연조건이 허락하는 한 거의 예외 없이 정사각형 또는 직사각형의 형태를 이루고 있다. 이 역시 천원지방天圓地方, 즉 하늘은 둥글고 땅은 사각형이라는 중국인들의 관념을 반영하고 있다. 여기서 원은 하늘의 정신세계를 상징하고 정방형은 지상의 물질세계를 상징한다. 땅의 구조를 상징하는 정방형은 이상적으로는 원과 일치하는 도식인데, 천상의 원의 질서가 땅으로 내려오면 네 방위에 일치하는 정방형이 된다는 생각이다.

네 방위는 방위와 인간의 길흉화복과의 관계를 이론적으로 정리한 풍수사상 또는 풍수지리설과도 직결된다. 선사시대 매장 유적을 보면 대부분 머리를 동쪽으로 두고 있으며, 중국 신석기시대의 대표적 유적인 반포(半坡) 유적의 주거지는 통로를 대부분 남쪽으로 내었다. 동쪽이나 남쪽이 햇빛이 잘 들고 여름에는 시원하며 겨울에는 따뜻하여 생활환경이 쾌적하기 때문이다. 그래서 사람들은 동쪽이나 남쪽을 길한 방위로 생각해왔다.

풍수지리설에서는 방위뿐만 아니라 산천과 물의 흐름까지도 고려하여, 인간에게 복을 가져다주는 지역과 액운을 가져다주는 지점과 방위를 구별한다. 풍수지리설에서 말하는 명당이란 천지 음양의 두 기운이 서로 완전히 조화를 이룬 곳이다.

음양오행사상을 기반으로 한 풍수사상은 전국시대 말에 이미 출현했으나, 지리적 위치와 인간의 길흉화복이 밀접한 관련이 있다는 생각은 한대에 참위설과 풍수사상이 결합한 결과다. 후한 말에 도교가 성립되면서 풍수사상도 체계화되었다. 풍수가들은 동서남북 각 방향을 상징하는 청룡靑龍, 백호白虎, 주작朱雀, 현무玄武 네 동물을 설정하고 각 방향의 지세에 걸맞은 건축을 해야 한다고 주장했다.

이후 풍수사상은 중국인들이 주거의 방향과 위치를 정하는 데 매우 중요한 역할을 했다. 역대 도성이나 촌락, 사관寺觀의 위치는 풍수사상에 따라 정했고 건물도 풍수에 맞게 배치했다. 개인 주택의 구조나 가구 배치에도 풍수사상의 영향이 보인다. 무덤을 쓸 때도 풍수사상에 따라 명당을 찾았고, 그래야만 후손들에게 복이 온다고 생각했다. 때로는 명당을 차지하기 위해 집안끼리 소송사건이 발생하기도 하고 칼부림이 나기도 했다.

◉ 중국 전통 가옥의 전형 사합원

중국 전통 사극이나 영화를 보면 젊은 남녀가 화초가 아름답게 어우러진 정원이나 주랑을 걸으면서 사랑을 나누는 모습이 흔히 등장한다. 이런 집들은 보통 크고 작은 방들이 정원을 둘러싸고 있으며, 방과 정원 사이에는 방들을 연결하는 주랑이 있어 전체적으로 사각형의 평면을 이루고 있다. 이것이 중국인들의 가장 전형적인 주택인 사합원四合院의 모습이다.

사합원의 모습을 좀더 자세히 보자. 먼저 정원을 둘러싸고 남쪽을 향하여 집의 주건물이 들어서 있다. 이곳에는 집안의 주인이나 웃어른의 일상 거처와 사당, 어른들이 모여서 회의하는 방들이 있다. 주건물 양쪽에는 세로로 2개의 건물이 마주 보고 있는데, 자녀나 아랫사람들이 거주하는 곳이다. 주건물과 마주 보는 곳에 배치되어 있는 건물은 손님을 접대하는 곳이나 하인들이 거주하는 방이다. 주건물과 마주 보는 쪽에 건물이 배치되지 않은 구조는 삼합원이라고도 한다.

베이징 지역 사합원의 모습.

집 바깥은 높은 담장을 둘러 외부인들이 안을 들여다 볼 수 없게 했고, 정남이나 동남 방향에는 대문을 설치했다. 전체적으로 주건물을 중심으로 남북 종축선을 따라 좌우대칭의 구조를 이룬다.

사합원의 형태는 명대에 와서 완성되었지만, 종축선을 중심으로 좌우대칭으로 건물을 배치하는 사각형 구조는 중국 최초의 도성 유적인 상대商代의 건물에서부터 이미 나타나고 있다.

산시 성 시안 시 중바오춘(中堡村) 당대 묘지에서 출토된 삼채 사합원의 모형.

농촌에 거주하는 가난한 백성들의 집은 사합원 구조가 아닌 경우도 있지만, 대부분의 중국 전통 건물은 궁전에서부터 일반 민가에 이르기까지 사합원의 형태로 지어졌다. 다만 빈부와 신분에 따라 규모가 다를 뿐이었다. 일반 백성의 집은 정원을 중심으로 하나의 사합원 구조였지만, 대저택의 경우에는 세로 방향으로 몇 개의 정원이 있고, 각 정원을 둘러싸고 건물들이 배치되어 있다. 대저택은 대문에서부터 가장 안채까지 들어가려면 몇 개의 정원과 문을 거쳐야 한다.

사합원 내 각 건물의 배치 양식은 대가족이 질서를 이루고 살아가기 적합하게 되어 있다. 집 안의 가장 중심이 되는 주건물은 웃어른과 주인이 거주하며 조상들의 위패를 모셔놓은 곳으로, 아랫사람이나 하인이 함부로 들어갈 수 없다. 이는 가족 내 위계질서를 유지하려는 뜻이었다.

또 주건물과 자녀들이나 아랫사람들이 거주하는 측면의 방을 분리하여 대가족 생활 내에서도 각 세대의 독립성이 보장될 수 있게 했다. 큰 저택에는 후원에 여성들만 모여 사는 거처를 따로 만들어 손님이나 바깥 사람들이 마음대로 들어갈 수 없게 했다. 유교적 남녀 유별의 관념이 작용한 탓이다.

주건물을 정남향으로 배치한 것은 풍수사상의 영향 때문이다. 대문은 보통 길한 방향으로 생각되는 정남이나 동남쪽에 설치했으며, 북부지역에서는 서남향을 흉하다고 여겨 주로 이곳에 변소를 설치했다. 베이징과 같은 평원에서는 길하고 흉한 방향을 잘 지켜서 집을 지을 수 있었지만, 산이 많은 남쪽 내륙지역에서는 그럴 수가 없었다. 그래서 흉하고 길한 방향은 지역마다 다소 달랐으며, 자연 조건에 맞게 사합원을 여러 가지 형태로 변형시켰다.

베이징과 같은 화베이 지역은 겨울이 길고 춥기 때문에 보온을 위해 벽과 지붕을 두텁게 만들고 햇빛이 잘 들 수 있도록 남북으로 긴 구조를 이루고 있다. 또 화베이 지역은 평지가 많고 남쪽지역에 비해 인구 밀도가 낮아 대부분의 사합원은 단층이며 넓은 정원을 만들어 각종 화초를 가꾸기도 했다.

친링(秦嶺)과 화이수이 유역을 경계로 그 남쪽지역의 사합원은 북쪽의 사합원과 구조가 다르다. 남쪽지역에는 산과 물이 많은 자연조건을 고려하여 집을 지어야 했기 때문에 대문이 서북쪽이나 동북쪽으로 나 있는 경우가 많다. 또 송대 이후 남쪽지역에 인구가 급증했으나 평지가 적어 집을 지을 수 있는 공간이 부족하여 산기슭에 집을 짓기도 했다. 북쪽에서는 거의 볼 수 없는 2층 이상의 사합원이 남쪽지역에 많은 것도 공간을 효율적으로 이용하기 위해서였다.

뿐만 아니라 남쪽지역은 여름이 덥고 습하기 때문에 더위를 피하기 좋은 구조로 집을 지었다. 북쪽의 사합원이 남북으로 긴 데 비해 남쪽의 사합원은 동서로 긴 구조를 이루고 있는데, 이는 햇빛을 가능한 적게 받기 위해서였다. 건축 재료도 벽돌보다는 나무가 주를 이루었으며, 벽이나 천장이 북쪽 사합원에 비해 얇고 높아 통풍이 잘 되게 했다. 벽에는 여러 가지 모양의 창문이 없는 창을 내기도 했는데 이 역시 통풍을 위한 것이었다. 비가 많은 지역에는 배수가 잘 되도록 하기 위해 지붕이 가파른 경사를 이루고 있다.

창장 하류 강남지역에는 크고 작은 강과 하천들이 사방으로 뻗어 있어 이를 연결한 운하가 발달했으며, 오늘날에도 운하가 중요

강남지역의 사합원. 집 뒤에 배를 띄울 수 있는 부두가 있어 주택과 운하를 연결한다.

한 교통로 구실을 하고 있다. 창장 일대의 주택들은 운하를 이용하여 이동하기 쉽게 집집마다 작은 부두를 설치하여, 앞문은 거리와 연결되고 뒷문은 바로 운하와 연결된 경우가 많다. 물길이 도로 구실을 했기 때문에 이 지역은 거리의 폭이 매우 좁아 마주 보는 집의 2층 난간으로 대나무를 걸쳐 빨래를 말리기도 한다.

◉ 황토고원 지대의 동굴 주택 요동

산시(山西), 산시(陝西), 간쑤, 허난 등 황토고원 지대 주민들은 그 지역의 지질, 기후, 지형 등의 조건에 맞는 요동窯洞이라는 독특한 동굴집을 짓고 살았다. 시베리아로부터 세찬 바람에 실려온 누런 흙이 쌓여 이루어진 황토고원은 두께가 200m에 달하는 곳도 있다. 황토는 수직으로 갈라지며, 광물질을 많이 포함한 점토질이어서 압축과 건조 상태에서 매우 단단해지는 특징이 있다.

산시 성 옌안 시(延安市)에 있는 요동. 천연 토벽에 가로로 동굴을 파서 만들어 연애식 요동이라고 한다.

이 지역 사람들은 황토의 이러한 특성을 이용하여 황토를 파서 집을 지었다. 그 방법에는 대개 두 가지가 있다. 하나는 천연 토벽에 가로로 토굴을 판 연애식沿崖式 요동인데, 보통 여러 개의 동굴을 연결하거나 상하 여러 층을 연결했다. 어떤 경우에는 흙의 붕괴를 막기 위해 동굴 안에 벽돌이나 돌을 쌓기도 하고, 절벽면을 보호하기 위해 동굴 바깥에 벽돌을 쌓기도 했다. 규모가 큰 집은 절벽 바깥에 집을 짓고 정원을 만들어 사합원과 같은 구조를 이루기도 했다.

또 하나는 비교적 평탄한 산등성이에 사각형의 깊은 구덩이를 파고 구덩이를 따라 요동을 짓는 지갱식地坑式 요동이다. 이러한 요동은 여러 형태의 계단을 통해 지면 위로 연결되게 지었다. 동굴

집 위에는 나무를 심어 황토의 유실을 막고 물이 스며드는 것을 방지했다. 이 지역은 강우량이 적은 건조지역이어서 황토집은 오래 보전될 수 있었다.

동굴집에 산다고 하니까 비위생적이고 건강에도 좋지 않을 것으로 생각하기 쉽지만 전혀 그렇지가 않다. 땅 속 3~5m 아래에 있는 요동은 여름에는 실외보다 10도 정도 낮고 겨울에는 15도 정도 높아 요동 내의 온도는 10~20도, 습도는 30~75%를 항상 유지하고 있다. 사람들이 생활하기에 가장 쾌적한 조건이다.

또한 동굴집은 외부 소음 물질과 기후 변화에 의한 영향은 물론 대기 속의 방사성 물질의 영향도 적게 받는다. 여기에 황토에서 생장하는 식물은 미량의 원소인 망간과 셀렌을 다량 함유하고 있어, 혈관 질병을 방지하고 지방의 누적과 장기의 노화를 막는다. 그래서 요동에서 사는 사람들은 기관지염, 피부병과 같은 질병도 적고 대체로 장수한다고 한다.

허난 성 공현鞏縣에 있는 지갱식 요동. 가운데 정원이 있다.

오늘날에도 산시, 산시 지역 황토고원 일대 주민들은 여전히 요동이라 불리는 동굴집에서 생활하고 있다. 물론 옛날과 같은 원시적인 형태는 아니다. 수도도 들어오고 전기도 들어와서 현대적 생활을 하기에 불편함이 없는 곳이다. 게다가 에어컨도 필요 없다. 한여름 황토고원 지대는 40도에 육박하는 무더위가 계속되는데 요동 속에 들어가면 땀이 가실 정도로 시원하다.

⊙ 커자의 방어용 주택 토루

푸젠 서남지역과 광둥 동북지역에서는 높은 토담에 높고 낮은 푸른 기와 지붕이 겹겹이 겹쳐 있는 거대한 건축군을 발견할 수 있다. 이런 주택은 아열대 지구의 울창한 삼림과 어우러져 마치 한 폭의 산수화를 보는 듯하다. 어떤 지역에서는 거대한 원형탑 같은 고층의 성채 건물도 볼 수 있다. 이런 특이한 건물들이 이 지역 커자(客家)들이 모여 사는 토루土樓이다.

커자에 대해서는 아직 공인된 정의가 없으나, 일반적으로 동진 시대 북방 이민족의 침입을 피하여 남쪽으로 이주해온 일부 한인들을 말한다. 이들은 이주 후 원주민이나 다른 한족들과 교류하지 않고 자기들끼리만 통혼하고 고유의 풍습과 전통을 그대로 유지했다. 언어도 커자 어라는 자신들만의 방언을 사용하여 토착민들과 구분했다. 남쪽으로 내려온 커자들은 여러 차례 이주를 통하여 푸젠 성의 롱옌(龍巖), 장저우(漳州), 광둥 성의 메이저우(梅州) 등지에 최종 정착했으며, 또 그 일부는 홍콩이나 타이완으로 옮겨갔다.

커자의 고향인 푸젠 서남부와 광둥 동북지역은 삼림이 울창하여 도적떼가 출몰하는 곳이었다. 또 이들은 자신들만의 전통을 유지하여 다른 주민들과 자주 갈등을 일으키기도 했다. 이러한 갈등은 때로 계투械鬪라는 무력 충돌로까지 발전했다.

이러한 생활환경 속에서 커자들은 가능하면 사람들의 눈에 잘 띄지 않는 외진 곳에 거주하면서 자신들을 은폐시키려 했다. 또 전통을 유지하고 다른 주민들과의 무력투쟁에 대비하기 위해서 한

푸젠 성 융딩 현의 토루들(위). 푸젠 성 융딩 현에 있는 삼당옥 (아래).

집안이 모여 살 필요가 있었다. 이들은 높고 견고한 담으로 둘러싸인 거대한 성채 같은 집을 짓고 모여 살았다.

토루의 형태에는 삼당옥三堂屋, 방루方樓, 원루圓樓 등이 있는데, 어떤 것이든 보통 적어도 3층 이상이다. 가장 흔히 볼 수 있는 것이 방루식 토루인데, 정사각형 형태의 높은 담을 한 바퀴 두르고 담을 따라 5, 6층 높이로 여러 개의 방을 설치한 구조다. 나무로 계단을 만들고, 집 한가운데는 빈터로 남겨두거나 정원이나 대청 등 거주자들이 공동으로 사용하는 공간을 배치하기도 했다. 규모가 큰 곳은 방이 400여 칸이나 되고 각각의 방들에는 개별 세대가 거주했다.

토루 중 가장 특이한 형태는 원루다. 원루는 거대한 성채와 같으며 출입문은 오직 하나뿐이다. 문루에는 망을 볼 수 있는 곳, 또 총포를 쏠 수 있는 구멍이 만들어진 곳도 있다. 도적이나 주변 거주

원루의 내부 모습.

자들이 침입하면 토루 거주자들은 성채로 들어가 성문을 굳게 걸어잠그고, 망루를 통해 적의 행동을 관찰하며 총을 쏘아 격퇴하기도 했다. 큰 토루에는 아예 경작지까지 포함되어 하나의 촌락을 이룰 정도였다고 한다.

푸젠 성 핑허 현(平和縣)에는 청나라 강희 연간에 세워진 원루가 남아 있는데 직경이 81m에 달한다. 최성기에 이곳에는 400여 호 1,800명이 살았다고 한다.

⊙ 변방지역의 독특한 주거 양식

중국의 서북, 서남 변방지역은 황허나 창장 일대와는 전혀 다른 기후와 환경 조건이 펼쳐져 있다. 이들 지역에는 한족에 동화되지 않은 소수민족들이 각자의 사회 조건과 자연환경에 따라 나름대로 독특한 주거생활을 하고 있다.

우선 광시(廣西), 구이저우(貴州), 윈난, 하이난, 타이완 등은 아열대지역으로 무덥고 습하며 비가 많이 내린다. 또한 지세가 낮고 습기가 많다. 그래서 이 지역 소수민족은 습기와 맹수의 습격을 피하고 통풍이 잘 될 수 있도록 집을 지었다. 이를 간란식干欄式 건축이라고 하는데, 땅에 말뚝을 박고 그 위에 나무와 대나무를 얽어 방을 만들고 그 아래 공간은 비워두는 형태다.

전설에 의하면 삼국시대 제갈량이 윈난 지역 태족傣族 거주지에 갔을 때 태족이 그에게 집을 어떻게 짓느냐고 묻자, 땅에 젓가락

몇 개를 꽂고 모자를 벗어 그 위에 얹으며 그렇게 지으라고 했다고 한다.

간란식 주택은 폐쇄적인 중국 전통 가옥 구조와 달리 개방적이며 지형에 따라 형태도 다양하다. 여족黎族의 경우 천족千足이라는 나무로 말뚝을 만드는데, 이 나무는 흙에 묻어도 부패하지 않고 번식하므로 사람과 가축의 번성을 상징하는 것이기도 했다.

태족의 간란식 주택은 말뚝 위에 직사각형 방을 만들고 실내 또는 실외에 지상으로 내려갈 수 있는 계단을 만드는 형태였다. 방 아래는 축사와 분뇨장, 저장실 등으로 사용한다. 태족의 습속에 14세가 되면 딸은 부모에게서 벗어나 요방寮房이라는 새로운 간란식 주택에서 거주한다. 그러면 남자들이 저녁마다 찾아와서 구애를 한다. 결혼 후에도 여성들은 이 요방에서 거주하다가 아이를 낳은 후 남편의 집으로 가서 함께 지낸다고 한다.

시장, 칭하이, 간쑤, 쓰촨 서북 등의 지역은 강우량이 매우 적고 바람이 많으며 돌이 풍부하다. 이들 지역에서 생활하는 장족藏族 등은 이런 자연 조건에 맞게 돌을 주요 건축 재료로 집을 지었다. 이 지역의 집들은 보통 2층 이상이며 아래층에는 연료, 사료, 공구를 쌓아두고 야간에 말과 젖소가 차가운 바람을 피할 수 있도록 했다. 이 지역 주민들은 라마교 신도들이므로 위층에는 침실 등과 함께 예배실도 마련되어 있다.

위구르 족 등이 거주하는 서북지역은 매우 덥고 건조한 기후다. 이 지역의 토양 역시 황토로 이루어져 있어 황토를 주재료로 집을 지어 더운 열기를 차단할 수 있도록 했다. 벽 쪽이 아니라 천장에 창을 내는 것이나 반지하 집을 짓는 것 역시 더위를 피하기 위한

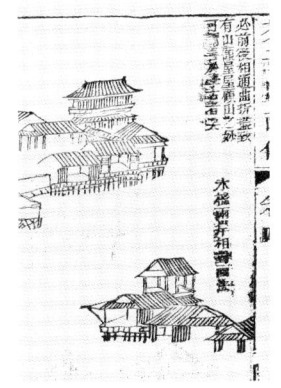

《개자원화보介子園畵譜》에 수록된 물가에 지은 건축. 간란식 주택의 모습과 같다.

몽골 족 등 이동생활을 하는 유목민들의 주거 형태인 전포.

방법이었다.

이 지역에는 외출할 때 반드시 물병과 외투를 들고 다녀야 한다는 속담이 있다. 무덥고 건조한데다 언제 바람이 불어닥칠지 알 수 없는 기후 때문이다. 거리에는 햇빛을 피할 수 있는 포도덩굴 가로수가 양쪽에 이어져 있으며, 건물의 아래쪽에 길을 만들어 햇빛을 피해 다닐 수 있도록 했다.

중국 서북과 동북 한랭한 초원지대에 사는 유목민들은 원형 텐트인 전포氈包라는 독특한 이동가옥에서 생활한다. 전포의 지름은 4~6m, 높이는 약 2m 정도이며, 나뭇가지로 구조체를 짠 후 외부에 양털로 덮어 비바람을 막을 수 있도록 했다. 윗부분에는 원형으로 천장을 만들어서 통풍과 채광을 할 수 있도록 했다. 가운데는 화로를 설치했으므로 원형 천장은 환풍기 구실도 겸했다. 유라시아 대륙을 제패한 칭기즈 칸도 이런 전포에서 생활했다. 그가 살았던 전포는 수천 명이 들어갈 수 있을 정도로 규모가 컸고 화려한 장식이 있는 일종의 천막 궁전이었다.

2. 역대의 도성들

 5,000년 역사를 자랑하는 중국에는 수많은 왕조들이 존재했다. 그 왕조들은 이미 사라졌지만 그들이 남긴 문화유산은 아직도 중국 곳곳에 산재해 있다. 베이징, 시안(西安), 뤄양, 카이펑, 난징, 쑤저우, 항저우 등은 역대 여러 왕조의 수도가 자리했던 지역이다. 이제 과거로 돌아가서 어떻게 이들 도시가 수도가 될 수 있었으며, 그 모습이 어떠했는지를 재현해보자.

● 도성의 변천은 역사의 흐름을 대변한다

 중국 지도 위에 역대 왕조의 수도 위치를 표시해보면 재미있는 사실을 발견하게 된다. 하나는 북송의 수도 카이펑을 비롯하여 시안, 뤄양 등 북송 이전 대부분의 수도가 황허선을 따라 북위 35°선에 위치해 있는 데 반하여, 남송의 수도 항저우는 30°선, 베이징은 40°선에 위치해 있다는 점이다. 또 하나는 시대가 내려갈수록 수도의 위치가 서에서 동으로 옮겨간다는 점이다. 이처럼 수도의 위치가 변한 이유는 무엇일까?

 은허殷墟의 발굴로 실재가 확인된 은나라는 수도를 여러 차례 옮겨 마지막에는 황허 변에 있는 지금의 허난 성 안양安陽에 정착했다. 그 이전 수도들도 모두 황허 유역에 있었다. 은나라 이전의 왕조 하나라의 수도 역시 황허 주변이었다고 전한다.

 은나라에 이어 건설된 주나라는 처음에 수도를 황허에서 좀 떨어진 서북지역 시안 부근에 정했다. 원래 주나라의 본거지가 서북 변경이었기 때문이다. 주나라는 수도가 치우친 약점을 보완하기

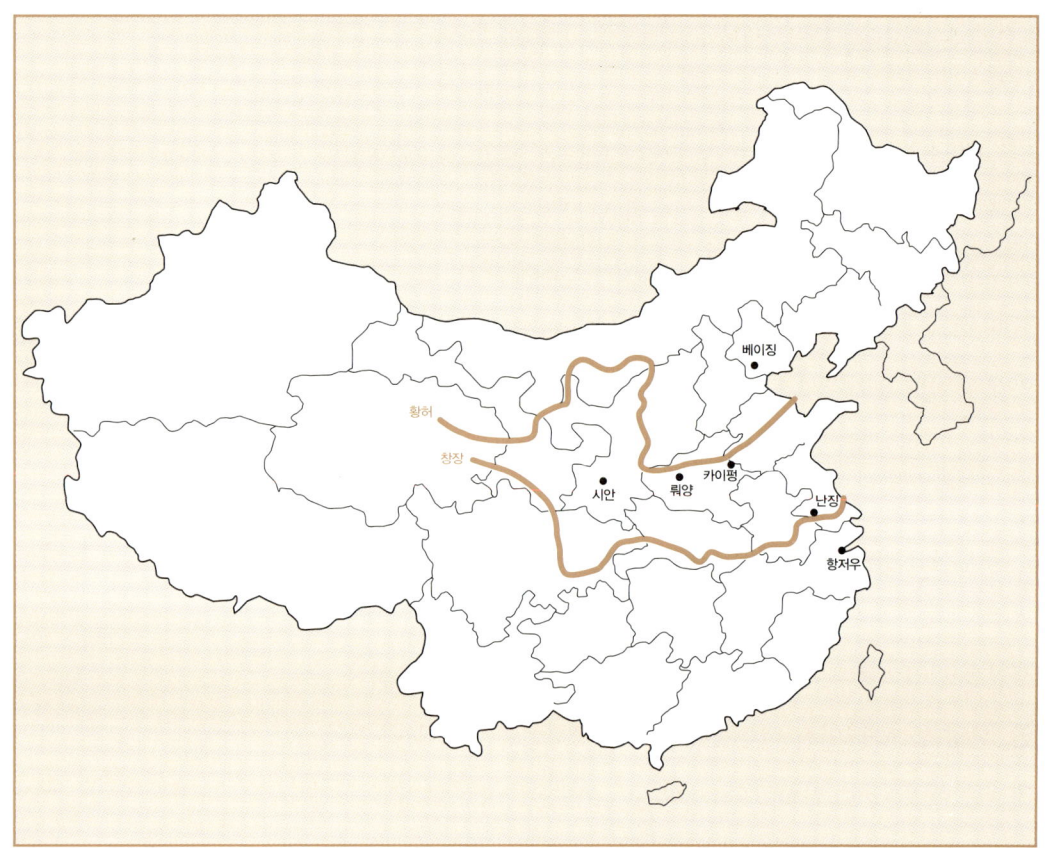

중국 역대 도성 분포도.

위해서 동쪽 황허 변에 있는 오늘날의 뤄양을 부도副都로 정했으며, 동주시대에는 수도를 뤄양으로 옮겼다. 뤄양은 황허를 앞에 두고 뒤에는 망산邙山이라는 산을 끼고 있어 천연의 요새 역할을 했기 때문에 방어에 적합했다. 사람이 죽으면 북망산北邙山으로 간다고 할 때의 그 망산이다.

춘추전국을 통일한 진시황은 오늘날 시안 외곽에 있는 셴양(咸陽)을 통일 제국의 수도로 정했다. 이 지역은 천연 요새로서 외적의 방어에 적합한 곳이었다. 이어 한나라에서 당나라까지 장안, 즉 오늘날의 시안은 1,000년 이상 중국의 수도였다.

장안은 황허의 지류인 웨이수이(渭水)와 황허를 연결하는 운하를 통하여 산둥과 강남지역으로부터 들어온 물자로 번영을 구가할 수 있었다. 또 장안은 실크로드의 출발점으로 서역과의 교역이 많았던 한당시대에 중국과 세계를 잇는 중심지였다.

동진시대부터 개발되기 시작한 강남지역은 당대를 거치면서 인구가 많이 유입되고 토지가 개간되어 경제력이 풍부해졌다. 당대 장안의 번영은 운하를 따라 들어오는 강남지역의 쌀에 의존해야 했다. 그런데 당 중기 이후 국가 기강이 해이해지면서 각 지역 세력들이 할거하는 상황이 발생하여 강남지역의 물자를 수송하는 운하가 제 기능을 못하게 되고, 장안으로 운송되는 물자가 지나가는 황허 일대를 장악한 자들이 실권을 휘두르게 되었다.

경제의 중심이 서서히 강남으로 옮겨가게 되자 시안은 더 이상 중심지로서의 기능을 할 수 없게 되었다. 그래서 오대의 여러 왕조는 뤄양의 동쪽 황허와 변하(汴河)가 만나는 카이펑을 수도로 정하여 강남지역의 물자가 쉽게 운반될 수 있도록 했다. 오대의 혼란을 통일한 송이 수도를 카이펑으로 정한 것은 이 때문이었다.

수도의 위치가 서쪽 시안에서 동쪽 카이펑으로 옮겨간 것은 강남지역의 개발 때문이기도 했지만, 송조의 내향적 자세를 상징하기도 한다. 실크로드를 따라 서역과의 교류가 활발했던 한나라, 당나라 시대와 달리 송대에는 서역과의 통로가 요와 서하라는 두 이민족 왕조에 의해 막혀버렸다. 또 당말 오대 이민족 절도사들의 반란과 이민족의 침입을 받아야 했던 경험을 거울삼아, 송나라는 이민족과 적극적으로 교류하기보다는 한족 중심의 폐쇄적 경향을 보였다. 유라시아 대륙을 제패한 원나라를 예외로 한다면 이후 중국은 외부 세계로 진출하는 데 그다지 관심을 기울이지 않았다.

창장 일대는 삼국시대 오나라와 촉나라에 의해 개발되기 시작했고, 동진 남조 시대의 여러 왕조들이 이곳에 자리잡았다. 강남지역에서 수도로 가장 적합했던 곳은 난징으로 중국 10대 고도 중의 하나에 포함된다. 송대에는 강남지역의 개발이 본격적으로 이루어져 경제의 중심이 완전히 남쪽으로 이동해갔다. 금나라에 멸망하여 남쪽으로 쫓겨온 남송은 수도를 임안臨安, 즉 오늘날의 항저우로 정했고, 이로 인해 강남지역은 더욱 발전했다.

원나라는 베이징에 수도를 정했다. 당시 만리장성 북쪽의 초원지대까지 지배하던 원으로서는 베이징이 원제국의 중심에 위치하여 수도로 적합하다고 생각했기 때문이다. 원의 세조 쿠빌라이 칸은 중국의 남쪽 끝에서 수도 베이징까지 연결하는 대운하를 건설하여, 남쪽의 광저우, 차오저우(潮州)에서 들어온 서방의 물자가 운하를 거쳐 베이징 시내까지 들어올 수 있게 했다.

원나라를 무너뜨리고 한족 왕조를 부활시킨 명 태조 주원장은 강남지역을 자신의 기반으로 삼아 난징을 수도로 정했다. 이로써 경제와 정치의 중심지가 비로소 일치하게 되었다. 그러나 만리장성 북쪽에는 몽골 족이 아직 상당한 위협으로 남아 있었다. 주원장은 24명의 왕자들에게 변방의 수비를 맡겼는데, 베이징 일대를 수비하던 연왕燕王의 세력이 가장 막강했다. 연왕은 마침내 정변을 일으켜 조카인 건문제建文帝를 내쫓고 황제위에 올랐다. 그리고 수도를 베이징으로 옮겼다. 베이징이라는 명칭도 이때 처음 등장했다. 이후 청나라에서 오늘날까지 베이징은 중국의 수도로서 뤄양, 장안과 함께 1,000여 년간 수도로서의 역사를 자랑하고 있다.

⦿ 은나라 도성 유적지 은허

중국이나 서양이나 최초의 국가 형태는 도시국가였다. 중국 최초의 왕조 은나라 역시 도시국가에서 출발했다. 은나라는 이어 이웃한 여러 도시들을 지배하여, 그 영역이 허난 중부 및 북부의 황허 양안 일대를 중심으로, 동으로는 산둥, 북으로는 허베이에 달했다. 황허 일대에는 청동기를 비롯한 여러 유물과 거주지, 묘지 등의 유적이 발굴되어 은대 도시국가의 모습을 이해하는 데 중요한 자료가 되고 있다.

은나라는 수도를 여러 차례 옮겼는데, 마지막 273년 동안은 지금의 허난 성 안양 부근 샤오둔촌(小屯村) 일대의 은이라는 지역에 수도를 정했으며, 이곳을 일컬어 은허라고 한다. 은허는 원수洹水 강변에 위치해 있으며 주위에는 거주지와 묘지, 수공업 작업장들이 산재해 있었다. 또 샤오둔촌 서남쪽에는 길이 750m, 폭 7~20m, 깊이 5~10m에 이르는 궁실 방어용 도랑 유적이 발견되었다.

은허의 중심은 궁실 유적이다. 물론 건물은 하나도 남아 있지 않고 궁전 터와 주춧돌 정도만 남아 있다. 건물 터는 항토夯土 기법으로 흙을 단단하게 다져 여러 겹으로 쌓은 판축의 형태로 만들어졌다. 4,000~5,000년 전의 건물 터가 아직 남아 있는 것은 바로 이 놀라운 항토 기법 덕분이다. 이 방법은 이후 중국 건축에서 핵심 기법이 되었다.

은허의 궁전 유적지는 크게 왕실 구성원들의 일상 거주지역과 종묘와 정사를 보는 지역, 제사를 지내는 지역 등으로 나누어져 있다. 대체로 앞에는 정무를 보는 전殿, 뒤에는 주거용 건물인 침寢을 배치한 구조이며, 종축선을 중심으로 좌우 대칭으로 건물이 배치되어 있었을 것이다. 이후 중국 전통 궁전과 민가의 건물 배치의 기본적인 틀이 이때 이미 형성되었던 것이다.

궁전구 부근에서 사각형이나 원형의 반지하 혈거穴居 건물들의 유적이 발견되었다. 이곳은 평민들이 거주했던 곳으로 추측된다. 이 혈거 유적지는 궁실 유적지와 규모에서 엄청난 차이를 보여 계급에 따라 건축에 차이가 많았음을 알 수 있다.

궁전구나 묘지구에서는 많은 부장품과 함께 순장된 사람과 가축의 뼈가 발굴되었다. 이런 부장품들은 당시 왕이나 귀족들의 세력이 얼마나 막강했는지 여실히 보여주는 증거다. 무덤에서 나온 청동기를 비롯한 각종 부장품들, 기타 수공업 작업장 등지에서 발굴된 유적들은 은나라의 화려하고 고도로 발달된 문화 수준을 유감없이 보여주고 있다.

은허 유적에서는 이런 유적들과 함께 갑골문甲骨文이 발견되었다. 갑골문이란 거북의 등껍질이나 소의 견갑골에 새겨진 글자로, 은나라 사람들이 국가의 중요한 행사가 있을 때, 이들 동물의 뼈를 불에 달구어 균열의 형태를 보고 점을 쳐서 그 내용을 기록한 것이다.

갑골문은 오늘날 한자의 기원이 될 뿐만 아니라 은나라 왕실의 족보와 은나라 사람들의 정신세계, 사회생활 등을 밝혀주는 중요한 단서가 되고 있다. 갑골문이 세상에 모습을 나타낸 것은 청말에 와서이며, 이것이 발견되기 전까지 청나라 사람들은 은나라 역시 하나라와 같이 전설상의 왕조라 하여 실재를 믿지 않았다.

갑골문에는 택宅, 궁宮, 고高, 향享 호戶와 같은 건축과 관계 있는

갑골문의 모습.

글자도 많이 있어 당시 건축 형태의 일면을 알 수 있는 자료가 되고 있다.

● 폐쇄적인 고대 도시의 전형 장안

시안은 산시 성(陝西省) 웨이수이 분지에 위치하며, 중원에서 쓰촨 지역이나 서역의 길목인 간쑤로 가기 위해 거쳐야 하는 교통의 요지다. 이 일대는 동으로 함곡관函谷關, 서로 롱관隴關, 남으로 무관武關, 북으로 소관蕭關이라는 천험의 요새에 둘러싸여 있어 방어에도 적합하다. 시안 일대를 흔히 관중 지역이라고 일컫는 까닭은 이 4개의 관 내에 자리하고 있기 때문이다.

갑골문에 새겨진 건축과 관련된 글자들.

관중은 전국시대 진나라 때부터 본격적으로 천하를 호령하는 제왕의 수도가 되었다. 진나라는 통일 이전 효공시대에 시안 동북쪽 셴양으로 수도를 옮겨 궁궐을 건축했다. 진시황은 나라의 위용을 과시하기 위해 수도의 확장, 정비에도 열을 올렸다. 이때 오늘날 셴양 시와 시안 시에 걸쳐 있었다는 아방궁阿房宮을 건설했다고 한다. 하지만 아방궁이 완성되기도 전에 진나라는 멸망하고 항우가 셴양으로 들어와 궁전을 모두 불태웠는데, 아방궁은 몇 달 동안 타올랐다고 한다.

한나라는 웨이수이 이남 지역으로 수도를 옮겨 셴양의 일부였던 장안을 중심지로 삼았다. 고조 유방은 진나라 궁실 중 불타지 않고 남아 있던 건물인 흥락궁興樂宮을 장락궁長樂宮으로 고쳐 사용하고, 장락궁 서쪽으로 잇달아 미앙궁未央宮 등 궁실과 부속건물을 동서축으로 배치했다.

한대 장안성은 궁전구와 그 주변을 보호하는 내성內城으로 나누어졌다. 내성에는 궁실, 종묘, 관서가 3분의 2 이상을 차지했다. 귀족들은 내성에 호화로운 주택을 건설할 특권을 누렸다. 또 성내에는 교역 장소인 동시와 서시, 2개의 시장이 있었다.

장안 주민 대부분은 내성 바깥 동북부와 북부의 곽구郭區에서 리里 단위로 거주했다. 리는 담으로 둘러싸여 있고, 거주자들은 여閭와 염閻이라는 출입문을 통해서만 출입할 수 있었다. 평범한 집안을 여염집이라고 말하는 것은 여기에서 비롯되었다.

남북조의 분열을 통일한 수나라 문제文帝가 건설한 수도 대흥성大興城은 한나라 장안성 동남쪽에 위치했다. 한대 장안성은 용수산龍首山 북쪽에 있고 웨이수이에 가까워 성내가 습할 뿐 아니라 물에 잠길 위험이 있었기 때문에, 용수산 남쪽으로 웨이수이와 비교적 멀리 떨어진 평원지역으로 자리를 옮겼던 것이다.

대흥성은 미리 성과 건물의 위치와 규모를 계획한 다음 조직적으로 건설했다. 수나라가 멸망한 후 그 기반 위에 완벽한 구획을 갖춘 세계적인 도시 장안이 탄생했다.

당대 장안성은 궁성宮城과 황성皇城, 즉 내성內城, 곽성郭城으로 이루어졌다. 오늘날 시안 시내를 둘러싸고 있는 성은 명대의 것으로 당대 장안의 내성은 이보다 훨씬 규모가 컸다.

장안성 북쪽 중앙에 위치한 궁성은 황제와 그 일가가 일상 기거하고 정사를 돌보는 곳이었다. 궁성의 뒤에는 3개의 성문이 있고 성문을 나가면 황실 정원인 서내원西內苑이 펼쳐진다. 궁성의 후문

당대 장안 대명궁 복원도.

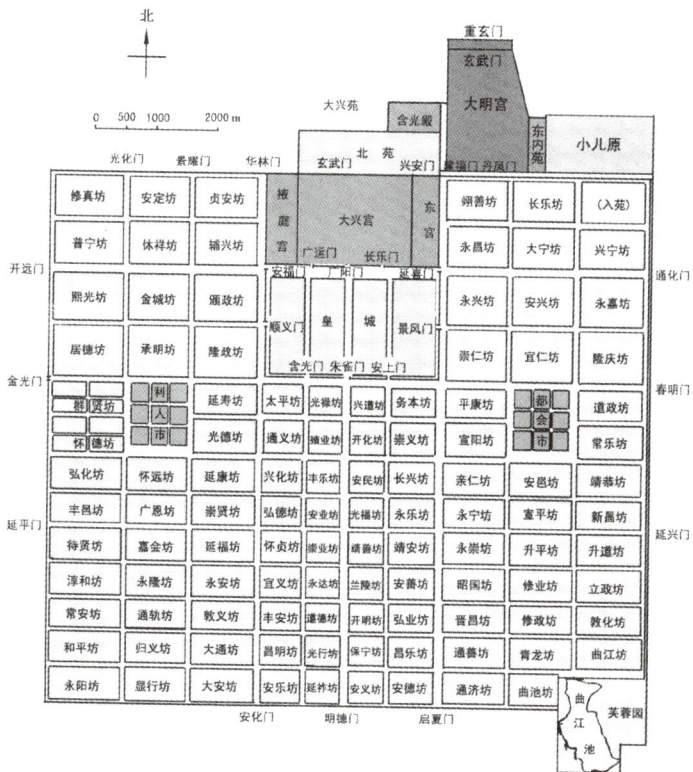

수당대 장안성 복원도. 바둑판처럼 반듯하게 짜여져 있다.

중 황제의 친위대인 금군이 주둔한 곳이 현무문玄武門이다. 현무문은 당나라 두 번째 황제 태종太宗이 경쟁자인 형을 살해하고 아버지 고조를 은퇴시킨 후 황제위에 오른 현무문의 변變으로 유명하다. 당시 태종이 군대를 이끌고 현무문을 통해 들어와서 정권을 장악했기 때문에 이 사건을 현무문의 변이라고 한다.

태종은 궁성 밖 용수원龍首原에 영안궁永安宮을 세워 아버지 고조를 거주하게 하려 했으나 고조는 이 궁이 완성되기 전에 사망했다. 다음 황제인 고종高宗은 병약했는데, 천자가 기거하는 태극궁太極宮이 낮고 습하기 때문에 건강에 좋지 않다고 하여 버려두었던 대명궁(大明宮, 영안궁)을 수축해서 옮겨 살았다. 그후 태극궁은 전례를 행하는 장소로 바뀌고 황제는 대명궁에서 정무를 보았다.

궁성의 정문인 정남쪽 승천문承天門은 남으로 황성의 정문인 주작문朱雀門, 곽성의 정문인 명덕문明德門과 일직선으로 연결되어 있다. 승천문 앞 가로로 난 길은 411m 정도나 되어 일종의 광장과 같은 역할을 했다.

궁성 남쪽의 황성에는 승천문과 주작문을 중심축으로 좌우 대칭으로 중앙의 주요 관서들이 배치되고 종묘가 있었다. 황성을 만들어 중앙관서를 집중적으로 배치한 것은 당대 이전에는 없었던 일이다. 그만큼 당대 장안은 황제의 권위와 위엄이 갖추어진 정비된 도시였다.

장안을 에워싸고 있는 외곽성에서 황성과 궁성을 제외한 나머지 구역에는 주민들이 거주하는 방坊이 있었다. 외곽성에는 동서남북으로 문이 있고, 그 문을 기점으로 사이사이에 동서로 14개의 대가大街와 남북으로 11개의 대가가 있었다. 특히 중앙축선을 동서로 가로지르는 주작대가는 폭이 150m나 되었다. 이들 도로에 의해 각각의 방들이 구획되어 장안의 모습은 바둑판처럼 펼쳐져 있었다.

방은 사방이 담으로 둘러싸인 구역을 의미하며 방坊이라고도 했다. 원래 후한 이후 궁중 귀족들이 거주하는 곳을 지칭했는데, 당대 장안 주민들의 거주지가 흙담으로 둘러싸여 있어 주민의 거주지를 방이라고 일컬었던 것이다.

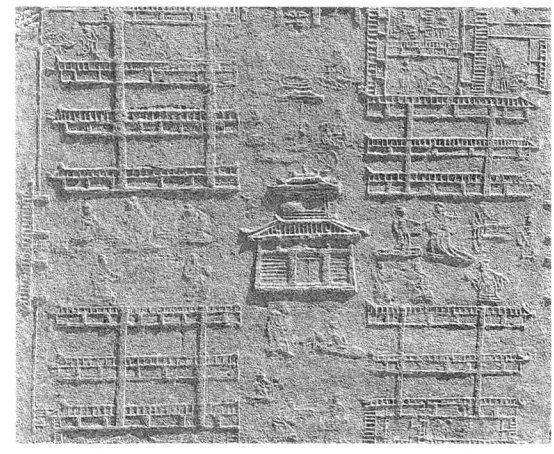

쓰촨 성 신판 현(新繁縣)에서 나온 후한시대 화상전에 묘사된 시정市井의 모습. 시정은 한대 성내의 상업구로, 십자형 도로 가운데 시루가 있다.

각 방에는 문이 있어 아침저녁 시간을 정해 열고 닫았다. 거주지는 담으로 둘러쳐진 방 안에 만들어져 도로로 나가려면 문을 통해야만 했다. 하지만 고관귀족은 방의 외측과 도로에 면한 부분에 저택을 지어 방의 외부로 문을 열 수 있어 야간통금의 통제를 받지 않는 혜택을 누렸다. 일반 서민의 주택은 이런 저택과 사원들 사이 또는 그 후면에 위치했다.

교역은 동시와 서시라는 2개의 시구역에서 이루어졌는데, 시 역시 담으로 둘러싸여 있고 시문市門이 있었다. 서시는 실크로드의 출발점으로 외국 상인들이 자주 왕래하고 외국상점들도 종종 설치된 국제무역장이었다. 동시와 서시 안에는 상품의 종류에 따라 상점들이 모여 있었으며, 같은 업종에 종사하는 사람들은 행行이라는 조직을 결성했다. 행의 우두머리는 거래의 가격, 품질 등을 결정했고, 동업자들은 행을 통하여 공동의 이익을 도모했다.

이처럼 계획적으로 정비된 도시 장안은 당나라 번영의 상징이었다. 그러나 장안의 번영과 발전은 폐쇄적인 장안의 도시 구조를 더 이상 유지할 수 없게 만들었다. 인구가 급증하면서 당말에 이르면 장안 주민들은 방을 막고 있는 담을 침범하여 집을 지었다. 또 폐쇄적인 시장만으로는 늘어난 인구의 일용품 수요를 감당할 수 없어 당말에 이르자 동시, 서시 이외에 외부에서 물자가 들어오는 성문 주변이나 거주지 주변에 새로운 시장들이 세워졌다.

당나라시대 장안은 폐쇄적 도시 구조의 극치를 보여주는 동시에 새로운 도시 구조가 형성되는 전환점이기도 했다.

⊙ 방제가 해체된 송대의 수도 카이펑

당나라의 수도 장안은 정치, 군사의 중심이었지만 그 번영은 강남에서 들어오는 물자에 의해 지탱되었다. 강남지역의 물자는 수나라 양제가 건설한 대운하를 따라 북상하여 다시 황허를 따라 장안까지 거슬러올라왔다. 그런데 이 운반 과정에서는 황허 중류 최대의 까다로운 지점인 삼문협三門峽을 거쳐야 했으므로 운반 도중 물자가 손실되거나 운반이 늦어지기 일쑤였다.

당나라가 뤄양을 부도로 정한 것도 삼문협을 거치지 않고 물자를 얻을 수 있다는 이점 때문이었다. 그래서 당나라 황제들은 자주 뤄양에 기거했고, 식량이 부족하면 종종 뤄양까지 식량을 구하러 가야 했으며, 장안에 쌀이 제때 들어오지 않으면 쌀값이 천정부지로 치솟았다. 특히 당말에는 전란으로 장안 주변의 토지가 황폐해져 강남에 더 많은 물자를 의존해야 했다. 그러나 한때 절도사들에 의해 조운 노선 일대가 장악되는 사태가 발생하여 쌀 부족으로 군대가 폭동을 일으키기 직전까지 이르기도 했다. 강남에서 미곡 3만 석이 도착하자 당시 황제 덕종德宗은 태자에게 "쌀이 도착했으니 이제 우리 부자는 살았다"라고 했을 정도였다.

이제 대운하와 황허를 연결하는 변하는 당나라를 지탱하는 경제의 동맥이 되었다. 당나라가 멸망한 후 오대의 여러 왕조는 황허와 변하의 교차점인 카이펑에 주목하여 그곳을 도읍으로 정했다. 중국의 중심이 바야흐로 서에서 동으로 옮겨지는 순간이었다.

송의 수도 카이펑의 기틀을 마련한 사람은 후주의 세종世宗이었다. 그는 원래 절도사 소재지였던 대량大梁을 확대하고, 나아가 카이펑의 수로 교통을 정비하여 카이펑을 명실상부한 수운 교통의 중심지로 만들었다.

세종이 카이펑을 확장, 정비할 당시 주민들은 이미 도로를 침범하여 집을 지었기 때문에 큰 수레가 다닐 수 없을 정도였다고 한다. 당대의 폐쇄적인 방제가 이미 무너진 후였던 것이다. 그래서 세종은 궁실과 관서, 창고, 군영 등 통치에 필요한 시설들을 마련할 자리만 남겨두고, 나머지는 백성들이 마음대로 집을 지을 수 있도록 했다. 이제 방제가 완전히 사라지게 되었다.

송나라는 이렇게 형성된 후주 대량의 기초 위에 인구 70만에 달하는 대규모 수도 카이펑을 건설했다. 송대 카이펑은 외성外城과 리성里城, 궁성宮城으로 이루어져 있었으며, 각 성에는 호성하護城河가 둘러쳐져 있었다. 외성의 중앙에 리성이 위치했고, 대내 또는 황성이라고도 하는 궁성은 당대 장안 궁성과 달리 리성 중앙에서 서북으로 약간 치우쳐서 건설되었다.

궁성 내에는 황제가 일상 기거하는 처소와 집무를 보는 곳, 여러 가지 의례를 행하고 과거시험을 보는 곳, 주요 관서 등이 공工 자 형으로 들어서 있었다. 북송의 마지막 황제 휘종徽宗은 토목 공사

송대 변경의 평면 상상도.

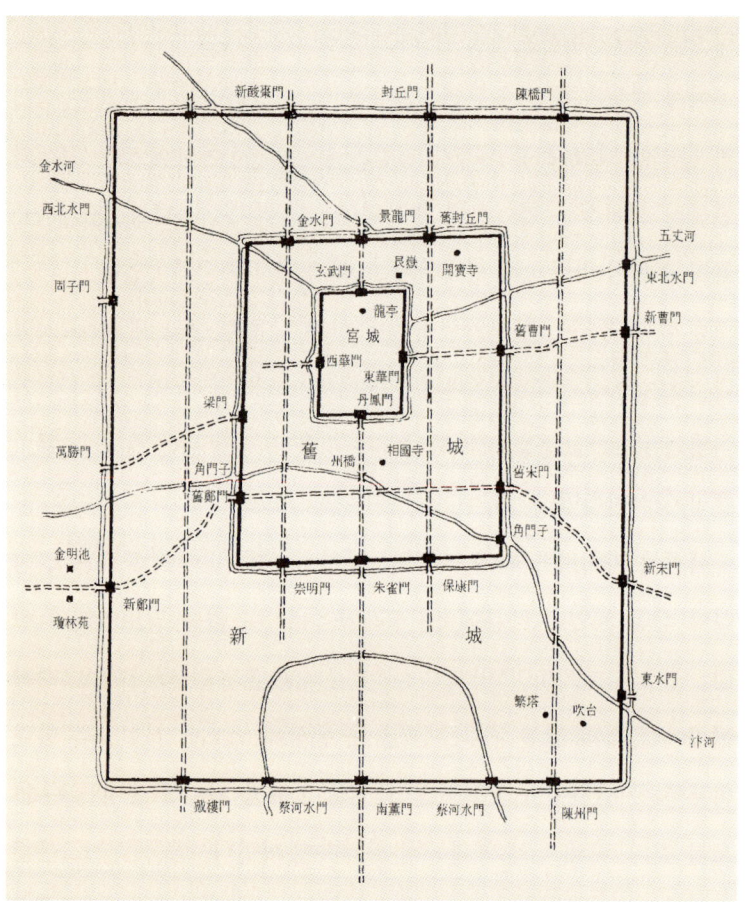

를 좋아하여 궁성 북문 바깥에 새로운 궁전을 건설하고 인공산과 연못 등을 만들어 화려하게 장식했다. 간악艮嶽이라는 인공산이 궁성 북쪽에 위치한 이유는 궁성 동북 모서리가 높아야 아들을 많이 나을 수 있다는 풍수사상을 신봉한 때문이었다. 진귀한 물건과 골동품 애호가이기도 했던 그는 간악에다 쑤저우, 항저우 일대에서 나는 진귀한 돌인 화석강花石綱을 옮겨다놓았다.

이 화석강을 옮기는 배들로 인해 운하가 정체되어 조운에 방해를 받았고, 이 노역에 시달린 백성들은 드디어 반란을 일으켰으며 그

여파로 북송 조정은 더욱 쇠퇴하여 결국 금나라의 침입으로 멸망하고 말았다.

리성과 외성 내에는 중앙 행정관서와 사관, 고급관료들의 저택, 일반 거주지, 상점, 수공업 작업장 등이 있었다. 물론 이들 거주지를 둘러싸는 담은 이미 사라지고 없었다. 카이펑에 거주하는 사람들은 남북으로 뻗은 어가御街를 중심으로 동쪽과 서쪽으로 각각 카이펑 현과 준의현浚儀縣에 소속되었으며, 현 아래는 상廂과 방坊이라는 행정 단위가 있었다.

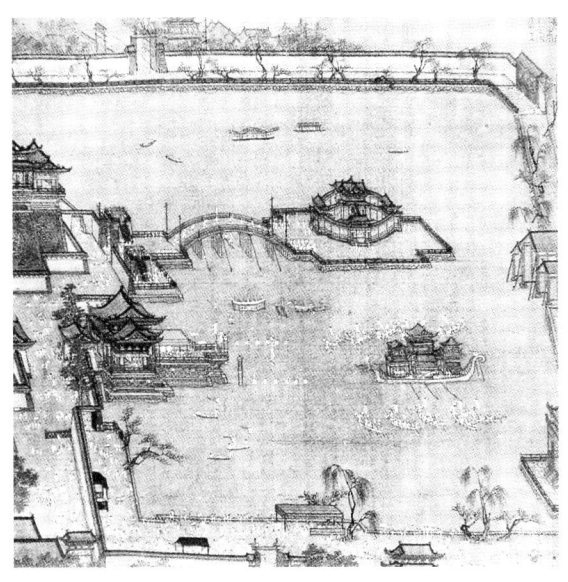

〈금명지쟁표도金明池爭標圖〉. 북송 카이펑의 금명지에서 물놀이를 하는 모습.

카이펑을 동서로 가르는 어가는 궁성의 정남문인 선덕문宣德門에서 리성 정남문 주작문, 외성 정남문인 남훈문南薰門까지 일직선으로 뻗어 있었다. 이 길은 카이펑의 간선도로이며 동시에 가장 번화가이기도 했다. 이외에도 리성과 외성을 연결하는 동, 서, 북쪽으로 뻗은 3개의 어가 역시 가게들이 즐비하고 사람들이 북적대는 거리였다.

어가 외에도 동서남북으로 도로가 뻗어 있었다. 동서 방향으로 뻗은 대가는 남북 방향으로 난 항巷과 연결되었다. 가항街巷에는 생활필수품을 비롯한 여러 가지 물건을 파는 가게들이 즐비했으며, 특히 대가에는 쌀 시장가(米行), 육류 시장가(肉行) 같은 업종의 가게가 집결되어 있었다.

카이펑에는 군인과 관리를 포함한 70만 명 정도의 인구가 상주했다. 가항에 들어선 상점만으로는 이 많은 인구가 소비하는 물자를 다 충족시킬 수 없었다. 후주 세종이 카이펑 시내로 운하를 연결한 것은 바로 물자를 원활하게 조달하기 위해서였다. 운하 위에 세워진 다리와 운하변에는 외지에서 온 객상들이 머무는 여관과 이들이 운영하는 상점들로 넘쳐났다. 과거의 시제市制가 완전히 해체되고 새로운 형태의 시장이 들어선 것이다.

금나라에 카이펑을 함락당한 송 황실은 이곳 저곳을 전전하다 마침내 강남의 교통요지 항저우에 도읍을 정하고 송나라를 부흥했다. 이를 남송이라고 한다. 창장 하류에 위치한 항저우는 주위에 무수한 소택지가 있어 기마민족인 몽골 족의 공격을 방어하기에 매우 유리했다. 뿐만 아니라 주위에는 비옥한 농토가 펼쳐져 있고 물자가 풍부했다. 그리하여 항저우는 카이펑보다 더욱 번화하여 인구 100만을 자랑하게 된다.

◉ 중국의 이상 도시 베이징

《주례》〈고공기〉에 그려진 천자의 도시의 모습을 가장 잘 실현한 이상적인 수도는 베이징이다. 그런데 뜻밖에도 이 이상적인 도시는 몽골 족이 세운 원나라에 의해 건설되었다.

베이징 일대는 북방의 군사요지로 역대 왕조에서 중시했지만 원나라에 와서 본격적인 수도가 되었다. 중국 지배에 뜻을 두었던 원 세조 쿠빌라이는 수도를 내몽골에 위치한 상도上都에서 베이징으로 옮기고 대칸이 살고 있는 곳이라는 의미로 대도大都라고 명명했다. 유목국가에서 중국식 왕조로 탈바꿈한 원조는 쿠빌라이의 계획하에 유교적 이상에 부합하는 수도를 만들었으며, 명나라와 청나라의 수도 베이징은 그 기반 위에 건설되었다.

대도는 화베이 평원 북단에 위치해 있었으며, 서북으로는 높은 산들이 천연적인 방어벽 구실을 했다. 서쪽과 남쪽으로는 용딩 강(永定河)이 흐르고 성 내에는 쿤밍 호(昆明湖), 스차하이(什刹海), 중난하이(中南海) 등이 있어 수운이 편리했다. 또한 몽골 초원지대를 배후 통치지역으로 두고 있었던 원으로서는 베이징이 남북을 연결하는 중심에 있었던 것이다.

원 대도의 성벽 유적.

고대 한족의 전통적인 도성 배치에 따라 설계된 대도는 외성과 황성, 궁성, 즉 대내大內로 이루어졌다. 통치의 중심인 궁성에는 동서남으로 3개의 문이 있었으며, 대명전大明殿과 연춘각延春閣을 중심으로 좌우 대칭의 구조를 이루고 있었다. 또 녹정전盝頂殿, 외오이전畏吾爾殿, 종모전棕毛殿과 같은 유목민들의 천막 주택이 있었는데, 몽골 족을 비롯한 유목지역 주민이나 국가의 사신들을 접대하고, 또 몽골 족의 전통의례를 거행하기 위한 곳이었다.

궁성 서쪽 황성 내에는 태액지太掖池가 있었는데, 오늘날 자금성 왼쪽의 베이하이(北海)와 중하이(中海)이다. 태액지 서남부에는 태후가 거주하는 서어원西御苑을 비롯한 황실의 여러 건물이 들어서 있었다. 황성 바깥 서쪽에는 사직社稷을 배치하고 동쪽에는 태묘太廟를 세운 것 역시 중국의 이상적인 도성 배치에 대해 기록한 〈고공기〉의 내용과 일치한다.

외성 내에는 중앙의 여러 관서, 일반 주택, 상점 등이 분포해 있었다. 성 안은 모두 60개의 방으로 나뉘었는데, 장안과 같은 폐쇄적인 형태는 아니었다. 성 안에는 동서 방향과 남북 방향으로 각각 9개의 간선도로가 펼쳐졌으며, 이들 간선도로 사이에 동서 방향으로 골목을 만들었다.

골목을 중국어로 후통(胡同)이라고 하는데, 원래 몽골 어로 우물이라는 뜻이다. 몽골 인에게 우물은 사람들이 모여사는 곳이었다. 방문과 연결되는 후통이 동서 방향으로 나 있었기 때문에 후통에 연한 주거지는 당연히 남북 방향, 남향으로 건설되었다. 겨울이 긴 화베이 지역에서 채광과 난방을 고려한 배치일 것이다.

태액지 상류 황성 바로 북쪽에는 적수담積水潭, 즉 오늘날의 스차하이라는 대규모 호수가 있었다. 대도성 남으로 흐르는 운하 통혜하通惠河와 이 적수담은 수로로 연결되어 중국 각지와 세계 각지에서 물자를 싣고 온 배가 적수담까지 직접 들어올 수 있었다. 수로의 수량 부족을 해결하기 위하여 천재적인 수학자 곽수경郭守敬의 힘을 빌려 갑문식 수문을 만들었으며, 이 수로 중 폭이 가장 넓은 곳은 30m나 되었다. 당시 통혜하를 드나드는 배가 하루 1,000여 척이나 되었다고 하니 과연 대도는 세계의 중심이었다.

적수담 주위에는 상인들과 물자들로 북적거려 대도에서 가장 번화한 상업 중심지가 되었다. 적수담 부근에는 일중방日中坊이 있어 일중위시日中爲市라는 말이 생길 정도였다. 적수담 부근의 종루鐘樓와 고루鼓樓 역시 교역 중심지의 하나였다. 종루와 고루는 금나라 때 만들어졌는데, 원나라가 이를 계승하여 아침저녁 시간과 야간 통행금지 신호를 알렸으며, 명청시대에도 계속 유지되었다.

한족 왕조를 부흥한 명태조 주원장이 처음에 도읍한 곳은 난징이었다. 자신의 근거지였고 동시에 당시 경제의 중심이 이미 강남 일대였기 때문이었다. 원의 대도는 베이핑(北平)으로 개칭하고 북변 방위의 요지로 삼았다.

하지만 쿠데타로 황제에 오른 영락제永樂帝는 1420년(영락 18) 수도를 베이징으로 옮겼다. 북방에는 원나라 잔존 세력이 변경을 위협하는 상황이었고, 난징에 잔존해 있던 구세력의 힘을 약화시키기 위해 자신의 근거지로 수도를 옮길 필요가 있었기 때문이다.

명대 황성과 자금성은 원대의 황성과 궁성보다 조금 남쪽에 있었다. 처음에는 경성과 황성, 궁성으로 이루어졌는데, 가정嘉靖 연간 경성 남쪽에 외성을 더 쌓았기 때문에 경성을 내성이라고 했다. 황성은 내성 중앙에서 남쪽으로 조금 치우쳐 있고, 그 정문이 바로 천안문天安門이다.

궁성, 즉 자금성은 동서 약 760m, 남북 약 960m, 총 면적 72만㎡ 규모로 황제가 집무를 보는 외조外朝와 일상 기거하는 내정內政을 비롯한 9,000여 개의 전각殿閣으로 이루어졌다. 외조는 태화太和, 중화中和, 보화保和 세 전각이 중심이었으며, 그중에서도 태화전은 국가의 중요한 의례가 거행되는 자금성의 심장부였다.

자금성 북문을 나가면 맞은편에 베이징 시의 중추선상에 있고 시내에서 가장 높은 곳이기도 한 경산공원景山公園이 있다. 이 산은 원 대도의 궁을 헐고 남은 흙으로 만든 인공산이라 한다. 명대에는 만세산萬歲山, 주위에 석탄 산지가 많아 속칭 매산煤山이라 했다가 청대에 경산景山으로 고쳤다. 경산은 명을 멸망으로 이끈 이자성李自成의 농민 반란군에 의해 성문이 열리자 마지막 황제가 뒷문으로 달아나다 더 이상 갈 곳이 없자 스스로 목을 매달아 최후를 마친 곳이기도 하다.

자금성의 태화, 중화, 보화 삼대전.

궁성의 정문은 오문午門이며 그 광장은 포로를 헌납하고 조령詔令을 반포하는 곳이었다. 오문이라고 명명한 것은 정남향의 자오선상에 위치하기 때문이었다. 오문과 천안문 사이에는 동쪽으로 태묘와 서쪽으로 사직단이 건설되었다.

천안문 앞에는 T자형 넓은 광장이 형성되어 중앙 관서들이 배치되었으며, 광장이 끝나는 곳에 명대에는 대명문, 청대에는 대청문이 있었다. 천안문 앞 광장은 새로운 황제가 등극할 때 의례를 행하고 조령을 반포하는 곳이었다. 황제 앞에서 치르는 과거의 최종시험인 전시殿試도 이 광장에서 실시되었다.

명대의 내성은 위치나 형태가 원대와 유사하다. 오늘날 베이징 시내를 순환하는 지하철은 명대의 내성선을 따라 돈다. 내성의 크고 작은 간선도로 위에는 각양각색의 상업과 수공업이 분산되어 있었으며, 후통이라 불리는 골목에는 시민들이 거주했다.

명청대 베이징의 상업 중심지는 원대보다 조금 남쪽으로 통혜하와 근접한 곳으로 옮겨갔다. 명초에 난징을 수도로 정하여 북쪽까지 조운을 할 필요가 없게 되자 원대 조운선이 들어왔던 적수담이

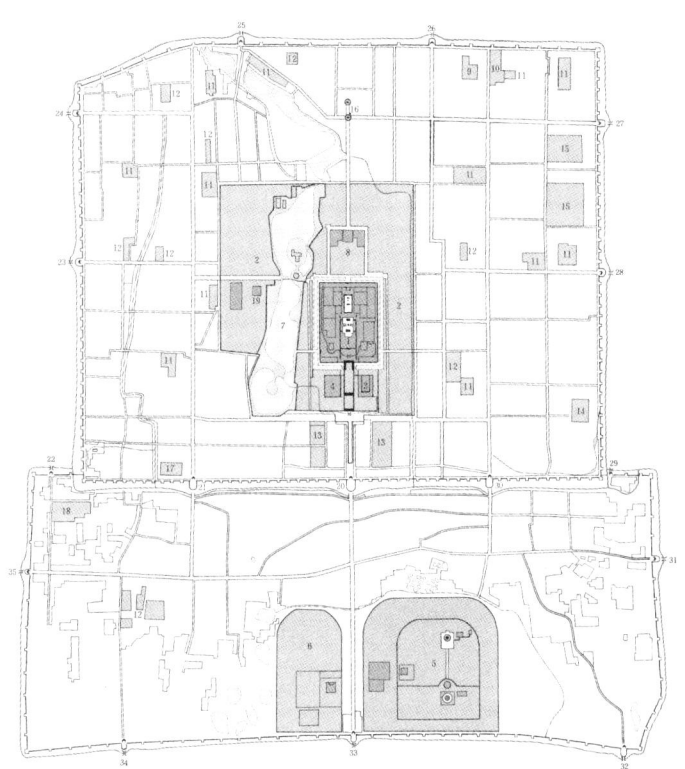

명청시대 베이징 평면도.

막혀 더 이상 배가 들어올 수 없게 되었기 때문이다.

운하와 접한 내성 남쪽에는 각지에서 사람들이 모여들었고, 수공업자와 상인들이 많이 거주하게 되었다. 특히 소상인과 가난한 사람들이 가건물을 짓고 대거 거주하면서 거주구가 확장되자 이들의 보호를 위해 가정 연간에 경성 남쪽으로 다시 외성을 쌓았다.

외성에는 거주지 외에 하늘에 제사를 지내는 천단天壇이 만들어졌다. 조선시대 청나라 사절단이 중국의 서적과 최신 문화정보, 진귀한 공예품들을 가져왔던 유리창琉璃廠 역시 내성 정문인 정양문 밖 서쪽에 위치해 있었다. 유리창은 원래 영락제가 베이징을 건설할 때 유리공장이 성에서 너무 멀어 이곳에 유리공장을 지은 데서

청 건륭 연간에 그린 베이징 성도.

비롯되었다. 청 강희 연간까지 있었던 유리창은 궁전이 완성되자 없어지고 그 광장에 사람들이 모여들어 번화가를 이루게 되었다.

이곳에는 도박장이나 기루妓樓 등 오락시설도 있었지만 주로 도서, 문방사우, 골동품 같은 것들이 많이 매매되었다. 특히 건륭 연간에 《사고전서四庫全書》를 편찬하면서 전국의 서적을 모으고 진위를 대조해보면서, 유리창은 전국 서적 거래의 중심이 되었으며 동시에 문화의 중심이 되었다. 그래서 조선시대 지식인들도 이곳을 한번 가보기를 소원했다.

3. 도시인들의 생활

오늘날의 대도시는 교통, 쓰레기, 환경오염, 실업 등 갖가지 사회 문제를 안고 있다. 도시 생활과 도시 문제는 현대 사회의 일이라고 생각하기 쉽지만, 과거 중국에도 대도시들이 있었으며, 그 모습이 오늘날과 크게 다르지 않았다.

◉ 정치·군사 도시에서 경제·문화 도시로

서양 속담에 "도시의 공기는 사람을 자유롭게 한다"는 말이 있다. 중세 말 봉건영주의 지배를 벗어나 도망친 농노나 수공업자, 상인들이 모여 형성된 것이 서양 중세의 도시였다. 이들 도시민들이 거주지를 둘러친 성城을 '부르그'라 했고, 근대 사회의 주역인 부르주아는 이 부르그라는 말에서 기원했다. 그래서 도시는 곧 자유와 근대화의 상징이었다.

이와 대조적으로 중국의 도시는 황제를 정점으로 한 통치의 중심이었다. 외적의 침입을 막기 위해 도시 주변을 두터운 성곽으로 둘러쌌으며, 도시의 중심은 언제나 궁성을 비롯한 행정 관서였다. 도시 거주자들도 관리와 군인 등 지배층이 주를 이루었다. 다시 말하면 중국의 도시는 군사적, 정치적 목적을 위해 만들어졌다. 도시민을 지탱해주는 물자는 외부에 의존해야 했으므로 소비도시이기도 했다.

중국 문명 초기의 국가들은 도시국가 형태였다. 은나라의 수도였던 은허 유적에서 보듯이 도시는 궁궐을 중심으로 배치되었고, 성호城濠를 쌓아 보호할 수 있도록 했다. 철기시대에 접어든 춘추전국시대에는 생산력이 비약적으로 발전하여 인구증가 속도가 빨라지고, 많은 인구가 거주하는 도시 또한 급속도로 성장했다. 춘추시대 제나라의 수도 임치臨淄에는 7만 호나 거주했다고 한다.

더욱이 이 시기는 여러 왕국들이 패권을 다툰 전란기여서 견고한 성벽을 구축하는 일이 무엇보다 중요했다. 당시 도시들은 내성에 해당하는 성과 외성에 해당하는 곽郭을 만들어 계획된 도시로서의 면모를 갖추었다.

주민들의 거주지도 직업에 따라 정해져 있었다. 왕실에 필요한 물자를 조달하는 수공업자는 관부 가까이에, 성을 나가 농사를 짓는 농민은 성문 가까이에 거주해야 했다. 교역 역시 정해진 시 지역에서만 이루어졌다. 통치자가 있는 궁실을 중심으로 전 주민을 효율적으로 통제할 수 있는 구조로 만들어진 것이다.

당나라 수도 장안은 이런 폐쇄적 구조의 정점을 이루었다. 바둑판처럼 잘 구획된 장안은 도시 전체를 내성으로 둘러싸고 궁성과 황성 역시 성으로 둘러쌌다. 주민들의 거주지인 방과 교역이 이루어진 시도 구역을 설정하여 출입을 통제했다.

그러나 당나라의 번영은 더 이상 이런 폐쇄적 체제를 유지할 수 없도록 했다. 당말에는 주민들이 방의 담을 허물고 집을 지었다. 교역 장소로 한정된 동시, 서시 이외에도 연도에 교역장이 들어서고 외래 물자가 들어오는 운하 주변에는 교역이 활발했다. 이런 현상은 장안뿐 아니라 다른 대도시들도 마찬가지였다.

북송의 수도 카이펑의 전신인 대량에서는 주민들이 거리에 집을 지어 큰 마차가 다닐 수 없을 정도였다고 한다. 송대 카이펑에서는 방제가 허물어서 주민들이 임의로 집을 지을 수 있었다. 시 구역에

《해내기관海內奇觀》에 수록된 명대 항저우 북궐北關에 선 허시의 모습.

서만 교역을 해야 하는 제한도 허물어져 시장 광장은 사형을 집행하는 형장으로 변화했다. 도시의 가도에는 수공업 작업장들이 업종별로 즐비하게 늘어서 있었으며, 번화가에는 서민들의 눈길을 끄는 각종 공연장이 성황을 이루었다.

이제 대도시는 정치와 군사의 중심지에서 상공업 중심지의 성격까지 갖추어 생산과 소비를 겸하게 되었다. 이런 변화는 도시인들의 일상생활이나 상공업 발전에 큰 변화를 가져와 '도시혁명'이라 불릴 정도였다.

송대 이후 도시의 또 하나 중요한 변화는 전국 각지에 상업과 수공업을 중심으로 한 시진市鎭이 성장했다는 점이다. 상공업이 발전하고 인구가 증가하면서 대도시와 운하 주변에 정기적으로 교역이 이루어지는 곳이 다수 발생했는데, 이를 초시草市, 허시墟市라고 했다. 시진은 이 초시, 허시에 사람들이 상주함으로써 형성된 도시다. 시진은 대도시와 농촌의 중간에서 물자와 인력을 매개하여 시와 농촌으로 확연히 구분되었던 공간 구조에 변화를 가져왔다.

명청시대에는 도시의 경제적 기능이 더욱 뚜렷해졌다. 각지에 우후죽순처럼 성장한 시진으로 인해 대도시 유입 인구는 감소한 반면, 시진의 인구는 급격히 증가했다. 송대 상공업은 대도시를 중심으로 발전했지만 명청시대에는 상공업이 전국적으로 발전했음을 의미하는 것이다.

이런 경제도시의 성장에도 불구하고 중국의 도시는 끝까지 서양의 도시와 같이 자립하여 구세력에 대항하는 중추 역할을 하지 못하고 오히려 정치에 종속되었다. 상업은 관의 통제를 받아 제한된 범위에서만 발전했으며, 상업을 천시하는 관념도 여전했다. 특히 상업과 수공업자들의 조합은 회원이 아닌 사람에게는 배타적이어서 전근대적 성격을 벗어나지 못했다.

◉ 〈청명상하도〉에 나타난 카이펑의 번화한 모습

베이징의 구궁박물원에 소장된 유물 중에 가로 5.25m, 세로 25.5cm에 달하는 〈청명상하도淸明上河圖〉라는 그림이 있다. 북송 말기 장택단張澤端이 그린 것으로 청명절淸明節 북송의 수도 카이펑의 거리를 묘사하고 있다. 청명은 24절기의 하나인데, 당시 카이펑에서는 이날 조상의 묘를 참배하고 교외로 유람하는 풍습이 있었다. 상하란 변경을 관통하는 변하를 왔다갔다 하면서 유람한다는 뜻이다. 그러니까 이 그림은 명절날 놀러나온 사람들의 모습을 그린 것이다.

그림은 먼저 동수문東水門 밖 변하 위에 놓인 홍교虹橋 동쪽의 전원풍경으로부터 시작된다. 성 밖에는 담이 낮은 초가집과 기와집들이 점점이 펼쳐져 있다. 변하에는 크고 작은 20여 척의 배가 떠 있어 당시 교역의 중심이던 변하 연안을 잘 보여주고 있다.

〈청명상하도〉의 하이라이트라고 할 수 있는 홍교 위에는 양쪽으로 상가들이 들어서고 사람들로 발 디딜 틈이 없다. 홍교 양쪽에 긴 장대가 서 있는데, 장대 끝부분에 십자형 나무를 꽂았으며 그 위에 나무로 만든 금계金鷄의 모습이 보인다. 변하로 들어오는 선

〈청명상하도〉 중 홍교의 모습 (위).
〈청명상하도〉 중 동수문을 지나는 낙타 행렬(아래).

박들에게 성에 가까이 왔으니 다리 밑으로 들어갈 준비를 하라는 신호라고 한다.

이윽고 카이펑 외성 동쪽 제일 아래쪽에 있는 동수문의 장대한 누각이 드러난다. 마침 낙타가 짐을 싣고 지나가는 모습이 보인다. 사막 지방의 교통수단인 낙타가 중국 중심부까지 등장했으니 당시 카이펑이 국제적 도시였음을 짐작케 한다. 이외에도 〈청명상하도〉에는 90여 마리에 이르는 각종 가축이 등장한다.

이어서 성 안의 모습이 나타나는데, 성문 입구와 서쪽으로 이어지는 십자로 거리에는 기와집들이 즐비하고 사람들로 붐벼 시끌벅적한 소음이 들려오는 듯하다. 통진문通津門 서쪽에는 문 입구에 손가정점孫家正店이라고 쓰고 휘장을 단 3층 누각이 한눈에 들어온다. 바로 대주점이다. 더 서쪽에는 조태승가趙太丞家라는 의약포가 있으며 약광고가 보인다.

이 그림에는 770여 명의 다양한 인물들이 묘사되어 있다. 어떤 사람은 긴 두루마기를 입고, 어떤 사람은 짧은 바지를 걸치고 남루한 저고리만 입은 채다. 긴 두루마기를 걸친 사람들은 관리나 부유층일 것이다. 남루한 옷차림을 한 이들이 바로 도시의 하층민들이다. 이들은 화물 운반 인부, 가마꾼, 일용품을 파는 행상에서 재주꾼, 창녀, 소매치기, 도둑, 거지 등 직업도 다양했다.

도시에는 많은 인구가 모여들어 항상 일자리가 부족했기 때문에 이들은 낮은 임금을 감수하며 하루하루 근근이 살았다. 상인과 수공업자들로 이루어진 동업조합은 이들에게 일자리를 제공해주는 인력시장으로서의 역할도 했다. 일용 노동자들도 자기들끼리 조합을 만들었는데, 심지어 도둑이나 거지까지도 조합을 형성했다.

이처럼 운하 주변과 다리 위, 십자로 등에 상점들이 가득하고 각종 상업활동이 이루어지는 광경은 엄격한 방시제도가 지켜지던 당대 장안에서는 상상할 수도 없는 일이었다.

송대 카이펑의 번화가는 이곳만이 아니었다. 궁성에서 외성으로 펼쳐지는 4개의 어가, 그중에서도 남쪽의 어가는 카이펑에서 가장 번화한 곳이었다. 여기에 음식점과 술집을 비롯하여 말, 소, 쌀, 꽃, 보석 시장가 등 수공업, 상업 점포들이 업종별로 모여 있었다.

시내 곳곳에서는 반짝 시장도 활개를 쳤다. 술집이나 다방 앞, 와자瓦子에 서는 시장이나 성문 입구에 서는 시장, 사원의 행사 때 서는 묘시廟市 같은 것이 그것이다. 묘시 중에서는 카이펑 최대의 절 상국사相國寺 앞 묘시가 가장 유명했다.

성문 입구나 다리 위에 서는 새벽시장에는 아침 반찬거리를 사려는 사람들로 붐볐고, 세숫물 파는 사람, 약 달일 물을 파는 사람들도 등장했다. 성문 앞 새벽시장의 경우에는 성 밖에서 곡식이나 고기 등을 팔려고 들어온 도매상들과 이를 사려는 소매상들이나 소비자들이 인산인해를 이루었다.

야시가 열리는 곳은 주로 술집이나 다방 앞이었다. 야시는 5경(새벽 3~5시)에 시작되어 옷, 그림과 글씨, 꽃 등을 팔다가 아침이 되면

〈청명상하도〉에 그려진 성내 번화가에 '손가정점'이라는 술집 간판이 보인다.

흩어지기 때문에 귀신처럼 나타났다 홀연히 사라진다 하여 귀시자鬼市子라고도 불렸다.

⊙ 일상의 피로를 씻어주는 다방, 술집, 공연장

송대의 번화한 가시街市에는 상점과 함께 와자가 등장했다. 와자는 와사瓦肆, 와시瓦市 등으로도 불리는데, 일시적으로 사람들이 모인 집시集市를 의미한다. 사람들이 집시에 기와지붕처럼 밀집하게 모여드는 것을 와합瓦合이라 하고, 뿔뿔이 흩어져 각자 갈 길로 가는 것을 와해瓦解라고 한다.

이런 집시에는 약장수, 음식장수, 그림장수, 이발사, 점쟁이 등이 모여들어 손님들을 맞이한다. 이런 와자의 중심이 되는 곳은 뭐니뭐니해도 여러 가지 연예와 오락이 행해지는 구란勾欄이다. 구란이란 임시로 형성된 집시에 새끼줄 등으로 울타리를 치고 여러 가

〈청명상하도〉에 그려진 와자의 모습(그림 하단).

지 공연을 하는 곳을 의미한다.

원래 마술사, 무희, 익살꾼, 재주꾼 등은 황실이나 대귀족의 저택에 초청받아 공연을 했으므로 일반 대중들은 이런 공연을 즐길 수 있는 기회가 거의 없었다. 하지만 와자는 도시에 나온 상인을 비롯한 일반 대중을 위한 공연이었다. 이곳에서는 신분에 관계없이 사람들이 어깨를 맞대고 공연을 구경했으니, 이는 도시와 서민의 발전 덕분이라 하겠다.

당대 장안에는 대중을 대상으로 한 공연장이 별도로 설치되지 않았다. 공연은 시의 공지, 가두의 공지 또는 사원의 공지 등에서 때에 따라 이루어졌다. 북송 카이펑의 소, 말 시장가 등에서 이루어진

〈청인풍속도清人風俗圖〉 중의 잡기雜技, 목우희木偶戱 모습.

공연도 원래는 구란이 없는 공지에서 이루어졌는데, 상업이 발달하고 시장이 번성하여 사람들이 모여들자 그들을 대상으로 고정 장소에 상설무대를 설치했다. 이렇게 고정 장소를 설치한 것은 정부에서 면적에 따라 세금을 받기 위해 강제한 면도 있는 것 같다.

〈청명상하도〉를 보면 성내 변화가 서남쪽 가건물에 사람들이 모여 있는 모습이 보인다. 또 점쟁이인 듯한 사람 주위에도 구경꾼들이 모여 있다. 이곳이 바로 청중들에게 공연을 하는 와자에 해당한다. 카이펑에는 이곳 외에도 성내 각 지역에 유명한 와자들이 있어서, 성시 주민들의 오락생활과 민간 문예창작도 활기를 띠었다.

와자에서 행해지던 공연에는 여러 가지가 있었다. 〈청명상하도〉에 보이는 공연은 아마 설창說唱인 것 같다. 설창은 이야기꾼이 《삼국지》 등 민간에서 내려오는 여러 가지 이야기에 노래를 섞어 청중들에게 들려주는 것이다. 이런 이야기들이 명대에는 소설로 정착했다. 또 잡극雜劇이라 하여 두 사람의 출연자가 이야기와 노래, 곡예 등을 선보이는 것도 있었다. 이는 나중에 각 지역극으로 발전했고, 청 중기에 지역극들의 장점을 취합하여 만든 것이 경극

京劇이다. 이외에도 인형극, 요술, 그림자 연극 등 기상천외한 볼거리들이 사람들의 발길을 잡았다.

도시인들의 오락과 사교장으로 빼놓을 수 없는 곳이 다방과 술집, 기루 등이다. 당대 장안의 시 구역, 특히 말, 소 시장가에는 술집이 설치되었다. 이곳에서 가축을 매매할 때는 계약서를 쓰고 3~4일 내에 병이 발생하면 해약이 가능했다. 이런 매매를 위해서 술집을 설치하고 계약이 잘 되면 연회도 벌어졌다.

송대 카이펑에서도 이런 전통이 계승되어 말시장가에는 술집과 다방, 음식점 등이 번창했다. 또 그 앞에는 야시도 성행하여 말시장가에는 모기가 없었다. 야시, 주루가 매우 번성한 이곳에는 등불을 항상 밝혀놓았는데, 모기가 그 기름 냄새를 싫어하여 접근하지 않았기 때문이라고 한다.

카이펑에는 곳곳에 크고 작은 술집들이 있었으나, 술을 빚는 데 필요한 누룩을 제조할 수 있는 정점正店은 72곳밖에 없었다. 〈청명상하도〉에 보이는 손가정점이 그중 한 곳이다. 국가가 이들 정점에만 누룩 제조권을 줌으로써 술 전매제를 실시하고 재정 수입의 중요한 원천으로 삼았다.

정점은 고급 술집으로 화려한 실내장식에 누각, 정자, 전망대, 화원 등 풍류시설을 갖추고 있었다. 이들 술집은 보통 2층 이상인데 간단히 한잔 하는 일반 도시민들은 위층으로 올라갈 수 없었다. 이런 술집의 2층이나 기루에서 술을 마시는 사람들은 고관의 자제나 한량들이었다. 특히 과거시험을 치르러 온 학생들이 술집이나 기루에서 기생에게 빠져 시험에 낙방하고, 가지고 온 재물을 탕진하여 알몸으로 쫓겨나는 경우도 허다했다.

경극에 등장하는 인물상들.

다방 역시 부유한 사대부들이 회합하는 장소로, 음악이 연주되거나 공연이 이루어졌다. 내부에는 우아한 실내장식을 하고 유명한 화가나 서예가의 그림을 걸어 격조를 높였다. 나중에는 다방에 일반 서민이나 여성들도 많이 드나들었다. 그래서 다방은 오락장과 도박장이 되기도 하고 명청시대 성행한 비밀결사 조직원들이 은밀히 모이는 곳이 되기도 했다.

송대에는 인쇄업이 발달하고 과거시험이 출세를 위한 가장 중요한 수단이 됨에 따라 서적에 대한 수요가 급증했다. 그래서 대도시에는 서적 시장들이 많았다. 서적 시장에서는 과거시험 공부에 필요한 사서삼경 같은 서적 외에도 모범답안, 과거시험 요령 등을 쓴 책도 팔아 물의를 일으키기도 했다. 과거시험이 본격화되면서 문인들의 저변이 확대되었고, 특히 송대는 문치주의를 표방했으므로 사대부들의 우아한 취미를 만족시키기 위한 골동품 거래, 시화 거래 등도 대도시 문화의 한 면을 장식했다.

고관이나 부유한 사람들은 생일, 결혼식, 승진 축하 행사 등을 할 때 집으로 손님들을 초대하여 곧잘 성대한 연회를 베풀었다. 그래서 송대 카이펑과 항저우에는 일종의 출장 뷔페 같은 것이 있었다. 이런 서비스 업종은 잔치음식에 그치지 않고, 여러 가지 실내

장식, 그릇과 도구 대여점, 장례에 필요한 일체의 도구와 대행자를 갖춘 장례업 등 종류도 다양했다.

정월 대보름이나 중추절, 중양절 등의 명절, 불교나 도교 축제일에는 모든 도시민이 사원이나 교외에 나가 축제를 즐겼다. 특히 이 때에는 묘시와 같은 특별시장이 개설되어 이방의 진귀한 물품에서부터 간단하게 먹을 수 있는 음식과 잡화에 이르기까지 온갖 물건을 진열한 상점들이 들어서고, 다양한 연예 공연이 펼쳐져 힘겨운 도시민들에게 휴식과 오락을 제공했다.

◉ 야간통행금지와 등화관제

1980년대 초까지만 해도 우리 나라에는 야간통행금지제도가 있었다. 밤 12시 통금 사이렌이 울리면 통금 위반자 단속이 시작된다. 경찰서로 실려간 통금 위반자들은 유치장에서 하룻밤을 보내고 다음날 즉결심판을 받고 훈방되고 벌금을 내야 했다. 그런데 당대 장안에서도 이와 유사한 통금제도가 있었다.

장안은 도시 전체는 물론 주민 거주지인 방까지 담으로 에워싸여 있었으며, 방문을 통해서만 출입할 수 있도록 설계되었다. 모든 문들은 시간을 정하여 일제히 개폐했다. 성문이나 방문이 닫힌 후에는 특별한 임무가 있거나 급한 병자가 발생하여 밤길을 재촉해야 하는 사람들 외에는 출입할 수 없었다. 물론 야간 출입자들은 관에서 발급하는 야간 통행증을 지녀야 했다.

야간 통행 단속 임무는 성내 구역마다 설치된 오늘날의 경찰서와 같은 곳에 배치된 순경들이 맡았다. 당나라 법률에는 통행금지 시간에 함부로 바깥 출입을 하면 태笞 20의 처벌을 받게 되어 있었다. 또 방시坊市의 담을 넘으면 관부의 담을 넘는 것과 같이 장杖 70, 성문을 여닫는 책임을 맡은 자가 시간을 어겨도 역시 같은 처벌을 받았다.

당대 장안 궁성의 남문에 걸린 큰북은 성문을 비롯한 성내의 모든 문을 열고 닫는 시간을 알리는 구실을 했다. 매일 아침저녁 600번 북을 울려 성문을 열고 닫는 시간이 되었음을 알려주었다. 그러면 각 가도마다 설치된 가고街鼓도 이에 맞추어 잇달아 울리고 그 신호에 따라 각 지역의 방문도 열리고 닫혔다.

폐쇄적인 방제가 해체된 송대 이후에는 방문을 여닫는 일은 없어졌지만, 성문을 열고 닫는 일은 계속되었다. 하지만 성문을 닫아두는 시간은 3~5경(밤 11시~새벽 5시)까지 6시간뿐이었다. 치안을 위해서는 구역마다 포鋪를 설치하여 순경의 임무를 맡겼다.

북송대에는 가고제도가 실시되기도 하고 폐지되기도 하다가 남송대에 이르러 없어졌다. 주민들은 매일 아침 사원에서 울리는 종소리를 시계삼아 일어났다. 남송 항저우에는 행자行子라는 사람들이 골목골목 철판이나 목어를 치거나 큰소리로 외치면서 사람들에게 새벽을 알렸다. 이들은 출근 준비 시간을 알리면서 동시에 그날의 날씨까지 알려주었는데, 아무리 비바람이 불어도 거르는 법이 없었다. 이들은 매월 초하루나 보름, 명절이 되면 자기가 담당한 구역의 집들을 찾아다니며 양식을 구걸하여 생계를 유지했다.

원명청대 베이징 사람들은 금대부터 설치된 고루의 북소리를 듣고 시간을 가늠했다. 물론 이때도 야간 통행에 제한을 두었다. 청대 성내 가도와 골목의 경우 울타리를 설치하고 울타리마다 출입문을 두었다. 야간 통금 시간에는 성문과 함께 책문도 닫아야 했다.

베이징의 고루.

 그러나 청대 통금제도에는 융통성이 있었다. 내성의 남쪽 문 세 곳은 매일 저녁 6~7시에 닫았다가 한밤중에 다시 열었다. 일찍 조회에 참석하는 관리들의 편의를 위해서였다. 내성에 거주하는 사람들은 외성에 볼일이 있어 나갔다가 늦어지면 밤중에 성문이 다시 열리기를 기다렸다. 청말에 이르러서는 세 곳 중 두 곳의 문은 아예 닫지 않았다고 한다.

 치안을 위해 도시 주민은 대문 앞에 모두 문패를 달아야 했다. 여기에는 호주의 이름뿐 아니라 아내와 자식들, 고용인, 동거인, 심지어 키우는 가축까지도 써넣었다. 죽은 사람이 생기면 이름을 지우고 새로 태어난 사람은 추가로 적었다. 순찰관들은 수시로 이 기록이 사실인지를 확인했다. 범죄자의 은닉 여부 등을 살피고 주민의 수를 정확히 파악하여 통제할 수 있도록 하기 위해서였다.

 아무리 통제와 치안이 삼엄하더라도 항상 어딘가 빈 구석이 생기는 법이다. 그래서 사람들이 모여드는 대도시에는 종종 치안망을 뚫고 범죄가 발생하기도 했다. 당 헌종憲宗 연간에 장안 전체를 떠들썩하게 한 사건이 발생했다. 당시 실권을 장악했던 절도사 한 사람이 자객을 보내 재상을 살해한 사건이었다. 자객은 방문坊門 앞에 매복해 있다가 궁정 조회에 참석하려는 재상을 살해한 것이다. 이후로 재상이 출입할 때는 항상 경호원을 붙이고 방시의 주민들도 연대책임을 지도록 했다.

대도시 유흥가 주변에는 돈을 흥청망청 쓰면서 주색잡기에 여념이 없는 고관대작의 망나니 도련님들, 그들의 하수인인 깡패와 건달들, 사기꾼과 협잡꾼들이 모여들어 악행을 저지름으로써 치안 당국자들의 골치를 아프게 만들었다. 당 중기 이런 사기꾼과 건달들이 판을 치자 새로 부임한 경조윤京兆尹이 이들 몇 명을 잡아 본보기로 처형하여 기선을 제압한 일도 있었다.

이들은 치안 책임자들의 묵인하에 공공연히 법을 어기기도 했다. 송대 카이펑에서 성행한 야시는 그 자체가 통금을 위반하는 것이었다. 더구나 야시의 매매는 일종의 도박 성질을 띠었다. 동전 위에 새긴 글자에 따라 승부를 결정하여 물건을 팔았기 때문이다. 북송 정부는 이를 금지했기 때문에 관부의 체면을 세워준다는 의미에서 밤에 시장을 열었다고 한다.

명청시대에 도시가 더욱 발달하면서 살 길이 막막해진 하층민들이 대도시로 모여들어 집단을 이루었다. 이들은 상거래나 소송에 개입하거나, 길목을 막고 상인과 행인들에게 통과세를 뜯거나, 인신매매, 도박장 경영, 청부폭력 등 돈 되는 일이면 무엇이든 함으로써 도시 질서를 어지럽혔다. 하지만 이들의 이러한 활동은 때로 관부의 묵인하에 자행되었으며, 지방 관아의 서리나 지역 유력자들과 결탁하기도 했다.

한편 인구가 밀집한 대도시가 번성하면서 화재가 도시인들의 삶을 위협하는 존재로 등장했다. 북부 평원에 위치한 베이징은 비교적 도로가 넓고 정비가 잘 되어 화재의 위험이 덜한 편이었다. 그러나 좁은 도로, 밀집한 인구에 주로 나무로 집을 지었던 남쪽의 카이펑, 항저우와 같은 도시에서는 화재가 자주 발생했으며, 일단 불이 났다 하면 거의 도시 전체를 휩쓸 정도였다. 1208년 남송 왕궁 북쪽에서 발생한 불은 나흘 밤낮으로 계속 번져 항저우의 대부분을 태웠다.

이 때문에 소방활동을 위한 조직이 카이펑에서 처음으로 편성되었다. 카이펑 성내 거리에는 불이 나면 곧 발견할 수 있도록 300보마다 망화루望火樓를 설치하고, 불이 나면 즉각 출동할 수 있도록 소방대원들을 배치했다. 크고 작은 물통과 사다리, 새끼줄, 구명줄, 도끼, 깃발 등 소방도구도 항상 비치했다.

화재를 방지하기 위해 밤에는 모두 촛불을 꺼야 했으며 소방대원들은 이를 단속했다. 만일 제사 등 특별한 일이 있어 밤에 촛불을 켜야 할 때는 미리 관에 신고를 해야 했다. 송 인종仁宗 연간에 추밀사樞密使 적무양狄武襄이 초제醮祭를 지내면서 깜빡 잊고 관에 보고를 하지 않았다. 밤에 순라를 돌던 소방대원이 그의 집에서 새어나오는 불빛을 발견하고 상부에 보고했다. 그러자 즉시 카이펑 판관까지 그의 집으로 달려왔다. 불은 이미 꺼져 있었으나 이로 인해 조정에서 의논이 분분했고, 적무양은 끝내 관직을 사퇴하고 경성을 떠나야 했다.

4. 일상 기거

먹고 입는 문제를 해결하는 것만으로 생활 조건이 모두 충족될 수는 없다. 어두워지면 조명도 있어야 하고, 추위를 막기 위해서는 난방도 해야 한다. 물을 함부로 먹거나 오물을 아무 곳에나 버리면 전염병으로 사망할 수 있다. 수세식 화장실에 전기, 에어컨, 보일러 등 현대적인 이기는 없었지만, 전통 중국인들에게도 나름대로 이런 문제들을 합리적으로 해결하는 방법이 있었다.

● 좌식에서 입식으로

중국 사람들은 서구의 영향을 받기 오래 전부터 이미 침대와 의자에서 생활을 했다. 같은 농경사회이면서도 왜 중국은 일찍부터 침대에서 생활을 했을까? 그것은 바로 유목민의 영향 때문이었다.

중국은 만리장성을 경계로 그 이북에는 사막과 초원지대가 펼쳐져 가축을 몰고 이동생활을 하는 유목민이 거주하고, 장성 이남에는 정착하여 농경생활을 하는 한족이 거주했다. 만리장성은 유목민의 침입을 막기 위해 건설되었으며, 이들 농경민과 유목민은 서로 여러 차례 대립했다. 이런 과정에서 중국의 농경민은 여러 가지 면에서 유목민의 영향을 받았다. 그중 하나가 유목민이 사용하는 의자다.

후한시대 후기부터 삼국시대에 걸쳐 장성 일대의 유목민은 장성을 넘어들어와 한족과 함께 거주했다. 삼국시대의 혼란기 동안 장성 이북의 다섯 유목민이 대거 장성을 넘어들어와서 화베이 지역에 여러 왕조를 건설했다. 이로 인해 한족들은 음식과 의복은 물론

시안의 북주시대 묘에서 출토된 병풍으로 둘러싼 탑.

주거까지 유목민의 영향을 받았다.

원래 한족들은 우리 나라 사람들과 마찬가지로 바닥에 자리를 깔고 앉아서 생활했다. 그래서 가구의 높이도 모두 좌식생활에 적합하게 낮게 만들어졌다. 한나라시대의 문헌이나 벽화 등의 유물을 보면 당시 사람들은 땅바닥에 자리를 깔고 무릎을 꿇고 앉기도 했지만, 주로 상床 위에서 생활했음을 알 수 있다.

상은 아주 낮은 평상과 같은 형태였다. 전국시대 초나라 묘지에서 출토된 상은 세로 218cm, 가로 139cm, 다리는 19cm이며 4면이 난간으로 되어 있다. 한족들은 상 위에서 책을 읽고 음식을 먹고 잠을 잤다. 책을 읽거나 음식을 먹을 때는 상 위에 20cm 정도의 작은 안案이나 팔이나 몸을 기대는 임궤憑几를 사용했다. 이런 가구는 필요하면 설치하고 사용이 끝나면 물렀다.

후한시대에는 상에서 변형된 탑榻이라는 것도 있었다. 이는 상과 유사하나 좁고 길어서 어떤 것은 한 사람이 앉을 정도이고, 긴 것은 사람이 누울 수 있을 정도였다. 그래서 때로는 상탑牀榻을 연칭하기도 했다.

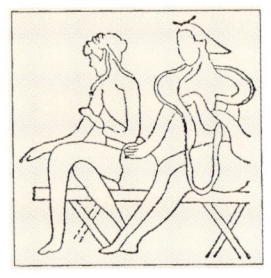

둔황 북위시대 벽화에 묘사된 호상(위).
오대시대 고굉중顧宏中이 그린 〈한희재야연도韓熙載夜宴圖〉에 묘사된 여러 가지 가구들(오른쪽).

　상 주위에는 병풍을 둘러쳤다. 병풍은 주대에 이미 등장하고 한대에는 광범위하게 사용되었다. 병풍은 바람을 막아줄 뿐 아니라 일상생활과 손님 접대 공간을 분리하는 기능도 했다. 물건을 걸 수 있는 기구를 붙이기도 한 일종의 다용도 가구였다.

　후한말 영제靈帝 때 유목민들이 쓰던 호상胡床이 중국에 전래되었다. 이것은 접었다 폈다 할 수 있어 이동생활을 하는 유목민에게 적합했다. 호상 위에는 꿇어 앉을 수 있을 만큼의 공간이 없어 다리를 뻗고 앉아야 했다. 이것이 입식생활용 의자의 선구였다고 할 수 있다. 그러나 이때는 궁정과 귀족 사이에서만 유행했고, 그것도 전쟁이나 사냥 등에만 이용하고 평상시에는 좌식생활을 했다.

위진남북조시대는 유목민과 한족의 교류가 활발해진 시기다. 이때 유목민이 사용하는 호상이 민간에 일부 전파되어 다리가 긴 각종 의자가 등장했다. 잠을 자는 상이 높아졌을 뿐 아니라, 상부에는 상정(床頂)을 설치하기도 했다. 기거용 상도 더욱 높아져 상 위에 걸터앉을 수 있었으며, 상 앞에는 상을 오르내릴 때 딛을 수 있고, 신발도 놓을 수 있는 발판을 설치했다. 그러나 당시에는 아직 좌식생활에 더 익숙하여 상 위에 꿇어 앉기도 하고 상 아래로 발을 뻗어 앉기도 했다.

우리는 둔황(敦煌)의 당대 벽화를 통해 이 시기에 오늘날과 유사한 형태의 의자가 출현했음을 알 수 있다. 당말 오대에 이르러 중국인들의 생활방식이 좌식에서 입식으로 바뀌면서 상탑이나 바닥에 앉는 방식은 점차 사라져갔고, 송대에 이르면 이것은 거의 자취를 감추었다. 그러나 《노학암필기(老學庵筆記)》에 의하면 송대에도 사대부가에서 부녀들이 의자에 앉으면 법도가 없다고 비웃었다고 한다. 호상이 들어온 후한시대부터 좌식생활로 변화하는 데는 꽤나 오랜 시간이 걸린 셈이다.

거주 방식의 변화로 건축의 실내 고도도 높아졌으며, 탁자와 의자의 보편화는 생활습관에도 변화를 가져왔다. 독서, 글쓰기, 식사, 연회 등을 할 때 의자에 앉게 되자 상은 다기능 가구에서 잠만 자는 것으로 기능이 축소되었다. 오대시대 귀족들의 연회를 그린 〈한희재야연도(韓熙載夜宴圖)〉에는 긴 탁자(長卓), 네모난 탁자(方卓), 등받이 없는 긴 걸상(長凳), 타원형 걸상(腰圓凳), 등받이 의자(靠背椅), 요凹형 평면의 상 등 당시 가구의 모습이 잘 그려져 있다. 그림 속의 의자와 탁자의 높이가 오늘날과 비슷한 것을 볼 수 있다.

이처럼 오랜 세월에 걸쳐 중국인들의 생활방식이 좌식에서 입식으로 바뀌었지만 좌식생활의 풍습이 완전히 사라진 것은 아니었다. 북중국 사람들의 주택에는 항炕이라는 것이 있다. 항은 실내공간의 일부를 침대 높이만큼, 그러나 넓이는 침대보다 넓게 만들어 그 위에서 생활하고 잠도 잘 수 있도록 한 공간이다. 항 아래에는 온돌을 설치하고 항 위에는 여러 가지 가구도 배치해놓았다. 항에는 신을 벗고 올라가며, 손님을 맞아 차를 마시는 곳도, 여자들이 뜨개질을 하고 수를 놓는 곳도 이곳이다.

◉ 땔감, 석탄, 석유

여름이 길고 더운 중국 남부지역의 주택은 벽이 얇고 천장이 높으며, 창문에도 유리를 끼우지 않음으로써 공기가 자유롭게 드나들 수 있도록 설계되었다. 겨울이 춥고 긴 북방지역은 건물의 구조 자체가 남방과 다르다. 집은 대부분 정남향으로 지어져 햇빛을 충분히 받을 수 있도록 했다. 벽과 지붕도 보온이 잘 되도록 두껍게 만들고 햇빛이 잘 드는 남쪽으로 창을 냈다.

북방은 난방 없이 견디기 힘든 기간이 1년 중 150일 정도이며, 가장 추울 때는 영하 20~30도 정도까지 내려간다. 그래서 북방의 석기시대 유적들에는 주거지 중앙이나 가장자리에 화덕이 설치된 것을 볼 수 있다. 이 화덕은 취사 기능도 하면서 그 기운으로 주거지 전체를 데웠을 것이다.

화덕이 집 안에 있으면 여러 가지 불편한 점이 많다. 또 부엌이 침실에서 분리되면서 새로운 난방법이 필요하게 되었다. 이때 북방지역에서 난방용으로 널리 사용했던 것이 바로 화항火炕이라는 온돌이다. 화항은 화당(火塘, 방바닥을 파서 만든 화로)에서 발전한 것으로 불을 토갱에 끌어들여 열을 내게 한 것이다. 언제부터 이런 시설이 생겼는지는 명확하지 않지만 수당시대에는 상당히 많이 보급되었다고 한다.

집 안에는 화항 외에 화로를 설치하기도 했다. 화로는 종류가 다양하여 작은 것은 손에 들고 이동할 수도 있었다. 발 아래 두고 난방하는 것을 각로脚爐라고 하고, 손을 따뜻하게 하는 것은 수로手爐라고 했다. 난로 위에 뚜껑을 덮어 앉기도 하고 음식을 굽거나 빨래를 말리기도 했다.

난방이나 취사용 연료에는 어떤 것이 있었을까? 초기에는 산에서 베어온 땔나무를 가장 널리 사용했다. 땔나무는 구하기 쉬운 이점이 있으나 그을음이 매우 심하여 불편했다. 땔나무에 비해 훨씬 편리하고 화력도 좋은 숯은 주대부터 사용되었다는 기록이 보이지만 부자나 귀족들만이 이를 사용하는 사치를 누릴 수 있었다.

하지만 인구가 증가하면서 땔감의 수요는 더욱 많아지게 되었고, 사람들이 함부로 산의 나무를 베어내면서 심각한 자연재해를 불러올 지경에 이르렀다. 이런 문제를 해결할 수 있는 연료로 새롭게 등장한 것이 석탄이었다.

원시시대 유적지에도 석탄이 나오는데 이때는 연료가 아니라 조각품이었다. 아마 당시에는 땔감이 더 경제성이 있었기 때문일 것이다. 원래 석탄은 연기가 많고 악취가 강해서 결코 탐탁한 연료는 아니었다. 그런데 석탄을 코크스로 하여 숯가루 뭉친 것과 같은 형태로 사용하면 악취가 제거되고 화력이 강해짐을 발견하게 되었다. 이렇게 해서 오래 땔 수 있는 이점뿐 아니라 연기와 냄새도 없고, 그것을 연료로 만든 음식은 맛도 좋은 석탄이 널리 애용되게 되었다.

육조시대에 이미 석탄을 사용했다는 기록이 나오며, 수대에는 사용자가 점차 늘어났다고 한다. 송대 이후 석탄이 본격적으로 사용되어 도시인들의 난방과 취사에 필수품이 되었다. 송 조정은 백성들의 편의를 위해 석탄에 대한 세금을 면제해주기도 했다. 그러나 송대에 씌어진 《노학암필기》에 의하면 북방에서는 석탄을 많이 쓰고 남방에서는 목탄을 많이 쓴다고 했다. 석탄 산지가 주로 북쪽이었고, 북쪽에는 이미 나무를 다 베어내 더 이상 목재를 연료로 할 수 없었기 때문일 것이다.

명청대에 이르러 목탄 부족이 심각하게 되자 석탄은 도시민들의 난방과 취사에 더욱 없어서는 안 될 존재가 되었다. 명대 사람 송응성은 《천공개물》에서 석탄이 취사에 도움이 되지 않는 것은 오직 두부를 만들 때뿐이라고 했다. 석탄으로 끓인 두부는 쓴맛이 나기 때문이라고 한다.

석탄은 난방과 취사 연료로 사람들의 생활 개선에 기여한 것만이 아니었다. 고온을 유지하는 이점을 이용하여 철광석을 녹여 철을 만드는 데도 사용되었다. 철광석은 중국 각지에서 생산되었지만 철을 만들기 위한 연료 보급에 문제가 있었는데, 송대에 석탄을 연료로 철을 만드는 것이 보편화되면서 철 생산량이 급격히 증가했다.

철 생산이 늘어나자 자연히 생산력이 증대되었다. 송대에 동전이 널리 통용된 것도 석탄을 제철 연료로 사용했기 때문이다. 송대 사회문화의 발전에 석탄과 철은 효자 노릇을 톡톡히 한 셈이다. 값싸게 만들어진 철은 정부의 금지에도 불구하고 외국에 수출되어

《천공개물》에 묘사된 석탄 제조 방식.

서아시아까지 중국 철의 명성이 자자했다.

한편 《한서漢書》〈지리지地理志〉에는 지금의 산시(陝西) 옌저우(延州) 일대에서 석유가 생산되었다는 기록이 있다. 그러나 당시 석유는 연료로 사용되기보다는 전쟁시 무기 대용으로 사용되었다. 석유가 전쟁에 최초로 사용된 것은 578년 북주 무제武帝 때 돌궐이 주취안을 포위했을 때였다고 한다. 이때 북주의 군대가 석유를 이용하여 돌궐 병사들의 무기를 불태웠는데, 석유의 성질을 알지 못한 돌궐인들이 불을 끄려고 물을 부어 불길이 더욱 거세졌다는 것이다.

이후 수당 오대에는 군사 작전에 석유가 사용된 예가 더 많이 보인다. 송대 사람 심괄沈括의 《몽계필담夢溪筆談》에는 석유로 먹을 만들었다는 기록이 있으며, 명대에는 석유로 등잔을 켰다고 한다. 하지만 현대에 이르기까지 석유가 본격 연료로 사용되지는 않았다.

◉ 횃불에서 등잔불로, 등잔불에서 촛불로

옛날 가난한 선비들은 여름에는 반딧불이가 내뿜는 빛에서, 겨울에는 달빛에 반사된 흰눈을 조명삼아 책을 보았다고 한다. 형설지공螢雪之功이란 이처럼 고생을 하며 학문을 닦아 성과를 이룬 것을 말한다.

인류가 최초로 사용한 실내조명은 횃불이었다. 그런데 횃불은 금방 타버리고 비용도 많이 든다. 가난한 사람들은 정말로 반딧불이의 빛과 달빛에 반사된 눈을 불빛삼아 책을 읽었을지도 모른다. 밤을 낮삼아 공부해야 할 필요가 없는 일반 백성들은 보통 어두워지기 전에 잠자리에 들었을 것이다.

처음에는 횃불을 꽂기가 적당하지 않아 사람이 들고 있어야 했다. 부유한 집에서 연회를 베풀 때는 방 한쪽 모서리에 시종들이 횃불을 들고 서 있기도 하고, 주인이 직접 횃불을 들어 손님에 대한 예의를 표하기도 했다. 또 캄캄해지고 사람들이 다 모여 음식이 나올 때가 되어서야 불을 밝혔다. 횃불은 화재의 위험이 있었고 비용이 많이 들었을 뿐 아니라, 그을음 때문에 위생상 좋지 않았다. 게다가 여름이면 횃불이 뿜어내는 열기도 대단했다.

송대 명신들의 언행을 기록한 《명신언행록名臣言行錄》을 보면 한위공韓魏公이 밤에 한 시종에게 횃불을 들고 있게 했는데, 그가 돌아보는 바람에 불에 수염이 그을렸다는 이야기가 나온다. 이로 보아 송대에도 횃불을 사용했음을 알 수 있다.

오래가지 않는 횃불의 결점을 보완하기 위해 기름기를 포함한 가는 나뭇가지를 여러 개 묶어 베를 덮어씌우고 거기에 다시 기름이나 밀랍을 발라서 사용하기도 했다. 이는 주로 주대 궁정 등에서 사용했던 것으로 정료庭燎라고 한다.

등잔에 기름을 붓고 가는 새끼줄로 심지를 만들어 불을 밝히는 등잔불은 전국시대에 출현했다. 등잔불이 등장하자 횃불을 들고 있어야 하는 부담이나 혼이 빠지게 하는 연기에서 해방될 수 있었다. 그러나 이때는 아직 식물성 기름을 사용하지 않고 동물의 기름을 사용하여 값이 매우 비쌌다. 가난한 사람들에게 등잔은 그림의 떡이었다.

등잔의 그을음을 방지하기 위해 한대에는 수공업자들이 특수한 등잔을 만들었다. 등잔을 사람이나 동물 모양으로 조각한 받침 위에 올린 것이다. 등잔 받침은 가운데가 비게 만들고 등잔의 위에다 덮개를 씌우고 가운데는 구멍을 뚫어 관을 통해 등잔 받침과 연결했다. 그래서 불을 밝힐 때 나오는 그을음이 관을 통해 등잔 받침으로 흡수되도록 했다. 또 등잔 받침에는 물을 채워 그을음을 청소할 수 있도록 만들었다.

허베이 성 만청(滿城) 한나라 중산정왕中山靖王 처의 묘에서 출토된 도금 장신궁등長申宮燈.

육조시대에 마유麻油, 두유豆油 같은 식물성 기름이 나와 기름값이 내려가자 서민들도 드디어 등잔을 사용할 수 있게 되었다.

송대에는 등잔불을 절약하는 방법도 나왔다. 등잔은 주로 동이나 철, 주석 같은 것으로 만들어 오랫동안 불을 켜면 달구어져 기름이 빨리 증발되었다. 이를 방지하기 위해 등잔을 이중으로 만들고 바깥쪽에는 물을 담아 기름이 담긴 등잔을 식혀 기름 낭비를 방지했던 것이다.

한편 중국인들은 진나라시대부터 초를 사용했다. 전한시대의 기록을 보면 남쪽의 남월南粵이라는 지역에서 밀랍을 진상했다고 하니 당시 중원에는 초가 없었고, 중국인들이 초를 거의 사용하지 않

허베이 성 핑산 현(平山縣) 중산국 왕족 묘에서 출토된 은동인등銀銅人燈.

았음을 알 수 있다.

오늘날 볼 수 있는 초는 밀랍이 아니라 납충蠟蟲이라는 벌레가 만든 분비물로 만들어진다. 납충은 수랍나무의 잎을 갉아먹는데, 잎을 다 갉아먹고 나무가 시들면 가지가 모두 흰옷을 덮어써 멀리서 보면 마치 눈을 덮어쓴 것 같은 모습이다. 그 흰 분비물을 긁어내어 초의 원료로 쓴다. 송대까지도 아직 이렇게 만들어진 초는 거의 없었던 듯하나 명대에 이르면 보편화된다.

초는 등잔에 비해 보기에도 좋고 깨끗하며 휴대도 간편했다. 이제 등잔은 더럽고 휴대에 불편한 것이 되어버렸다. 그러나 초는 값이 비싸 일반 백성들은 엄두도 내지 못했다. 반면 귀족들은 밤새 침실에 촛불을 밝히고 심지어 화장실에도 촛불을 켜두었다.

진대에 사치생활자 명단에서 단연 최고를 차지할 석숭은 부를 과시하기 위해 초를 연료로 사용하기까지 했다고 《세설신어》에 기록되어 있다. 반대로 진나라의 간문제簡文帝는 유등油燈을 사용하여 몸소 검소함을 실천하여 《세설신어》에서 특기했다. 이후 서민들은 주로 등잔을, 부자들은 초를 사용했다.

초가 이처럼 고급품이었으므로 송대에는 정부에서 관리들에게 일정량의 초를 배급했다. 그래서 초를 켜놓고 사무를 보는 것을 관촉官燭이라 부르기도 했다. 청렴한 관리들은 귀한 초를 아끼기 위해 공무를 볼 때도 등잔불을 사용했다고 한다.

◉ 중국인들의 위생관념은 서구인들보다 앞서 있었다

서양 중세 사회의 몰락 원인에는 여러 가지가 있지만, 페스트의 유행도 결코 빼놓을 수 없다. 현대 의학이 발전하기 전 인류의 가장 큰 적은 질병, 그중에서도 많은 사람의 생명을 한꺼번에 앗아가는 전염병이었다. 흔히 중국인들은 위생관념이 부족하다고 생각하지만, 결코 그렇지 않았다. 만일 중국인들이 정말 비위생적으로 생활했다면 수십만에서 100만의 인구가 모여 살았던 대도시는 금방 황폐해지고 말았을 것이다.

물은 건강한 생활을 유지하고 주위 환경을 청결하게 하는 데 무엇보다 중요하다. 강이 가까이 있거나 우물을 팔 수 있는 시골에서는 크게 문제가 없지만, 수많은 인구가 모여 사는 도시에서는 깨끗한 물을 공급하는 일이 중요한 문제였다.

도시민들에게 가장 중요한 물 공급원은 우물이었을 것이다. 송대 카이펑 거리 양쪽에는 5보 내에 나무를 심고 우물을 파고 그늘을 만들도록 했다. 이는 사람들이 거리를 침범하지 못하게 하기 위해서이기도 했고, 용수의 편의를 위한 것이기도 했다. 거리의 우물 물은 물 운반을 직업으로 하는 사람들에 의해서 골목골목까지 배달되었다.

남송의 수도 항저우 주민들이 사용한 물은 시후(西湖)에서 끌어왔다. 시후의 물은 일단 토기로 만든 송수관을 통하여 항저우 성내 서북쪽에 설치한 6개의 우물로 들어오고, 여기에서 다시 작은 배에 물을 싣고 도시 곳곳으로 연결된 수로를 따라 각지로 공급되었다.

대도시의 상수원과 우물은 위생에 각별히 신경을 써야 했다. 주민들은 수시로 청소부를 고용하여 우물을 청소했으며, 관에서도

돼지우리와 연결된 화장실. 한대 도제 모형. 고대의 기록에 의하면 춘추전국시대 중국 북방지역에 이런 화장실이 이미 등장했다.

정기적으로 우물과 운하, 도로를 청소했다. 또 상수원을 더럽힌 자는 엄하게 처벌했다. 남송대 고관 두 사람이 시후 가에 관을 박고 집을 짓고 머리를 감고 세탁을 했다고 하여 궁정 감찰관으로부터 탄핵받은 예도 있었다.

《주례》에 이미 공중변소가 설치되었다는 기록이 나오니, 아주 이른 시기부터 아무 데서나 용변을 보지 않았음을 알 수 있다. 중국에서 화장실은 측소厠所라고 하는데, 측厠은 측側과 통용된다. 냄새 나는 변소를 건축물의 후미진 곳에 설치했기 때문에 이렇게 부른 것 같다. 이때의 변소는 물론 예전 우리 재래식 화장실처럼 구덩이를 깊게 판 것이었다. 그래서 종종 화장실에 사람이 빠져 죽기도 했다.

한 고조 유방의 부인 여후呂后가 유방이 총애하던 척부인戚夫人을 질투하여 팔다리를 자르고 변소에 던져넣었다는 이야기는 여후의 악독함을 이야기할 때 종종 인용되는 일화다. 진한시대에 변소 아래에서는 종종 돼지를 키우기도 했다. 변소를 측혼厠溷이라고도 부르는 것은 이 때문이다.

아무리 지체 높은 황제나 귀족이라도 변소를 사용하지 않을 수는 없다. 중국의 황제나 귀족들은 요즘의 호화 화장실 못지않게 화장실을 화려하게 꾸몄다. 황제들이 사용했던 화장실에는 용변을 보는 곳 외에 대기실이 딸려 있었다. 그곳에는 책상과 침대가 갖추어져 있기도 했고, 시녀들이 향료를 들고 대기하고 있었다. 한 무제는 신하들과 은밀한 논의를 할 때 화장실을 이용했다고 한다.

《세설신어》에 의하면 왕궁 내 화장실에는 칠상漆箱이 있고, 상자 안에는 마른 대추가 있어 용변을 보는 사람이 콧구멍에 넣고 틀어막을 수 있도록 했다고 한다.

위진시대 귀족들의 사치생활은 여러 면에서 유명한데 이들은 실내에 호화로운 화장실을 만들었다. 당시에는 길고 헐렁한 옷을 입어 화장실에 갈 때는 옷을 벗어야 했으므로 화장실에 가는 것을 갱의更衣라 표현하기도 했다. 그중에서도 석숭의 화장실은 너무나 훌륭하여, 유식劉寔이라는 사람이 화장실에 갔다가 내실인 줄 착각하고 얼른 나왔다는 이야기가 전할 정도다.

이처럼 부유한 집에는 화장실이 설치되어 있었으나 일반 서민들의 가정에는 화장실을 별도로 두지 않았다. 이들은 마통馬桶이라는 일종의 요강에 용변을 보았고, 매일 아침 분뇨 수거자가 거두어갔다. 송대의 기록을 보면 분뇨 수거자들을 경각두傾脚頭라고 했는데, 각각 수거하는 구역이 정해져 있었다. 구역을 침범하면 서로 다투기도 하고 때로는 소송이 벌어지기도 했다. 더러운 분뇨를 확보하기 위해 이렇게 소송까지 갔던 이유는 분뇨가 농촌으로 운반되어 비료로 요긴하게 쓰였기 때문이었다.

흔히 중국인들은 잘 씻지 않는다고 한다. 그러나 이 역시 고정관념이다. 《예기》〈내칙內則〉의 기록에 따르면, 선진시대에는 3일에 한 번 머리를 감고 5일에 한 번 목욕하고 매일 얼굴과 발을 씻는 습관이 있었던 것 같다. 또 관리들은 목욕을 위해 5일에 한 번 휴가를 냈는데 이를 휴목休沐이라 했다.

물론 사람에 따라 목욕을 잘 하지 않는 경우도 있었다. 송대의 대정치가 왕안석王安石은 잘 씻지 않아 지저분하기로도 유명했다.

또 물이 귀한 북방지역이나 서부지역 사람들도 잘 씻지 않아, 쓰촨지역의 속담에는 쓰촨 사람들은 살아서 한 번 죽어서 한 번 평생에 단 두 번 목욕한다는 말이 있을 정도였다. 그러나 남쪽지역 사람들은 목욕을 매우 즐겼다. 아마도 물이 풍부하고 습하다는 자연 조건과 인구가 집중한 대도시에서 청결 유지가 중요하다는 것을 경험적으로 깨달았기 때문이리라.

남송대 항저우에는 공중목욕탕이 곳곳에 설치되어 있었다. 마르코 폴로의 기록에 따르면 항아리를 달아 목욕탕임을 표시한 곳이 항저우에 3,000개나 되었으며, 한꺼번에 100명이 목욕할 수 있었다고 한다. 송원시대 대도시의 공중목욕탕은 혼당混堂이라고도 불렀는데, 귀천 구분 없이 여러 사람이 섞여서 목욕한 데서 나온 말일 것이다. 이 역시 도시의 성격이 정치·군사적 성격에서 경제·문화적 성격으로 변화하고, 도시의 성장과 함께 서민들의 지위가 높아짐으로써 가능했으리라.

行

4장　대운하, 남과 북을 잇다

남북의 대동맥, 운하 | 도로와 통신 | 여러 가지 교통수단 | 동서 문화의 가교, 실크로드

오늘날처럼 전세계가 '지구촌'으로 이웃이 된 것은 무엇보다 교통과 통신 기술을 향상시키기 위한 인류의 끊임없는 노력 덕분이다. 거대한 영토를 가진 중국. 만일 이곳에 체계적인 교통과 통신 시설이 일찍이 형성되지 않았더라면, 그 넓은 영토는 통합될 수 없었을 것이다. 교통과 통신을 발전시키기 위해 중국인들이 했던 노력, 또 그것이 중국인들에게 미친 영향을 살펴보자.

1. 남북의 대동맥, 운하

중국을 대표하는 2대 토목공사 하면 만리장성과 대운하를 꼽아야 할 것이다. 북위 40°선과 거의 일치하는 만리장성이 외부 세계와의 단절의 상징이라면, 동경 116°선과 거의 일치하는 대운하는 남북을 연결하는 통일의 상징이다.

중국은 "물을 다스리는 자가 천하를 다스린다"는 말처럼 일찍부터 치수를 중시했으며, 물길을 다스리고 연결하여 광대한 영역을 통합하려 했다. 대운하는 바로 그 결정체라고 할 수 있다. 운하는 중국인들의 삶에 어떤 영향을 미쳤을까?

⊙ 남선북마

중국에서는 동서간의 지역 감정보다는 남북간의 지역 감정이 더 크다. 이런 현상은 남북간의 자연환경과 지리환경이 다르고 상호 교류가 잘 이루어지지 않은 탓에 발생한 것이다.

중국의 천지창조 신화에는 여와女媧라는 여신이 등장한다. 그녀는 황토를 빚어 사람을 만들고 다른 신들과의 싸움으로 파괴된 세

청말 서양인의 판화에 묘사된 청대 운하와 황허가 만나는 장쑤 성 화이안 부(淮安府) 청강포清江浦의 모습.

상을 복원했다. 그런데 복원이 완벽하게 이루어지지 못하여 땅이 동남쪽으로 기울어져버렸다. 이로 인하여 중국의 강은 모두 동남 방향으로 흘러가게 되었다고 한다.

실제로 중국의 지형은 서쪽이 높고 동쪽이 낮으며, 주요 강들은 대부분 서쪽에서 동남쪽으로 흐른다. 그래서 철도와 비행기 등과 같은 교통수단이 발달하기 이전에는 강을 따라 동서간을 이동하는 일이 남북간을 왕래하는 일보다 더 쉬웠다.

뿐만 아니라 남쪽과 북쪽은 자연환경이 다르다. 북쪽은 춥고 바람이 많으며 건조한 기후인 데 비하여 남쪽은 강과 호수가 펼쳐져 있고 습기가 많은 지역이다. 이러한 자연환경의 차이는 사람들의 외모나 생활습관, 기질 등을 결정하게 된다.

베이징을 비롯하여 북중국에 거주하는 사람들은 체구가 크고 성격이 대범하며, 보수적, 봉건적, 관념적인 성향이 강하다. 반면에 상하이를 비롯한 남중국 사람들은 체구가 작고 온순하며 섬세한 특징을 지니고 있다.

중국인들이 흔히 쓰는 '남선북마南船北馬'라는 말은 남북의 자연 조건이 다른 데 따른 주요 교통수단의 차이를 표현하는 말이며, 동시에 남북의 물산이나 풍물의 차이를 표현하는 말이기도 하다. 즉, 북중국에는 대평원이 펼쳐져 말을 주요 교통수단으로 이용했던 반면, 창장 이남은 물길이 사방으로 뻗어 있어 말을 타고 이동하기에 적합하지 않아 배가 주요 교통수단이 되었다.

중국 문명 초기에 황허 유역과 창장 일대는 교통의 장애로 인해 각각 독자적인 문화를 형성했으나, 영역이 확대되면서 양쪽을 연결할 필요성이 생기게 되었다. 특히 황허 유역과 창장 일대, 이 두 경제적 중심이 발전함에 따라 두 지역을 연결하는 일이 경제적으로도 중요한 과제가 되었다. 동서간에는 생산되는 물자가 비슷하여 교역이 큰 의미를 갖지 않았지만 남북간은 산물이 달라 교역이 경제 발전에 도움이 되었기 때문이다.

이러한 이유로 남북 교통의 불편함을 해소하기 위해 서에서 동으로 흐르는 황허와 화이수이, 창장의 물줄기들을 서로 연결했다. 이처럼 자연 하천을 끌어 중국을 남북으로 연결한 것이 바로 운하다. 중국 대륙은 대평원이 많아 그리 어렵지 않게 자연 하천을 이용하여 운하를 건설할 수 있었다.

중국의 여러 왕조는 정치적 통일을 굳건히 하고 경제적 소통을 원활히 하여 경제 발전을 자극하기 위해서 운하의 건설과 보수에 주의를 기울였으며, 각 왕조의 수도의 위치는 운하와 밀접한 관련을 맺고 있다.

이처럼 중국을 남북으로 이어주는 대동맥 구실을 한 운하는 현대적인 교통수단이 등장하기 전에는, 아니 현대적 교통수단이 등장한 오늘날에도 강남 등 일부 지역에서는 남북과 지역간을 잇는 중요한 교통수단이 되고 있다.

⊙ 정치·군사적 목적에서 경제적 목적으로

흔히 복수를 위해 칼날을 간다는 의미로 '와신상담臥薪嘗膽'이라는 한자성어를 사용한다. 이 말은 춘추시대에 강남지역의 강국 오나라 왕 부차夫差가 땔나무 위에서 자면서 이웃한 월나라에 대한 복수심을 불태우고, 월나라 왕 구천句踐이 쓰디쓴 쓸개즙을 맛보면서 오나라에 대한 설욕의 기회를 노렸다는 고사에서 비롯되었다.

그런데 오나라 왕 부차가 창장과 화이수이를 연결함으로써 베이징에서 항저우까지 중국을 남북으로 관통하는 경항대운하京杭大運河의 기초를 마련했다는 사실을 아는 사람은 별로 많지 않을 것이다.

강남의 강국으로 성장한 오나라는 당시 정치의 주무대였던 중원지역으로 진출하기 위해 BC 486년 한성(邗城, 지금의 장쑤 성 양저우 시 서북)에서 창장과 화이수이를 연결하여 한독邗瀆이라는 운하를

한독의 모습. 한독은 중국 역사상 최초로 창장과 화이수이를 소통한 인공운하이며, 지금도 수량을 조절하는 역할을 한다.

건설했다. 이후 수나라가 대운하를 건설할 때 창장과 화이수이를 연결한 산양독山陽瀆은 한독을 기초로 만들어졌다.

BC 484년에는 산둥 동북으로 흐르는 제수濟水를 화이수이로 흘러들어가는 사수泗水와 연결시키는 하수(菏水, 지금의 산둥 서남부 만복하萬福河)를 건설했다. 이리하여 오나라의 수군이 운하를 이용하여 중원 여러 나라와 교류할 수 있게 되었다. BC 361년 전국시대 위나라가 홍독鴻瀆을 건설하여 황허와 화이수이를 연결함으로써, 황허와 화이수이 일대의 수운 교통망이 한층 정비되었다.

춘추전국의 혼란을 수습하고 통일 왕조를 세운 진시황은 오늘날의 광둥, 광시 지역인 영남嶺南을 평정하기 위해 BC 221년 영거靈渠를 만들었다. 영거는 지금의 후난 성 흥안령興安嶺에서 북으로 흐르는 상수湘水와 남으로 흐르는 이수灕水를 연결한 운하다. 이 두 강 사이에는 높은 산이 가로놓여 있어 자연 장벽을 뚫고 수로를 건설해야 했다. 영거의 건설로 황허 유역의 선박이 수로를 이용해 영남까지 도달할 수 있게 되었다.

춘추전국과 진대에 개통된 운하는 주로 수로를 통해 군대를 이동시키고 군량미를 운반하는 등 군사적 목적을 위해 만들어졌다. 세량을 운반한다 하더라도 기근의 구제나 군량미 보급 등 특별한 경우에 한해서였다.

한대 이후에도 운하는 정치·군사적으로 중요한 의미를 지녔으며, 특히 수나라 양제의 대운하 건설은 남북조로 분열되었던 중국 전역을 통일한다는 정치적 의미가 컸다. 그러나 한대부터 운하는 세량을 수도로 운반하는 조운漕運 노선으로 주목받게 되었다. 즉, 운하의 경제적 비중이 정치·군사적 비중을 능가하게 되었다.

한나라가 관중關中에 수도를 정한 이유는 이 지역이 천험의 요새라는 점과 함께 황허와 웨이수이를 이용하여 수운으로 허난이나 산둥지역으로부터 물자를 들여오기 쉽다는 점도 있었다.

한나라가 번영함에 따라 수도 주변의 인구가 날로 증가하여 곡물의 수요가 많아졌다. 더욱이 무제의 계속된 대규모 원정으로 군량미를 비롯한 곡물의 수요가 급증했다. 이리하여 무제시대에는 웨이수이와 황허를 연결하는 운하를 건설하여 운하의 서쪽을 수도 장안까지 연결하여 허난, 산둥 등에서 양식을 대량으로 운송해왔다. 고조高祖시대에는 산둥에서 들어오던 곡식이 10여만 석에 지나지 않았으나 무제시대에 이르면 600만 석에 달했다. 이후에도 운하를 통한 세량 운반은 각 왕조를 지탱하는 데 없어서는 안 될 존재여서 당나라 현종 시기에 대운하를 따라 운반되는 양식이 매년 400여만 석에 이르렀으며, 송나라 진종, 인종 시기 조운량은 800만 석에 이르렀다고 한다.

당대에는 강남의 개발이 상당히 진전되어 장안에서 필요로 하는 양식을 비롯한 여러 가지 물자를 운하를 통해 강남으로부터 운반해왔으며, 장안의 번영은 강남에서 들어온 물자에 힘입은 바가 컸다. 그래서 장안에 쌀이 제때 들어오지 않으면 쌀 한 말이 금 한 말과 맞먹는다고 할 정도였다.

송나라가 수도를 카이펑으로 옮긴 가장 중요한 이유도 바로 카이펑이 황허와 창장을 연결하는 운하변에 위치하여 조운이 편리했기 때문이다. 운하는 지역간의 경제적 교류에도 중요한 역할을 했다. 역대 왕조의 수도 외에도 운하변에 자리한 까닭으로 상업과 교통의 요지로 눈부신 성장을 이룬 도시도 많이 등장했다.

⊙ 역대 운하의 변천 과정

남북조의 혼란을 수습하고 통일한 수나라는 남북간 교통을 원활히 하고, 각지에서 물자를 들여와 통일 왕조를 지탱하는 경제적 기반을 마련할 필요가 있었다. 이에 기존의 여러 운하를 연결하는 대역사를 진행하여 그야말로 남북을 하나로 연결하는 대운하를 개통했다.

수나라는 대흥성大興城, 즉 오늘날의 시안을 수도로 삼았다. 수도의 조운 문제를 해결하기 위해 584년(개황開皇 4년) 전한시대의 운하를 수리하여 황허를 통해 수도로 직접 물자가 들어오게 했다. 이 운하를 광통거廣通渠라고 했다. 그 결과 허난, 산둥 등에서 수도로 들어오는 조운액이 비약적으로 증대했다.

그러나 허난, 산둥 등지의 물자만으로는 천하통일의 위업을 지탱할 수 없다는 생각으로, 강남지역으로부터 물자를 들여오기 위해 587년 화이수이와 창장을 연결하는 산양독을 개수했다.

문제文帝를 이은 양제는 대대적인 운하 공사를 시작했다. 먼저 605년(대업大業 원년) 판저(板渚, 지금의 허난 성 하음현)에서 황허의 물을 동남으로 끌어 변주(汴州, 지금의 허난 성 카이펑 현)와 송주(宋州, 지금의 허난 성 상추 현)를 거쳐 화이수이에 연결시켰다. 이를 통제거通濟渠라고 한다. 이어 608년에는 황허에서 탁군(涿郡, 지금의 베이징)까지 연결되는 영제거永濟渠를 건설하고, 610년에는 창장 변의 경구京口에서 남쪽으로 쑤저우를 거쳐 첸탕 강(錢塘江) 하류 여항(餘杭, 지금의 항저우)에 이르는 강남하江南河를 개통했다.

이리하여 2,000여km에 달하는 남북 대운하를 통해 황허, 화이수이, 창장, 첸탕 강이 연결되었고, 첸탕 강을 통해 곧바로 바다로

〈강희남순도康熙南巡圖〉에 그려진 대운하의 모습. 강희제가 대운하를 통과하는 모습을 묘사하고 있다.

나갈 수 있게 되었다. 611년 양제가 고구려 침공에 나설 때에도 이 운하를 이용하여 양저우(揚州)에서 배를 타고 산양독과 통제거, 영제거를 거쳐 탁군에 이르렀다고 한다.

남북을 연결하는 대규모 운하 건설로 통일 왕조를 지속시키려 했던 수나라의 꿈은 지나친 토목 공사와 고구려 원정 등으로 사라지고 말았다. 이어 건립된 당나라가 그 혜택을 고스란히 누려 이 운하를 기반으로 공전의 번영을 이루게 되었다.

당나라는 안사安史의 난 이후 중앙의 권력이 약화되고 각 지역에 절도사들이 할거함에 따라 재정을 완전히 강남지역에 의존하게 되었다. 통제거는 당조 경제를 지탱시켜주는 명맥이었다. 이리하여 송대에는 수도를 장안에서 카이펑으로 옮겨오게 된 것이다.

송나라에 앞서 카이펑을 수도로 택한 후주 세종은 당말 이래 여러 차례 막힌 통제거를 준설하고, 카이펑을 중심으로 사통팔달의 수로를 형성했다. 수운 교통의 발달로 북송의 수도 카이펑은 각지에서 양식을 비롯한 물자가 들어와 번영을 구가할 수 있었다. 그러나 북송이 금나라에 의해 멸망한 후 화이수이를 경계로 금과 남송이 대치함에 따라 남북의 교통로가 단절되고, 황허가 여러 차례 남쪽으로 범람하여 영제거 외에 다른 운하는 이용할 수 없게 되었다.

원나라는 수도를 대도大都, 즉 지금의 베이징으로 옮겼다. 당시 경제의 중심이 이미 강남지역이었으므로, 원조는 정치와 경제의 중심을 연결하기 위해 다시 대대적으로 운하를 건설했다. 당시 황허는 산둥 반도의 남쪽으로 물길을 바꾸어 화이수이와 합류했으므로, 창장으로부터 배로 싣고온 물자는 화이수이를 거쳐 황허를 거슬러올라가 허난 성 펑추 현(封邱縣)에 도달하여 180리를 육운으로 운송한 다음 기문진淇門鎭에서 영제거를 거쳐 직고(直沽, 지금의 톈진)에서 대도로 들어가는 노선을 택해야만 했다. 이는 우회 노선일 뿐 아니라 육운으로 바꾸어야 했던 관계로 비용이 많이 들었다.

이를 해결하기 위해 1283년(지원至元 20년) 제주(濟州, 지금의 치닝)에서 안산(安山, 지금의 산둥 둥핑 서남쪽)에 이르는 제주하濟州河를 건설하고, 잇달아 회통하會通河, 통혜하, 운량하運糧河 등 새로운 운하를 건설함으로써 남북을 관통하는 경항대운하가 완성되었다.

원나라를 이은 명나라는 수도를 난징으로 정하여 베이징까지 조운을 할 필요가 없어져 명초에는 회통하가 막혀버렸다. 영락제가 수도를 베이징으로 옮길 결심을 하면서 1411년(영락 9년) 회통하를 복구한 후 경항대운하가 남북을 이어주는 대동맥 구실을 하게 되었다. 그러나 이후에도 황허가 계속 범람하여 회통하가 여러 차례 파손되는 어려움을 겪었으므로, 자주 범람하는 지역을 피하고 거리를 단축시키기 위해 부분적으로 운하의 위치를 수정했다. 이리

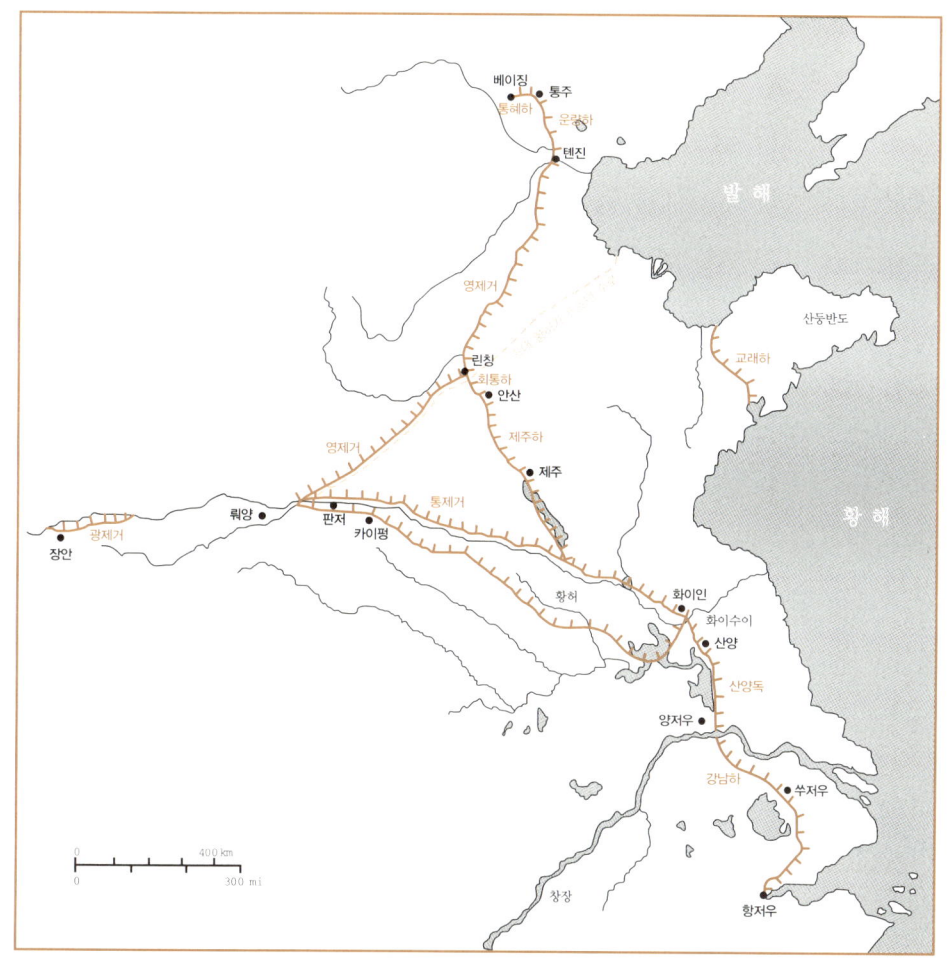

역대 운하의 모습.

하여 오늘날도 그 모습이 남아 있는 청대의 경항대운하는 완전히 인공적인 물길로 이루어졌으며, 길이도 1,794km로 단축되었다.

⦿ 운하가 백성들에게 안겨준 고통

중국 강남지역을 여행하는 사람들은 곳곳에 펼쳐진 수로와 어우러져 있는 전원의 풍경을 보면서 그 아름다운 풍치에 흠뻑 빠져들기도 한다. 또 지금도 강남 일부 지역에서 중요 교통로 구실을 하는 운하를 따라 배를 타고 명청시대의 옛 정취를 살펴보는 것도 훌륭한 구경거리다. 그러나 시정을 자아내는 낭만적인 운치로 가득한 운하의 정경은 수많은 사람들의 피와 땀의 대가로 이루어진 것이었다.

우선 대규모 운하를 건설하기 위해서는 많은 인원을 강제 동원해야 했다. 수양제의 대운하 건설에 동원된 백성은 통제거에 100여만 명, 산양독에 10여만 명, 영제거에 100여만 명 등이었다. 양제는 여기서 한술 더 떠 자신이 건설한 운하를 돌아보기 위해 수만 척에 달하는 배를 건조하여 뤄양으로부터 양저우로 행차했다. 이때 그가 탄 용주龍舟는 높이가 14m, 길이가 600m에 달하는 대규모 배였으며, 그를 수행한 선단은 전체 길이가 무려 100km 정도에 달했다고 한다. 또 배가 물살을 거슬러가는 것 등에 대비하여 운하 양쪽에 어도御道를 조성하여 인부를 배치하고, 배가 순탄히 움직이지 않으면 줄을 매어 인부들에게 교대로 잡아당기도록 했다. 양제가 처음 양저우로 행차할 때 배를 잡아당기는 데 동원된 인부만도 무려 10만 명에 달했다고 하니, 수나라가 금방 멸망한 것은 어쩌면 당연하다 하겠다.

운하를 따라 세량을 운반하는 일 역시 여간 고통스러운 것이 아니었다. 창장, 황허 등 대운하를 연결하는 강들은 수량이 서로 달라 운반에 많은 시간과 노력이 필요했기 때문이다. 당대의 경우 강남에서 운송되는 세량이 뤄양까지 도착하는 데는 반 년 이상이 걸렸다. 우선 1, 2월에 창장 연안의 양저우를 출발한 조운선은 산양독으로 들어갔는데, 이때 수위 조절을 위해 1개월 이상 기다려야만 했다. 또 화이수이에서 통제거로 들어가는 시기는 화이수이의

대운하 남로의 종점 항저우 고 운하의 첫번째 교량인 공진교 拱辰橋.

물이 줄어드는 때여서 강물이 불 때까지 다시 1개월 이상을 기다려야 황허와의 교차점에 도달하게 된다. 그러나 이때는 황허의 물이 불어나는 시기여서 물이 줄 때까지 다시 1개월 정도 기다려야 했다. 결국 7, 8월이 되어서야 뤄양에 도착할 수 있었다.

뤄양에서 장안까지 물자를 운반하기 위해서는 또 삼문협을 거쳐야 했다. 귀문鬼門, 신문神門, 인문人門이라는 3개의 암초로 이루어진 삼문협은 물살이 몹시 거세어 통과하는 배들을 공포에 떨게 했다. 한대부터 이 지점을 통과하기 위한 여러 가지 방안이 제시되었지만, 결국 계곡 절벽 사이에 좁은 길을 만들어 육로로 운송하는 것이 최선의 조치였다.

수송을 맡은 농민들은 세량 운송에 오랜 시간을 소비함으로써 농사 시기를 놓치기 일쑤였다. 수송에 필요한 경비도 농민들이 각자 부담해야 했는데, 운하 위에서 오래 정체하면서 자신들이 먹을 양식이 부족해지는 경우가 종종 있었다. 운반 중인 양식이 부패하

청말 서양인의 판화에 묘사된 장쑤 전장 부(鎭江府) 강남 운하 연변의 모습. 인부들이 배가 운항하기 힘든 곳에서 배를 직접 끌고 있다.

거나 물에 빠져 줄어든 것까지도 담당자가 보충해야 했다. 또 강남 지역에서 온 농민들은 황허의 물길에 익숙하지 않아, 자비를 들여 그 지역 사람을 고용해야 하는 어려움도 있었다. 뿐만 아니라 운하의 원활한 소통을 위해서는 준설을 자주 해야 했는데 준설 작업도 많은 고통을 동반하는 일이었다. 그래서 이런 고통을 견디다 못해 민심이 흉흉해지기도 했다. 원말에는 마침내 운하 준설에 참여한 인부들이 대규모 반란을 일으켰다.

원말에 이르러 황허가 잇달아 범람하여 대운하의 수로가 망가져 버렸고, 이로 인하여 대도로 올라오는 조운에도 지장이 생겼다. 이에 1351년(지정至正 11년) 조정에서는 60여만의 인원을 동원하여 황허의 옛 길을 회복하고 황허 양안을 수리하는 작업을 진행했다. 그런데 이들에게 정부가 지급하는 양식은 형편이 없었고, 감시와 독촉도 극심하여 원성이 자자했다.

당시 각지에서 백련교白蓮敎라는 민간종교집단을 중심으로 한 반원反元 세력이 활동하고 있었는데, 그 지도자 한산동韓山童, 유복통劉福通 등이 이 기회를 이용했다. 이들은 "외눈박이 석상이 나타나면, 황허가 요동치고 천하가 뒤바뀌리라"라는 동요를 퍼뜨렸다. 그리고는 몰래 외눈박이 석상을 만들어 인부들이 집결해 있던 곳에다 묻어두었다. 어느 날 한 인부가 공사 도중 석상을 발견하게 되고 소문은 순식간에 각지로 퍼졌다. 소문이 진실이라고 생각한 사람들은 동요하기 시작했고, 잇따른 반란으로 마침내 원조는 멸망하게 된 것이다.

◉ 도시의 운명을 좌우하는 운하

중국의 속담 중에 "하늘에는 천당이 있고, 땅에는 쑤저우와 항저우가 있다"는 말이 있다. 말하자면 쑤저우와 항저우는 지상천국이라는 뜻으로, 이 두 도시의 번영을 대변하는 표현이다.

태호太湖 동쪽의 풍요한 강남 델타의 요지에 위치한 쑤저우는 수상교통이 발달하여 창장 유역에서 가장 먼저 문명이 개화한 곳이었다. 춘추시대 오나라의 수도였으며, 삼국시대 이후 중원의 한족이 남방으로 많이 이주하면서 대도시로 번성했다.

수당시대에 운하의 개통으로 쑤저우는 강남 일대 운하 최대의 물자 집산지로 더욱 성장했다. 오대시대에 오월국이 독립할 수 있었던 것도 쑤저우를 손에 넣는 데 성공했기 때문이다. 원말 반원 세력의 지도자 중 한 사람인 장사성張士誠이 이곳에 근거를 두고 원에 반기를 들어 남방의 물자 수송로를 단절하여 원의 멸망을 재촉했다고 할 만큼 쑤저우의 경제력은 대단했다. 명청시대 쑤저우는 전성기를 누렸다. 베이징이 정치의 중심이라면 쑤저우는 경제의 중심이라 할 정도였다.

항저우 역시 첸탕 강 하류에 있는 수륙교통의 요지로 춘추시대 월나라의 수도로 성장했다. 수당시대 창장이 강남하를 통해 첸탕 강과 연결됨으로써 항저우는 더욱 빛을 발하게 되었다. 남송은 항저우의 풍부한 물자와 편리한 교통에 주목하여 이곳을 수도로 정했다. 남송대 항저우는 인구 100만이 넘는 대도시로, 원대에 이곳에 온 마르코 폴로는 항저우를 세계에서 가장 크고 번화한 도시라고 소개했다.

쑤저우와 항저우가 지상천국이라고 불릴 정도로 번영을 누릴 수 있었던 것은, 원래 이곳이 토지가 비옥하고 물자가 풍부한 때문이기도 하지만, 이처럼 운하의 개통으로 교통의 요지였다는 사실도 큰 몫을 했다.

창장 북쪽 연안에 위치하여 창장과 화이수이를 연결하는 요지였던 양저우 역시 운하 덕택에 성장한 도시였다. 운하가 발달한 당대에 이미 양저우는 국내 최대 상업 중심지 중 하나였다. 송 이후 강남의 식량과 비단은 양저우에 모여 대운하를 통해 북방으로 공급되었다. 또 명대 이후로는 장화이(江淮) 지방에서 생산되는 소금의 집산지로도 유명하여, 성 안에는 부유한 소금상인들의 화려한 저택과 정원이 즐비했다.

창장을 흔히 양쯔 강(揚子江)이라고도 하는데, 이는 원래 양저우 일대를 흐르는 창장의 일부를 지칭하는 말이었다. 이 지역을 흐르는 강이 이처럼 창장을 대표하는 말로 세계에 알려진 것은 외국인들의 눈에 이 지역의 번영이 매우 인상적으로 느껴졌기 때문이리라.

이외에도 운하 연변에 있는 크고 작은 도시들에는 상인들이 모여들고, 물자를 실어나르기 위한 부두가 설치되어 도시의 발전을 자극했다. 북송시대까지만 해도 황량했던 산둥 성 린칭 현(臨淸縣) 역시 원대 베이징으로 통하는 운하를 연결하는 도시로 발전하기 시작했다. 명청시대에 린칭은 운하의 요지로 번성하여 명대의 경우 매년 400~500만 석에 달하는 미곡이 이 지역을 통과해서 베이징으로 운반되었다.

청말에 황허의 잦은 범람으로 운하가 막히고, 특히 태평천국 세력이 창장 일대를 장악하여 베이징까지 조운이 불가능하게 되자, 청 조정은 바다를 통해 세량을 운반하는 해운(海運)을 시도했다. 또 세량을 직접 운반하는 데서 오는 폐단을 줄이기 위해 일부 지역에서는 세량을 은으로 징수하도록 했다. 이렇게 되자 베이징으로 연결되는 운하의 중요성이 감소하고, 한때 번성했던 린칭도 쇠락을 면치 못했다. 결국 운하가 린칭이라는 도시의 운명을 결정한 셈이다.

쑤저우와 항저우, 양저우 등도 청말에 이르러 태평천국에 점령되면서 쇠퇴했고, 이후로 예전의 영화를 회복하지 못했는데 그 이유 역시 운하와 관련이 있다. 아편전쟁의 결과로 맺어진 난징 조약에서 영국은 기존의 개항장인 광저우 이외에 상하이 등 연해 4개의 도시를 개방하도록 했다. 외국에 굳게 걸어잠갔던 빗장을 열면

양저우 지역의 고운하. 양저우는 창장과 화이수이를 연결하는 요지에 위치하여 중국 최대 상업 중심지의 하나가 되었다(위).

통혜하. 통현(通縣)에서 톈진에 이르는 북운하는 서고동저의 지형으로, 항운 수위를 유지하기 위하여 수문을 설치했다(아래).

서 연해의 도시들이 성장하게 되었고, 이는 내륙 교통의 동맥인 운하의 쇠퇴로 이어졌다. 서구 열강에 개방되기 전까지 중소도시에 불과했던 상하이가 개항 이후 서구 여러 나라가 다투어 조계租界를 설정하면서 급속히 성장하여 쑤저우와 항저우의 번영을 대신하게 되었다.

2. 도로와 통신

현대적 정보 통신기기가 나타나기 전 광대한 중국에서 정보 전달은 어떻게 이루어졌을까? 또 국가는 어떻게 각 지역에 명령을 전달하여 그 넓은 영토를 통치할 수 있었을까?

◉ 잘 닦인 도로는 통치의 필수 조건이었다

잘 닦인 도로가 국가의 흥망성쇠나 경제 발전에 있어 필수 조건임은 어제오늘의 일이 아니다. 주나라시대에도 이미 도로가 국가의 흥망에 중요한 요소라고 생각하여 도로의 건설과 정비에 심혈을 기울였다. 천자들은 제후들에게 도로를 건설하고 주기적으로 수리하며, 도로변에 나무를 심고, 도로를 전문으로 관리하는 관직을 두도록 했다. 그 결과 주대의 도로는 숫돌처럼 평탄하고 화살처럼 곧았다고 한다.

진시황은 통일된 국가를 공고히 하기 위하여 여러 가지 제도를 정비했는데, 그중에서 빼놓을 수 없는 것이 전국 도로의 폭을 통일하고 수레바퀴의 크기까지 통일한 일이다. 통일된 국가를 원활하게 다스리기 위해서는 정령政令의 전달이 순조롭게 이루어져야 하고, 그러기 위해서는 교통로의 정비가 무엇보다 절실했던 탓이다.

진시황은 전국을 연결하는 간선도로로 치도馳道를 건설했는데, 동으로 수도 셴양에서 출발하여 함곡관函谷關을 지나 산둥을 거쳐 랴오닝에 도달하는 노선과 남으로 후베이(湖北), 장쑤, 저장까지 이르는 두 노선이 그것이다. 또 흉노에 반격을 가하기 위해서 셴양으로부터 북으로 직도直道를 건설했다. 《한서》에 그려져 있는 치도의

산시 성 가오양춘(高楊村)에 있는 진나라 직도의 유적.

모습을 보면 넓이가 50보이고, 흙을 다져 노면을 단단하게 하고 지표보다 높게 했으며, 3장丈 간격으로 청송나무를 심었다. 중간의 3장은 황제만이 다닐 수 있었고 양쪽으로는 백성들이 왕래할 수 있었다.

진대에 형성된 도로를 기반으로 이후 각 왕조에서는 도로의 건설에 주력하여 도로망이 더욱 확장되고 정비되었다. 청대에는 전국의 도로를 관마대로官馬大路, 대로大路, 소로小路로 구분했는데, 관마대로는 수도 베이징으로부터 각 성省의 소재지로 뻗어 있는 도로로 전장 4,000여 리나 되었다. 대로는 각 성의 소재지에서 지방 주요 도시로 뻗어 있는 도로, 소로는 대로 또는 각지의 주요 도시에서 지방의 시진으로 통하는 도로를 말한다.

도로는 국가의 통제력과 밀접하게 관련되어 있었기 때문에 중국이 분열되어 있던 시기에는 자연히 도로의 통일적 관리와 연결도 이루어지지 않았다.

도질陶質의 원료를 건축재료로 널리 쓰게 되면서 도로를 도기陶器로 포장하기도 했지만, 기본적으로 도로는 단단히 다진 흙을 재료로 해서 만들었다. 흙길은 당연히 비가 오면 진흙탕이 된다. 그래서 도로의 중앙을 도로변보다 높여 배수의 효과를 얻으려 했지만 그다지 효과적이지 않을 때가 많았다.

진나라 말기에 발생한 중국 최초의 농민 반란인 진승陳勝·오광吳廣의 난이 진흙탕이 된 도로로 인해 비롯되었다는 것은 잘 알려진 사실이다. 국가의 징발 명령을 받고 수도로 가던 진승과 오광은 마침 큰비를 만나 길이 모두 진흙탕이 되어 움직일 수 없었다. 그들은 기한 내에 닿지 못하면 참수될 운명이었으므로 차라리 난을 일으키기로 결심하기에 이른다.

오늘날 복잡한 도로망으로 연결된 도시에서 표지판이 없으면 보행자나 운전자가 큰 불편을 느끼는 것과 마찬가지로 옛날에도 도로에 이정표가 꼭 필요했다. 진시황이 치도를 세우면서 길가에 나무를 심도록 한 것은 길을 알려주기 위한 표지였다. 길가에 나무를 심는 일이 이후에도 계속되었다. 또 일정한 간격으로 흙더미로 작은 둔덕을 쌓아 길을 표시했는가 하면, 큰 나뭇가지를 십자형으로 묶어 길가에 박아두어 길을 잃지 않도록 했다. 길을 잃지 않도록 갈림길에 작은 비석을 세우는 일을 음덕陰德을 쌓는 방법으로 여기기도 했다.

《삼국지》에는 길을 알려주는 가로수와 관련된 고사가 등장한다. 유비가 서촉西蜀을 점령한 후 장비를 그 지역 태수로 삼으려 했다. 그러자 제갈량은 술을 좋아하는 장비가 이 요지를 자칫 적에게 내주어버릴까 염려되어 장비를 태수로 삼지 않으려 했다. 이에 장비는 제갈량을 찾아가 수도인 청두(成都)에서 서촉까지는 700리에 지나지 않는 길이므로 자신은 매일이라도 군정을 보고할 수 있는데, 무엇이 걱정이냐고 호언했다. 그러나 실제로 서촉에서 청두까지 이르는 길은 매우 험하여 행인들이 종종 길을 잃어버릴 정도였다. 제갈량은 군중軍中에서는 농담을 하지 않는 법이라 하면서 그 약속을 꼭 지키라고 엄명했다.

장비는 고민 끝에 어느 날 군사들이 양쪽 길가에 늘어서 자신을

옛 잔도의 흔적. 쓰촨 지방 가릉嘉陵 강변에 잔도를 받치기 위해 나무 지지대를 꽂았던 흔적이 남아 있다.

맞이하는 것을 보고 문득 길가에 나무를 심으면 길을 잃지 않으리라 생각했다. 그는 모든 군사들을 동원하여 야생 나무를 뽑아 길 주변에 심도록 하고 자신도 직접 이 일을 도왔다. 장비가 심은 측백나무는 무성히 잘 자라 후인들이 "아침에 나무를 잘라 심으면 저녁에는 그늘이 드리운다"고 할 정도였다. 장비는 이렇게 만들어진 길을 따라 날듯이 청두로 가 유비를 만나 일을 그르치지 않았다. 유비가 이를 매우 칭찬하여 이 나무들을 황백皇栢으로 봉하고 밟거나 자르지 못하도록 했다.

중국은 영토가 넓은 만큼 지형 또한 다양하다. 비교적 평탄한 화베이 지역에서는 그래도 도로를 건설하기가 쉬웠으나, 산세가 험하고 깎아지른 듯한 절벽이 많은 곳에서는 도저히 평탄한 도로를 건설할 수 없었다. 특히 고대 중국의 중심지인 산시 성(陝西省)에서 자원과 토질이 비옥한 쓰촨 성으로 넘어가기 위해서는 친링이라는 험한 산맥을 넘어야 했다. 이백의 〈촉도난蜀道難〉에서는 이곳을 지나기 어려움을 푸른 하늘에 오르는 것보다 어렵고 황학도 날아오르지 못한다고 표현했다.

이런 길을 가기 위해서 만들어진 것이 잔도栈道다. 잔도는 험한 절벽에 구멍을 뚫고 옆으로 나무를 박은 다음 그 위에 판자를 놓아서 만든 길이다. 이 길은 산꼭대기에 견고한 나무를 박고 거기에 밧줄을 연결하여 사람이 공중에 매달려서 벽에 구멍을 뚫는 식으로 작업이 이루어졌다.

정식 도로가 나지 않은 산중에는 상인들이나 이웃 마을로 나들이하는 사람들이 오가면서 자연스럽게 만들어진 작은 길들이 산재해 있었다. 이런 산길은 지름길이었을 뿐 아니라, 관의 통제를 피할 수 있는 비밀통로이기도 했다. 정식 도로에는 중간중간 관문이 있어 반드시 통행증을 제시해야 지나갈 수 있었지만, 이런 산길들은 다니는 사람이 적고 관문도 없었기 때문이다.

산적들을 만나는 것도 이런 길에서였고, 관에 반란을 일으킨 사람들이 흩어져 도망가면 찾을 방법이 없는 곳도 바로 이런 길들이었다. 그곳의 지형지세에 익숙하지 않으면 길을 잃기 십상인 탓이다. 그래서 이런 길을 이용하는 사람들은 마른 풀을 묶어 길을 알려주는 표시로 삼았다. 물론 외부인은 알지 못하도록 하는 일종의 암호 효과를 가진 것이다.

◉ 사람이 가장 중요한 통신수단이었다

전화나 전보 같은 통신체계가 발전하기 이전의 통신 방법은 주로 사람이 직접 전달하는 방식이었다. 이러한 전달을 체계적으로 행하기 위해 만들어진 것이 역전제도驛傳制度, 즉 정부 문서를 옮겨 전하는 차역差役에게 말과 같은 탈것을 제공하고 휴식과 숙박을 할 수 있도록 한 제도다. 역전은 수도를 중심으로 한 일종의 교통 관리 제도였다.

주대에 이미 도로의 개설과 함께 역전을 설치하여 명령을 전달했다는 기록이 보인다. 《맹자孟子》에서는 공자가 제왕의 덕이 백성들에게 전파되는 것이 우郵를 설치하여 명령을 전달하는 것보다

간쑤 성의 위진시대 묘 벽화에 그려진 전령의 모습.

빠르다고 했으니, 이때 이미 우역을 설치하여 명령을 전달했음을 알 수 있다. 공자는 덕의 교화력이 명령으로 강제하는 것보다 우수하다는 왕도정치론을 주장하고 있지만, 우역의 설치 자체가 각 지방에 명령을 전달함으로써 통치를 강화하기 위한 것임에는 변함이 없다.

진시황에게는 중앙의 명령을 신속히 전달하고 지방의 상황을 상세하고 정확하게 보고받는 일이 통치를 위한 급선무였다. 그래서 그는 전국의 도로망을 정비함과 동시에 도로변에 역전을 설치했다. 진한시대에는 10리마다 정亭을, 30리마다 역驛을 설치하여 정령 전달의 근간으로 삼았다. 이후 역대 왕조의 역전제도의 명칭과 기능에는 다소 변화가 있었지만 이러한 교통 통신체계는 청대까지 계속 이어져내려왔다.

이런 통신체계는 원대에 이르러 획기적인 발전을 이루었다. 몽골 족은 유라시아 대륙에 걸친 대제국을 건설했고, 세조 쿠빌라이는 중국 본토를 차지하고 수도를 오늘날의 베이징으로 정한 다음

명대의 역부驛符.
역부란 관부에서 문서를 전송하고 각 역참을 통행할 때 보이는 신분증과 같은 것으로 이를 가진 사람들에게 역참에서 숙식을 제공했다.

베이징을 중심으로 사통팔달의 도로를 건설했다. 여기에 일정한 간격으로 설치한 역전은 변경과 4한국을 제외하고도 약 1,400여 곳이나 되었다. 원나라는 역참제도驛站制度라는 이런 통신체계로 유라시아에 걸친 대제국을 통제했다. 당시 한 이탈리아 인의 표현에 따르면 3개월이 걸려야 알 수 있는 소식도 이곳에서는 15일이면 알 수 있었다고 한다.

간선도로에 일정한 간격으로 설치된 역에는 말이나 마차와 같은 교통수단을 준비하여 문서를 전달하는 사람이나 왕래하는 관리 등에게 제공했다. 왕래하는 사신들에게도 음식과 숙소를 제공했다.

원명청대 문서를 전달하는 자를 포병鋪兵이라고 했는데, 이들은 허리에 가죽끈을 매어 방울을 달았고 밤에는 횃불을 들고 달렸다. 말이나 수레, 사람들이 미리 길을 비키도록 하기 위해서였다. 그가 다음 역에 당도할 무렵 사람들이 방울 소리를 듣고 문 앞에 나와 미리 기다렸다가 문서를 받아 즉시 다음 장소로 달려갔다.

역에는 역의 사무를 관장하는 역장이 있고 그 아래 문서를 전달하는 사람, 손님을 접대하는 사람, 여러 가지 잡역을 담당하는 사람들이 배치되어 있었다. 이들의 주요 임무는 역을 관리하고 오가는 사람들을 접대하고 문서 전달 등에 사용하는 말을 키우는 일 등이었지만, 때로는 세금 운송이나 관물 운송, 도적 체포와 같은 일도 담당했다.

그러나 역의 운영에 필요한 경비를 스스로 마련해야 했으며, 문서를 전달할 때는 하루 동안 달려야 하는 거리가 정해져 있어 이를 어기면 엄벌을 받기도 했다. 특히 역에서 행하는 잡역은 매우 고되어, 때로는 석방된 죄수들이 담당하기도 했으며, 그렇지 않은 경우라도 일반 민호民戶와는 구분되고 천시되었다. 역대 중국에서 일어난 반란에 역졸들이 많이 가담한 것은 이러한 이들의 처지에서 연유한다.

역에서도 식사와 잠자리를 제공해주었지만, 역의 주기능은 문서나 편지를 전달하는 사람에게 이동수단을 제공하는 것이었다. 때문에 공무로 왕래하는 사신들이나 빈객들을 접대하고 잠자리를 제공하기 위해 관사, 즉 오늘날의 여관과 같은 것이 별도로 설치되기도 했다.

공무 수행자들에게 제공되는 관사 외에 사사로이 왕래하는 자들을 위해 개인이 만든 여관도 일찍부터 존재했다. 전국시대 맹상군은 많은 빈객들을 불러모은 것으로 유명한데, 맹상군이 이들 빈객들에게 제공한 관사가 개인이 운영한 것이었다. 이후 사람들의 왕래가 빈번해지면서, 도로 주변에 여행객들에게 숙박과 식사를 제공하는 관사들이 즐비하게 늘어섰다.

역이나 관사를 운영하는 사람들은 손님들 때문에 곤욕을 치르는 일이 많았다. 가장 접대하기 어려운 상대는 역시 관리들이었다. 이들은 특권적 신분을 빌미로, 또는 공무 수행을 빌미로 온갖 향응을 요구했다. 당 대종代宗 때 어사대부御史大夫 제오기第五琦는 관사에 머무는 관리들에게 등급에 따라 정해진 액수 외의 물품은 지급하지 못하도록 하고, 한 숙소에서 3일 이상 머물지 못하도록 할 것과, 따르는 가솔들에게는 혜택을 주지 못하도록 해야 한다고 주장했다.

당대의 환관 유사원劉士元과 고관 원진元稹이 관사에서 다툰 유명한 일화도 있다. 같은 관사에 머물게 된 두 사람이 1층의 좋은 방을 차지하려고 다툰 사건이다. 원진은 환관과 다투었다가 나중에 혹시 피해를 입지 않을까 염려되어 멸시하는 태도로 방을 양보했다. 그러나 유사원은 곧 2층으로 쫓아 올라가 원진을 때려서 상처를 입히고 결국 그를 좌천시키기에 이른다.

역전과 관사를 설치한 목적이 무엇보다 중앙과 지방의 통신을 원활히 함으로써 통제력을 강화하는 데 있었던 만큼, 문서 운송이 제대로 이루어졌는지에 대한 검증과 드나드는 사람들에 대한 신분 확인에 만전을 기했다. 문서 전달자들은 반드시 통행증을 보여줘야 했고, 문서가 인수인계될 때마다 시간과 장소 또는 인수인계받은 사람을 낱낱이 기록해야만 했다.

숙박자들에 대한 경계는 더욱 엄했다. 진나라가 천하를 통일하는 데 큰 공헌을 했던 상앙商鞅은 관사 숙박자들에 대한 신분 확인을 철저히 하도록 지시했는데, 결국 스스로가 만든 법령의 희생자가 되었다. 자신을 등용했던 효공孝公이 죽자 상앙은 정적들의 모함을 받아 위기에 몰리게 되었다. 상앙은 몰래 국경을 빠져나와 한 객사에 머물려고 했다. 그가 상앙인지 몰랐던 주인은 신분증을 요구했다. 상앙이 만든 법에는 신분을 확인하지 않고 투숙시키면 주인도 그 책임을 지게 되어 있었다. 결국 상앙은 도망가지 못하고 자신이 만든 법대로 거열형車裂刑에 처해졌다.

《한서》〈왕망전王莽傳〉에도 이와 유사한 이야기가 전한다. 대사공大司空이 어느 날 밤 봉장정奉掌亭에 이르게 되었는데, 정장亭長이 그를 보고 누구냐고 물었다. 대사공은 관명으로 고했으나 정장은 그의 신분증을 확인하고자 했다. 대사공이 화가 나서 정장을 때리자 정장은 곧 대사공을 죽여버렸다. 이 말을 들은 왕망은 그 정장에게 공무 수행을 충실히 했다고 표창했다.

물론 이러한 통제가 언제나 철저히 이루어진 것은 아니었다. 오히려 반대로 여러 가지 눈속임이나 뇌물수수에 의한 사사로운 결탁 등으로 범죄자나 반란자들이 관의 통제를 피해가는 경우가 더 많았다.

⊙ 신문은 관보에서 시작되었다

오늘날처럼 통신수단이 발달하지 않은 시절, 중국의 통치자들은 백성들에게 어떻게 통치방침을 전달하고, 또 백성들은 세상 돌아가는 사정을 어떻게 알 수 있었을까?

황제가 특정 지방의 특정 사안에 대한 명령을 전달할 때는 역전제도를 이용하면 되었다. 그러나 효율적인 통치를 위해 황제의 대리자인 중앙과 지방의 여러 관료들에게 공통적으로 전달해야 할 사항도 있게 마련이다. 이를 위해서 등장한 것이 저보邸報라고 하는 오늘날의 관보官報와 같은 것이다.

중국 최초의 관보는 당나라 현종 때 등장한 보상報狀으로 황제의

민간에서 발행한 신문인 경보(왼쪽).
청말 신문을 배달하는 모습(오른쪽).

명령이나 관료들의 상소 및 직속행정기관의 보고와 같은 조정의 동향을 실었다. 이 보상은 수도에 있는 관리들에게만 전달되었다.

안사의 난 이후 당 조정의 통치력은 급속도로 약화되고, 각 지역에 할거한 절도사들이 실권을 장악하게 되었다. 절도사들은 조정의 동향을 제때 파악하기 위해 수도에 진주원進奏院이라는 기구를 설치하고 휘하 관리들을 시켜 조정에서 발포한 보상을 베껴 역참을 통해 전달하도록 했다.

당대에 이어 송대에는 관보의 발행이 더욱 활성화되어 전국 관리들을 대상으로 정기적으로 전달되었다. 내용도 황제의 명령이나 관리들의 상소뿐 아니라 황실의 생활 정황, 관료의 승진 및 농민반란, 소수민족 폭동 진압 등에 대해서도 알렸다. 사전 검열이 이루어졌음은 물론이다.

송대에는 조정에서 공식적으로 발행하는 신문 외에 민간에서 발행하는 소보小報도 등장했다. 내용의 대부분은 관보를 베끼는 수준이었지만, 때로는 관보의 보도 범위를 벗어나서 민심을 선동하는 내용을 담거나 기밀을 누설하여 문제가 되었다. 북송 말에는 장방창張邦昌을 추대하고 조정을 전복하자고 선동하는 내용이 실려 큰 문제를 일으키기도 했다. 원대에도 관보 발행 중단으로 일자리를 잃은 관리들이 민간 발행업자들과 함께 신문을 발행하기도 했다.

명대에는 송대의 관보 발행 제도를 이어 통정사사通政使司에서 관보의 발행과 전달을 담당하게 했다. 청대 역시 군기처軍機處에서 관보를 발행했다. 이들 관보에 실린 내용 역시 송대와 비슷했지만 살인, 화재, 절도사건 등 사건성 기사도 실려 있고, 드물게 평론적 성격의 글도 있었다는 점이 눈에 띈다.

명 중기 이후에는 베이징, 난징 등지에서 경보京報라는 민간 신문이 발행되었다. 역시 주로 관보의 내용을 베낀 것이었지만 관보보다 10~15일 정도 빨리 소식을 전달하여 구독자들의 환영을 받았다. 뿐만 아니라 취재를 담당하는 기자를 따로 두어 구매자들의 요구에 맞는 소식을 전달했으며, 명말 숭정 연간에는 목판으로 인쇄하여 발행 부수를 늘릴 수 있었다.

당시 신문 구독자들은 조정의 소식을 신속히 알고 싶어하는 관료들이 주를 이루었지만, 그에 못지않게 신문을 필요로 하는 자들은 관직에 나가려고 과거시험을 준비하는 자들이었다. 관료는 관보를 통해 세상 돌아가는 소식을 들을 수 있었지만 이들에게는 그럴 자격조차 없었기 때문이다. 그래서 명대 민간 신문은 이 주요 구독자들을 위한 서비스에 신경을 많이 썼다. 특히 이들이 가장 알고 싶어하는 것은 과거시험 결과였으므로 민간 신문에서는 직접 기자를 파견하여 합격자 명단을 재빨리 입수해왔다.

그러나 이런 민간 신문들은 관의 공식적인 입장을 전달하고 관료나 통치자들에게 필요한 정보를 전달하기 위한 것이었지, 오늘날의 신문과 같이 여론을 형성하거나 국가의 정책을 비판하는 기능을 한 것은 아니었다. 이런 신문은 서양의 영향을 받은 후에야 비로소 등장하게 된다.

중앙 정부나 지방 관아에서 백성들에게 직접 알려야 할 사항이 있을 때는 관청의 문이나 사람들이 많이 다니는 길에 방榜을 붙였다. 방이 언제 등장했는지는 알 수 없으나 신문이 발행되기 시작한 당대부터로 보아 무리가 없을 것 같다. 방의 내용은 황제의 즉위, 법률 공포, 승전 소식에서부터 각 지방의 현안인 도적 체포, 쌀값 안정 대책에 이르기까지 다양했다.

명초에 산시 성(山西省)의 한 관리가 백성들을 가렴주구한 사실이 발각되어 능지처참된 사건이 있었다. 이때 태조 주원장은 도찰원都察院에 명하여 그의 능지처참된 모습을 그려넣은 방을 전국에 게시하도록 했다. 방에 그림을 곁들인 것은 글을 읽지 못하는 백성들에게 방의 내용을 확실하게 알리기 위해서였다.

신문이나 방은 통치자들의 정책이나 의도를 관리나 백성들에게 일방적으로 전달하는 수단이었기 때문에, 관리나 백성들이 자신들의 생각을 표현할 기회가 거의 없었다. 이렇게 되면 유언비어를 비롯한 각종 불법 통로를 통한 정보가 나돌게 마련이다. 특히 통치자가 제 기능을 못할 때 세간에는 그를 비판하는 목소리가 높아진다.

명 성화成化 연간에 세간에는 "삼각로三閣路는 종이요, 육상서六尙書는 흙인형이네"라는 말이 나돌았다. 삼각로는 내각의 핵심인물 세 사람, 육상서는 최고행정기관 육부의 장관들을 말한다. 헌종이 도사道士들을 신임하고 환관들을 중용하여 이들이 정치를 좌지우지하고 고관들이 제 기능을 못하자, 세간에서 이들을 쓸모 없는 종이나 흙인형과 같다고 조소한 것이었다. 또 명이 멸망한 후 명

황실 후계자가 세운 복왕정권福王政權에서 뇌물을 받고 아무나 관리에 앉힌 것을 빗대어 "직방職方이라는 관직은 개처럼 천하고, 도독都督이라는 관직을 가진 자가 거리에 가득찼네"라는 말이 나돌았다.

⦿ 거짓으로 올린 봉화가 서주 멸망의 화근이었다

잘 닦여진 도로와 체계적인 역전제도로 중국 역대 왕조는 중앙의 명령을 각지에 신속하게 전달할 수 있었다. 그러나 아무리 빨리 달리는 말을 타고 밤낮으로 달리더라도 변방지역까지 가는 데는 몇날 며칠이 걸린다. 전쟁이나 반란과 같이 화급을 다투는 상황이 발생했을 때는 사람이 직접 전달하는 방식으로는 도저히 제때 소식을 전할 수 없다. 이런 상황에 대비해서 만들어진 것이 봉화제도였다.

기록에 의하면 주대에 이미 변경지역과 통하는 도로에 일정한 간격으로 봉화대가 설치되었다고 한다. 당시 주나라는 서쪽 변경 유목민의 잦은 침입에 대비하여 봉화대를 설치했던 것이다. 그런데 뜻밖에도 주나라는 오히려 이 봉화 때문에 적의 침입을 받아 수도를 동쪽으로 옮겨야 했다.

서주의 마지막 왕 유왕은 빼어난 미모를 지닌 포사를 아끼고 사랑했다. 그런데 포사는 결코 웃는 모습을 보여주지 않아 유왕의 애간장을 태웠다. 어느 날 적의 습격을 알리는 **봉화가 잘못 올려지는** 사고가 발생했다. 신하와 제후들은 모두 적이 습격해온 줄 알고 부리나케 달려왔지만 적의 모습은 어디에도 없었다. 신하와 제후들은 그저 망연자실할 뿐이었다. 그런데 이 모습을 본 포사가 웃음을

양관에 남아 있는 봉화대 유적.

터뜨렸다. 이후 유왕은 포사를 기쁘게 하려고 수시로 봉화를 올려 신하와 제후들이 허둥대며 달려와서 허탕치고 돌아가는 모습을 보여주었다. 하지만 정작 적이 쳐들어왔을 때 신하와 제후들은 군사를 출동시키지 않았고, 결국 유왕은 적에게 살해되고 포사는 체포되었다.

서주시대에 고안된 봉화제도는 근대적인 통신시설이 설치될 때까지 중요한 군사통신 수단이었다. 일정한 간격으로 설치된 봉화대에는 병사들이 상주하고 풀과 나무 같은 땔감을 마련해두었다가 급한 상황이 발생하면 봉화를 올려 차례대로 정보를 전달했다. 낮에는 연기를 올려 신호로 삼고 밤에는 불을 피워 적이 쳐들어오는 것을 알렸다. 깜깜한 밤에 타오르는 불빛은 잘 보였지만, 낮에는 시야가 흐려지면 연기가 잘 보이지 않을 수 있었다. 그래서 연기가 선명하게 보이게 하려고 이리똥을 말려 태우기도 했다고 한다.

봉화를 통해 적이 쳐들어왔음을 알려줄 뿐 아니라 적의 규모가 어느 정도인지도 알려주었다. 예를 들어 적의 규모가 500명 이하이면 연기를 한 번 올리고, 500명 이상이면 두 번 올리는 방식이었다.

명말 만주족이 중국과 전쟁을 할 때 봉화보다 더 빠른 군사정보 전달 수단을 사용했다고 한다. 당시 만주족과의 전쟁에 참가했던 모문룡毛文龍의 기록에 의하면 청나라 군사들은 산중에 포를 설치하여 아군에게 군사 정황을 알릴 때 봉화와 함께 포를 쏘았다. 포 소리가 울린 다음날이면 어김없이 만주족의 원군이 도착했으므로 명나라 군사들은 포 소리를 들으면 싸울 생각은 않고 달아나기 바빴다고 한다.

전쟁에서 승리한 만주족의 청나라는 중국 본토를 지배하게 되었는데, 전방傳梆이라는 이 군사통신 수단은 청나라의 수도 베이징의 각 성문에도 설치되어 위급한 상황을 재빨리 알릴 수 있도록 했다.

강한 군대는 전쟁에서 승리하기 위한 필수 조건이지만, 이것 못지않게 작전을 잘 짜고 작전 명령을 신속하게 전달하는 일도 중요하다. 봉화를 통해서도 작전 명령이나 군사 정보를 전달할 수 있지만 공개적이어서 아무래도 안심할 수가 없다. 그래서 전쟁 중에는 종종 비밀정보 전달 수단이 사용되기도 한다.

병법의 대가이며 군사참모의 원조격인 유명한 강태공姜太公이 바로 이런 비밀군사 통신의 발명자라고 한다. 그는 전쟁에 참가한 장군들이 서로 작전에 관한 의견을 교환할 수 있도록 음부陰符라는 것을 만들었다. 길이와 모양이 다른 여러 개의 음부에 작전 참모들이 미리 각각의 뜻을 정하고, 상대방에게 작전 명령을 전달할 때 이것을 사용하여 적에게 비밀이 누설되지 않도록 한 것이다. 또 작전 명령을 적은 죽간竹簡을 3개로 나누어서 전령들에게 각각 따로 전달하게 하여 목적지에 도착한 후 맞추어보는 방법도 만들었다.

중간에 전령 한 사람이 적에게 발각되더라도 군사정보가 새지 않게 하기 위한 배려였다. 이런 방법들은 후에 더욱 체계화되어 근대적인 군사통신 수단이 등장하기까지 줄곧 전시의 작전 전달 수단으로 사용되었다.

3. 여러 가지 교통수단

비행기, 여객선, 기차 등 각종 교통수단의 발달로 지구촌이라는 말이 과장이 아닌 시대다. 아침에 비행기로 서울을 출발하면, 베이징에서 점심을 먹을 수 있을 만큼 중국은 가까운 이웃이 되었다. 이런 현대적인 교통수단이 등장하기 전에 중국인들은 어떤 교통수단을 이용하여 그 먼 거리를 이동할 수 있었을까?

◉ 자동차의 기원인 수레

현대 생활의 필수품인 차는 인류가 바퀴를 사용하게 되면서부터 출현했다고 볼 수 있다. 다만 바퀴를 움직이는 동력이 인력에서 축력으로, 그리고 오늘날에는 석유와 같은 에너지로 바뀌었을 뿐이다. 중국에서는 언제부터 수레를 타게 되었으며, 그 모습은 어떻게 변해왔을까?

원시시대 인류는 무거운 물건을 운반할 때 둥근 나무를 이용하여 굴리면 힘을 덜 수 있다는 사실을 알게 되었고, 이것이 바퀴의 기원일 것이다. 이후 통나무를 그대로 이용하던 것에서 바퀴살이 있는 진짜 바퀴로 발전했고, 그 위에 널빤지를 얹어 짐을 싣거나 탈 수 있도록 만든 것이 원시적인 수레, 즉 차車다.

은대 갑골문이나 발굴 유적 등을 통해 당시 이미 상당히 정교한 수레를 만들었음을 알 수 있다. 진시황 병마용갱에서 볼 수 있는 모형 수레는 바퀴가 2개다. 한대에 바퀴 4개의 대형 수레가 등장했지만, 이후에도 대형 짐수레를 제외하고 중국의 수레는 대부분 바퀴가 2개였다.

허난 성 옌스 현(偃師縣)에서 출토된 한대 차마 벽화. 묘 주인이 나들이하는 모습이다.

선진시대의 수레는 아직 차상車廂이 제대로 갖추어지지 않아, 전후좌우에 난간이 설치되고 수레 뒤쪽에 오르내릴 수 있도록 터놓은 정도였다. 더구나 이때까지만 해도 서서 수레를 타야 했으므로 누가 탔는지 다 볼 수 있었다. 그래서 여성들이 타는 수레에는 장막을 쳤고, 햇빛과 눈, 비를 피하기 위해 설치한 차양은 권력과 부의 상징이기도 했다.

한대에는 앉아서 탈 수 있는 수레가 등장했는데, 당시까지는 아직 꿇어앉는 자세가 일반적이어서 수레에 앉을 때도 역시 꿇어앉았다.

일반 백성들이 수레를 타는 일은 좀처럼 생각하기 어려웠던 만큼 수레는 신분의 상징이었다. 따라서 지위에 따라 수레의 색깔, 모양, 수레를 끄는 가축의 수 등에도 상세한 규정을 두었다. 수레를 타는 예절도 상세하게 규정되어 있었다. 예를 들어 선진시대 3명이 탈 수 있는 수레에서는 왼쪽이 상석이었다.

수레는 전쟁에서도 중요했다. 춘추전국시대 제후국들간의 전쟁은 주로 전차전이었다. 그래서 천승지국(千乘之國, '병거 1,000대를 갖출 힘이 있는 나라'라는 뜻으로, 제후가 다스리는 나라를 일컫는 말) 등과 같이 전차의 보유수로 부강한 정도를 가늠하기도 했다.

전차전은 기마전에 비해 기동력이 떨어졌다. 전국시대 조나라 무령왕武靈王은 변경 유목민과의 전쟁에서 승리하기 위해 병사들이 말 위에 직접 타는 기마전을 도입하고, 이에 맞게 병사들의 복장도 바지에 장화를 신는 호복으로 바꾸는 일대 개혁을 단행했다. 그 결과 전쟁에서 전차의 의미가 약화되었으며, 진한시대 이후 활에 방아쇠를 달아 사정거리가 먼 궁노弓弩가 발전하면서 전차전의 비중이 더욱 줄었다. 이후 수레는 전쟁용으로는 거의 사용되지 않고 황제를 비롯한 귀족, 관리들의 승차용으로 주로 이용되었다.

남북조시대 북조 사람들은 유목민의 영향으로 수레를 이용하기보다 말 위에 직접 탔으며 수당시대까지 이어졌다. 송대부터는 황제나 귀족, 사대부들은 주로 가마를 이용함에 따라 수레는 거의 짐을 싣는 용도로 이용되었다. 이런 관습은 결국 서구에서 네 바퀴의 대형 마차가 발전하는 동안 중국에서는 한대에 형성된 수레 제조기술이 이후 거의 발전하지 못하는 결과를 낳은 셈이다.

수레 하면 흔히 말이 끄는 수레, 즉 마차馬車를 떠올린다. 수레를 끄는 가축에 대부분 말이 사용되었기 때문이다. 선진시대에는 네 마리의 말이 수레를 끌었다. 당시에는 도로가 그다지 발달하지 않아 말을 모는 일은 뛰어난 기술을 요했다. 그래서 전쟁을 할 때는 수레를 누가 모는가가 매우 중요했다.

수레를 끄는 데는 말 외에 소가 이용되었고, 드물게 양이 그 역할을 맡기도 했다. 진나라 무제는 양이 끄는 수레를 만들어서 후궁에 갈 때는 이 양차를 탔다. 그리고는 양차가 머무는 후비의 처소에서 연회를 베풀고 밤을 지냈다. 황제의 총애를 다투었던 궁녀들은 황제를 차지하기 위해 저마다 처소 앞에 대나무나 소금을 두었다. 대나무와 소금은 양이 좋아하는 음식들이었기 때문에 이것으로 양을 유인하기 위해서였다.

그밖에 특이한 형태와 용도의 차들도 많았다. 전한말 출현한 독륜차獨輪車는 바퀴가 하나뿐이었는데, 산간과 구릉지대에서 통행하기 편리하도록 만들어진 것이었다. 삼국시대 제갈량 등이 만든 목우류마木牛流馬는 독륜차를 전쟁에 적합하도록 개조한 것이 아닌가 추측되고 있다.

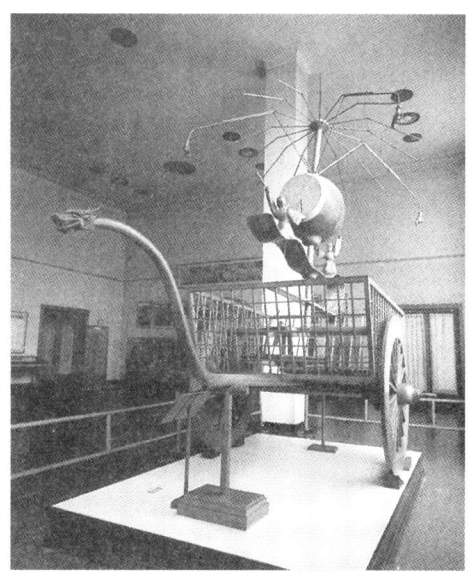

사료를 바탕으로 복원한 기리고차의 모형.

춘추시대에는 정찰용 수레인 소차巢車가 있었으며, 한대에 장형張衡은 차가 1리를 갈 때마다 북이 울리는 기리고차記里鼓車를 발명했다고 한다. 삼국시대에는 마약馬約이 지남차指南車를 발명했다. 이것은 차 위에 목인木人을 세워 차가 어느 방향으로 가든지 항상 남쪽을 가리키도록 고안한 것이다.

이런 특이한 형태의 차 중에서 가장 독특한 것은 뭐니뭐니해도 수양제가 고안한 차들이다. 대운하를 건설한 수양제는 특수한 기계장치도 무척 좋아했다. 그가 개발한 어녀차御女車에는 여성이 수레에 타면 기계가 여성의 팔다리를 묶어 움직일 수 없게 하는 특수 기계장치가 있었다고 한다. 행전行殿이라는 대형 마차에는 외적이 습격하면 자동으로 발사되는 화살이 장치되어 있었다.

중국인들의 중요한 교통수단이었던 수레의 자리를 19세기 일본을 통해 들어온 인력거가 대신하게 되었다. 라오서라는 현대 중국 작가가 쓴 《낙타상자駱駝祥子》라는 소설은 인력거꾼들의 비참한 생활상을 잘 묘사한 것으로 유명하다.

⊙ 말, 소, 노새, 낙타

말은 인류가 길들인 가축 중에서 교통수단으로 가장 널리 이용되었다. 특히 말 위에서 자라 말 위에서 일생을 보내는 유목민에게 말은 한시도 떨어질 수 없는 존재였다. 증기기관이 발명되기 전에 가장 중요한 동력도 말이었다. 그래서 오늘날도 동력을 나타내는 단위로 마력을 흔히 사용한다.

중국어로 도로를 마루(馬路)라고 하며, 수레를 마차라고 부르는 것에서 알 수 있듯이, 중국에서도 수레가 등장한 이후 말은 수레를 끄는 가축을 대표했다. 중국의 역대 왕조는 말 사육에 각별히 주의를 기울여, 진대의 법률에는 수레를 끌었던 말의 멍에를 제때 벗겨주지 않으면 벌금을 내도록 규정하기까지 했다.

질 좋은 말의 산지는 역시 만리장성 이북 초원지대였다. 말 위에서 자라 평생 말을 타고 생활하는 유목민들과 대결해야 했던 중원의 농경민족은 발빠른 말을 얻는 일이 무엇보다 중요했다.

한나라 때 무제가 만리장성 이북 흉노족을 정벌하기 위해 서역 월지국과 손을 잡으려고 장건을 사신으로 파견했다. 장건은 서역에 천리마, 한혈마汗血馬라는 아주 빠른 말이 있다는 소식을 가지고 왔다. 무제는 이 말을 얻기 위해 서역으로 사람을 보냈고, 그후로 장건이 개척한 실크로드를 따라 서역과의 교역이 활기를 띠었

당대 장훤張萱이 그린 〈괵국부인유춘도虢國夫人遊春圖〉. 말을 탄 여성들의 모습이 보인다.

다. 이후 역대 왕조는 유목민의 말과 중국의 차를 교환하는 차마무역을 실시했다.

중국인들이 말 위에 직접 올라타게 된 것은 전국시대 무령왕이 유목민의 말 타는 법을 도입한 이후의 일이다. 그 이전에는 마차를 타고 여행을 하거나 전쟁을 했다. 한대까지는 전시가 아닐 때는 말 위에 직접 타는 사람은 수행원이었고, 고관이 말 위에 직접 타면 예의에 어긋나는 것으로 생각되었다.

남북조시대 북조는 유목민과 한족이 결합하여 세운 왕조였던 만큼 말 위에 직접 올라타는 풍습이 성행했다. 이 풍습은 이후 수당시대에 계승되어 널리 유행했다. 당대 관리들은 조회에 참석할 때도, 여행을 할 때도 말을 탔으며, 말을 타지 않고 걸어다니면 탄핵을 받기도 했다고 한다.

또한 수당시대에는 여성들 사이에서도 기마가 널리 유행했다. 특히 당대 그림이나 조각 등을 보면 여성도 남성과 같이 말에 두 다리로 걸터앉은 모습을 하고 있다. 이는 유교적인 예의범절에서는 상상도 할 수 없는 일로, 이 시기 서역의 영향이 매우 컸음을 알 수 있는 장면이다.

소가 수레를 끈 예도 종종 보인다. 소는 말에 비해 속도는 느리

허난 성 덩 현(鄧縣)에서 출토된 남조시대 우차 화상전.

지만 지구력이 있어 주로 짐 싣는 수레를 끄는 데 이용되었지만, 때로는 사람이 타는 수레를 끌기도 했다. 한대 전기까지만 해도 소가 끄는 우차牛車는 상인들이나 타는 천박한 것으로 생각되었다. 그러나 무제가 흉노를 정벌하면서 말을 많이 징발하여 말이 귀해지자 황제도 똑같은 색깔의 말이 끄는 수레를 타지 못했고, 가난한 사대부들은 우차를 타고 다녔다.

남조에서는 오히려 우차가 유행하여 귀족들은 우차를 즐겨 탔고, 때로는 경마를 하듯 소로 경주를 하기도 했다. 아마도 창장 이남에 자리한 남조에는 말이 귀한 대신 소가 흔했다는 사실이 우차가 유행하게 된 원인일 것이다. 또 남조 귀족들이 여유로운 생활을 선호한 것과도 관련이 있는지 모른다.

수당시대에 이르러서는 관리들이 주로 말을 타게 되자, 소는 여성들이 타는 수레에 이용되었다. 양귀비는 자신의 우차에 값비싼 보석을 얼마나 치장했던지, 그 무게에 눌려 소가 수레를 끌 수 없을 정도였다는 일화도 있다.

당나귀와 노새 같은 가축도 종종 교통수단으로 이용되었다. 당나귀와 노새는 한대의 기록에 처음 나타나는데, 낙타, 서상犀象, 호박호珀 등 값비싼 외래 물품과 함께 열거되어 있어 당시 이 가축들이 매우 귀하고 비싼 것으로 생각되었음을 알 수 있다. 수당시대까지도 남쪽 변경지역에서는 당나귀나 노새를 쉽게 접할 수가 없었다. 그래서 당대에 남쪽지역 산 속에 당나귀를 풀어놓았더니, 당나귀의 울음소리에 호랑이가 놀라 달아났다는 일화도 있다.

당나귀와 말의 혼혈인 노새는 북방에서 널리 이용되었다. 청 옹정雍正 이후에는 노새가 끄는 수레가 유행하여 마차는 환관이나 타고 다녔다고 한다. 노새는 힘이 세고 지구력이 좋아 기차나 자동차가 발달하기 전에는 노새가 끄는 수레가 베이징과 톈진 사이를 오가는 주요 교통수단이었다고 한다.

사막지역을 여행하는 대상隊商들에게는 낙타가 가장 중요한 교통수단이었다. 낙타는 여러 가지 면에서 사막에 잘 적응하는 구조로 되어 있다. 우선 사지가 길고 발굽이 각질화되어 있어 모래나 눈 위를 걷는 데 적합하다. 눈이나 콧구멍을 자유로이 열고 닫을 수 있고 눈썹도 길어 모래바람에 잘 견딘다. 적은 음식, 거친 음식으로도 잘 견디며 물 없이도 며칠 동안 버틸 수 있다. 염분이 많은 사막의 물도 잘 먹는다. 뿐만 아니라 낙타는 말에 비해 훨씬 많은 짐을 지고 오래 걸을 수 있어, 단거리를 갈 때는 말보다 느리지만 장거리 여행에서는 말보다 오히려 빠르다.

낙타는 서역에서 물건을 싣고 중국 내륙까지 들어오기도 했다. 북송의 수도 카이펑의 모습을 그린 〈청명상하도〉에도 낙타가 짐을 싣고 지나가는 모습이 보인다. 1940년대까지도 베이징에서 낙타는 석탄 수송에 요긴하게 쓰였다. 중화민국 초기의 기록을 보면 길게 이어진 석탄 운반용 낙타들의 행진으로 교통체증이 발생하자, 경찰청이 낙타를 3마리 이상 연결하지 못하도록 포고했다고 한다.

◉ 가축 대신 사람을 이용한 가마

중국에서는 자가용 승용차를 교차轎車라고 부른다. 교轎란 바퀴가 없이 사람이 지고 나르는 운송수단인 가마를 의미하는 말이다. 자가용 승용차를 교차라고 부르는 것은 버스와 같은 대중교통수단에 비해 고급이라는 의미를 포함하고 있다.

중국에서 가마의 기원은 연輦에서 찾을 수 있다. 원래 연은 바퀴가 달린 수레로 사람이 끌게 되어 있었다. 그런데 도로 사정이 좋지 않은 상황에서 사람이 손수레를 끄는 일은 불편하여 바퀴를 없애고 아예 사람이 질 수 있도록 구조를 바꾸었다.

바퀴를 뗀 가마는 위진시대에 등장했다고 하는데, 이때는 견여肩輿라고 불렀다. 당시에는 주요 교통수단이 수레여서 가마는 수레가 통행하기 어려운 남방의 산골지역이나 또는 제왕을 비롯하여 노약한 관리나 부녀자들이 주로 이용했다.

교라는 명칭은 송대에야 등장하고 가마가 유행한 것도 송대에 와서의 일이다. 송초까지만 해도 가마를 함부로 타지 못하도록 규제했으나, 남송이 수도를 항저우로 옮긴 후 강남의 도로는 수레가 다니기 불편하여 가마가 성행했다. 명 중기 이후에는 가마가 보편화되어 관리들이나 부자들이 외출할 때, 백성들도 결혼 등 중요한 행사가 있을 때는 가마를 사용했다.

가마의 형태나 가마를 메는 가마꾼의 수는 신분에 따라 차별을 두었다. 서민들은 평상시에는 2명이 메는 가마만을 탈 수 있었으나, 결혼식날은 4명이나 8명이 메는 가마가 허용되었다. 그래서 결혼식을 소등과小登科라고 부르기도 했다. 등과란 과거에 합격했다는 말이다. 과거에 합격하면 큰 가마를 탈 수 있게 되는데 결혼식 때 바로 그런 기분을 맛볼 수 있기 때문에 붙여진 이름이다.

가마를 메는 일은 힘만 있으면 누구나 할 수 있는 쉬운 일처럼 보이지만, 결코 그렇지 않다. 가마꾼은 속도를 내면서도 가마에 탄 사람이 불편하지 않게 해야 했다. 특히 뒤쪽의 가마꾼은 앞을 보지 못하고 걸어야 하므로 특별한 기술이 필요했다. 그래서 가마가 유행한 송대부터 가마꾼은 하나의 직업으로 자리잡았다.

청말 혼례를 할 때 가마에 신부를 태워 신랑집으로 데려가는 모습. 8명이 가마를 멨다.

부유한 집에서는 전용 가마꾼을 고용하기도 하고, 일반인들이 가마를 탈 일이 있을 때는 가마 대여소에서 가마를 빌리고 가마꾼도 고용했다. 특히 결혼식 때 쓰는 꽃가마는 값이 비쌌다.

청 중기 베이징에서 유행한 민요 가운데 가마꾼을 경성의 관리에 비유한 것이 있다. "앞에 선 한 가마꾼은 군기軍機처럼 눈썹을 떨치며 기염을 토하네. 앞에 선 또 다른 가마꾼은 어사御史처럼 감히 방귀도 뀌지 못하네. 뒤에 선 한 가마꾼은 어리석기가 한림翰林과 같고, 뒤에 선 또 다른 가마꾼은 부서의 속관처럼 아무 주견도 없네"라는 내용으로 당시 경성 관리들을 신랄하게 풍자했다.

관료들이 먼 길을 갈 때는 가는 도중에 교체할 수 있는 가마꾼을 함께 데리고 가서 그 행렬의 규모가 컸다. 청말 아편 박멸에 앞장

선 임칙서林則徐가 황제의 명으로 광둥에 아편 문제를 조사하러 갈 때 8명의 가마꾼이 메는 가마를 타고 갔다. 당시 가마를 메기 위해 수행했던 가마꾼이 160여 명이나 되었다고 한다. 가마를 교대로 메기 위해 따라가는 가마꾼은 일반적으로 대차大車에 타거나 말을 타고 가마 옆에서 함께 갔다. 이처럼 가마를 사용하는 데는 비용이 많이 들어 돈이 없는 관리들은 수레를 탈 수밖에 없었다.

◉ 뗏목에서 대형 선박까지

화이수이 이남 지역은 크고 작은 강들이 실핏줄처럼 퍼져 있어 수레가 이동할 수 있는 넓은 도로를 만들기 어렵다. 그래서 크고 작은 강들을 연결한 운하가 건설되었다. 운하와 강은 남부에서는 도로와 같은 구실을 했으므로 이 지역에서는 수레나 말보다 배가 더 중요한 교통수단이었다.

원시적인 형태의 배는 통나무를 파서 사람이나 물건을 실을 수 있도록 한 독목주獨木舟나 뗏목이다. 뗏목은 일반적으로 나무나 대나무를 엮어서 만들었지만, 황허 상류지역에서는 양가죽에 공기를 불어넣어 튜브와 같이 만든 특이한 형태의 뗏목이 널리 이용되었다.

황허 상류에서 양가죽 뗏목을 이용한 운수업은 20세기 초까지도 번성했다. 1930년대에도 대형 양가죽 뗏목을 이용하여 30톤에 달하는 물건을 싣고 칭하이에서 내몽골까지 먼 거리를 운항했다고 한다. 오늘날에도 황허 상류지역 주민들은 종종 뗏목을 이용하며, 독목주 역시 변경 소수민족 사이에서 여전히 이용되고 있다.

독목주에서 발전한 목판선木板船은 은대에 이미 등장했다. 하지

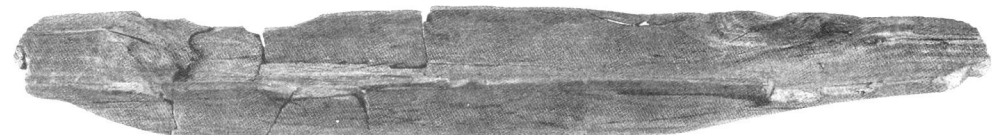

후베이 성 장릉(江陵) 한대 묘에서 출토된 독목주(위).
도자기로 만들어진 후한시대 배의 모형(왼쪽).

만 규모가 작아 여러 사람을 태울 때는 몇 개의 목판선을 연결하여 운항했다. 주대의 예제禮制에는 신분에 따라 연결할 수 있는 배의 수가 규정되어 있었다고 한다.

진시황은 천하를 통일한 후 여러 차례 전국을 돌아보았는데, 그가 돌아본 지역은 운하가 뻗어 있는 중국 남부까지 포함되었다. 당시에 배가 어떤 형태였고 규모가 어떠했는지 정확히 알 수는 없지만, 그 먼 거리를 여행했던 것으로 보아 배가 정교하고 규모도 컸으리라 짐작된다. 한대에 이르면 배의 높이가 10장이 넘고 갑판에 누각까지 설치되고, 노는 물론 돛과 돛대, 밧줄까지 갖춘 대규모의 누선樓船이 만들어졌다.

춘추전국시대 창장 일대의 강국이었던 오나라, 월나라 등은 이미 조선기술이 상당히 발달해 있었고, 삼국시대 창장 일대를 지배한 오나라 역시 무적의 전함들을 보유하고 있었다. 오나라와 촉나

취안저우에서 출토된 남송시대의 해선. 길이 24.2m, 넓이 9.15m의 대형 선박이다.

라가 손을 잡고 북방의 위나라 군대를 물리친 유명한 적벽대전도 제갈량의 전략 덕분이기도 했지만, 오나라의 강한 전함이 없었다면 불가능했을 것이다. 오나라가 결국 진나라에 멸망했을 때 진나라가 오나라로부터 접수한 관선이 5,000척이 넘었다고 한다.

당송시대에 이르러서 배의 규모는 더욱 커져, 당대에는 600~700명이 탈 수 있는 배도 드물지 않았고, 어떤 배에는 채소를 심어 배에 탄 사람들의 부식으로 썼을 정도였다고 한다. 특히 양저우에서 발견된 당대의 배는 선체를 몇 개의 칸으로 나눈 수밀창水密艙의 형태다. 이런 배는 뜻밖의 사고로 배 한 곳에 물이 새도 배가 곧 가라앉는 위험을 미연에 방지할 수 있다. 또 당송시대에 이르러서는 배 바닥을 V자 형태로 만들어 속도를 빨리 낼 수 있도록 했다.

송대에는 바다를 통한 해외무역이 번성했는데, 성능이 좋은 배가 없이는 불가능한 일이었다. 송대에 이미 도크를 만들어 배를 건조, 수리했다는 기록이 있을 뿐 아니라 조선공들은 미리 설계도를 만들어 배를 건조했다고 한다.

명대에는 쇄국정책 때문에 해외무역이 자유롭지 못했지만 법을 어기면서도 해상무역이 성행했다. 특히 명 영락 연간에 정화鄭和는

7차례에 걸쳐 남해를 원정하여 멀리는 아프리카 동안까지 이르렀다. 이 원정을 위해 항해 때마다 60척 이상의 대선단을 조성하여 2만 명이 넘는 승무원을 태우고 출항했다. 배는 길이가 150m, 폭이 62m나 되는 약 8,000톤급이었다.

배를 움직이는 가장 큰 힘은 아무래도 뱃사공들이 노를 젓는 것이다. 큰 배에는 수십 명의 뱃사공이 노를 저었다. 노 젓는 일은 매우 고된 작업이었을 뿐 아니라 강을 거슬러올라갈 때는 배에서 내려 강 양쪽 연안에서 밧줄로 배를 끌어야 했다. 고된 노동에 비참한 생활, 또 천대받는 처지 때문에 이들은 결사를 조직하기도 했다. 명청시대에 유행한 민간 비밀종교인 나교羅教는 뱃사공들에 의해 그들이 운항하는 강을 따라 각지로 전파되었다.

전선이나 조운선, 상선과 같은 대규모 선박 외에 소규모 배들은 강남지역에서 일상 교통수단이었다. 운하에 배를 띄우고 배 위에서 생활하는 사람들, 광둥 연해 일대에는 바다에 배를 띄우고 생활하는 사람들도 있었다. 강남 수향水鄉에서는 과피주瓜皮舟라는 작은 선박이 널리 이용되었는데, 양쪽 끝은 뾰족하고 가운데는 넓어 수박 조각 같아서 이런 이름이 붙여졌다. 이 배는 진대에 전선으로 사용되다가 이후에는 주로 유람선으로 이용되었다.

명대 창장이나 한수이(漢水)를 운항할 때는 선체가 좁고 길며 선실이 있는 과선課船을 주로 이용했다. 명대 화이인(淮陰), 양저우 일대에서 소금세로 징수한 은을 운반했기 때문에 과선이라 했다. 하지만 길을 서두르는 여행객들도 이 배를 빌려 탔다. 배 전체에 6개의 노와 작은 돛이 하나 있었는데, 풍랑이 있으면 노를 늘려서 저었다. 이 배는 역풍이 없으면 하루에 400여 리를 갈 수 있었고,

물을 거슬러갈 때도 100여 리는 갈 수 있었다.

이외에 배를 여러 개 묶어 강을 건너는 도선渡船이 다리 대신 사용되기도 했다. 이런 배는 교량과 마찬가지로 마을의 공익사업으로 나루 부근에 있는 사람들이 돈이나 노동력을 들여 만든 것이었다.

4. 동서 문화의 가교, 실크로드

● 오아시스를 잇는 세 갈래 길

광대한 유라시아 대륙 북부 초원과 사막지대는 목초지를 찾아 이동하는 유목민이나 부와 권력을 위해 미지의 세계로 향한 개척자들의 활동무대였다. 이들의 손에 의해 초원과 사막의 길이 열리고, 그 길을 따라 물자가 이동하고 사람들이 교류했으며, 수많은 민족과 국가가 명멸했다.

몽골에서 아랄 해를 거쳐 흑해에 이르는 북위 50°선을 횡단하는 초원길에서는 이미 BC 8~7세기에 기마민족인 스키타이 족이 동서간을 왕래하면서 문화를 전파했다. 우리 나라 청동기 문양에 등장하는 스키타이 문양은 스키타이 문화의 영향이다.

유라시아 대륙의 가운데는 세계의 지붕 파미르 고원이 버티고 있고, 거기서부터 히말라야 산맥, 쿤룬 산맥, 힌두쿠시 산맥, 카라코람 산맥, 톈산 산맥 등이 거미줄같이 사방으로 뻗어 있으며, 산맥과 산맥 사이 펼쳐진 불모의 고원과 사막은 인간의 접근을 가로막고 있다. 그러나 먼 옛날부터 사막 중간 중간에 점점이 산재해 있는 오아시스에서는 도시국가들이 명멸했으며, 모험 상인들은 낙타에 상품을 싣고 오아시스를 따라 목숨을 건 여행을 계속했다.

이 오아시스들을 잇는 길이 바로 오늘날 흔히 말하는 비단길, 즉 실크로드다. 이 명칭은 20세기 초 독일의 지리학자 리히트호펜이 명명한 것으로, 이 길을 따라 중국의 비단이 서양으로 전해졌기 때문에 붙여진 이름이다.

그러나 이 길을 통하여 전해진 것은 비단만이 아니었다. 호탄의

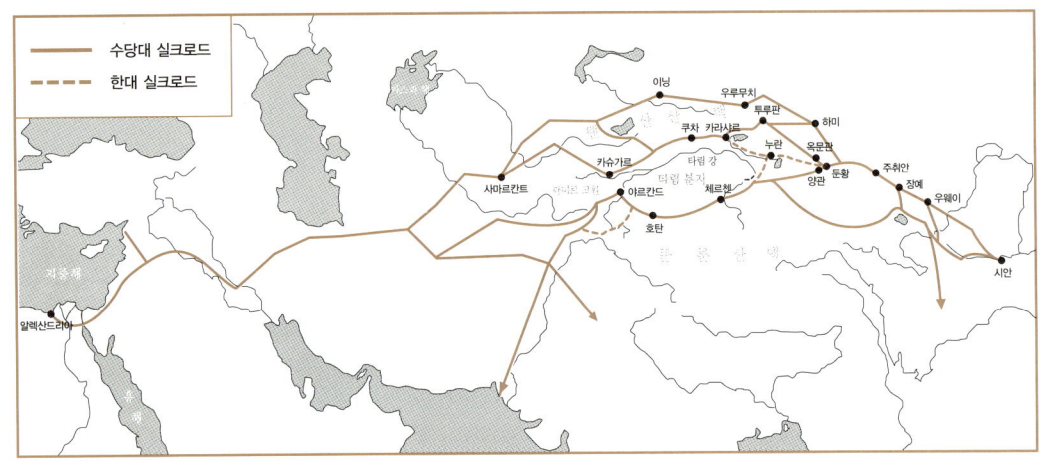

세 갈래 실크로드.

옥과 아라비아의 향료가 이 길을 따라 서에서 동으로 전해지고, 인도의 불교가 중국으로 전해졌으며, 중국의 제지술과 화약, 나침반 등이 서양으로 전달되었다.

장안에서 비단을 비롯한 중국 상품을 사들인 대상들은 먼저 치롄 산맥과 고비 사막 사이에 있는 간쑤 성을 통과해야 한다. 황허가 지나가는 간쑤 성의 성도省都 란저우(蘭州) 서쪽부터 양 산맥으로 인해 긴 회랑 모양으로 생겼기 때문에, 이 지역을 흔히 하서회랑지대河西回廊地帶라고 하며 중국의 인후咽喉와 같은 곳이다.

란저우에서부터 간쑤 성 서쪽 끝에 있는 둔황까지는 1개월의 여정으로 중간에 우웨이(武威), 장예(張掖), 주취안 같은 오아시스 도시들을 거친다. 둔황 서쪽이 중국의 지배하에 놓인 적도 있지만 대부분의 시기 동안 둔황은 중국의 서쪽 끝이었다. 그래서 중국 내륙과 변방을 잇는 3대 관문 양관陽關, 옥문관玉門關, 가욕관嘉峪關이 모두 둔황 부근에 있다. 한대에 둔황의 외곽 거점으로 옥문관과 양관이 설치된 이래 이 두 관은 국경과 이별의 상징이 되어, 이별곡을 양관곡陽關曲이라 부르기도 했다. 가욕관은 명대에 만리장성의

오아시스 도시국가였던 미란 米蘭의 옛 성 유적.

서쪽 끝인 옥문관 동쪽에 설치된 웅대한 성곽이다.

간쑤 성 서쪽에 위치한 오늘날 신장 위구르 자치구는 남쪽으로 쿤룬 산맥이 뻗어 있고, 북쪽으로는 톈산 산맥이 뻗어 있으며, 그 사이에 타클라마칸 사막(타림 분지)이 가로놓여 있다. 이 거대한 자연 장벽을 뚫고 나가야 했던 대상들은 둔황 부근으로부터 세 갈래 길을 개척했다.

실크로드가 개척된 한대에 서역으로 가는 길은 남북 두 갈래로 나뉘어졌다. 남로는 양관에서 서쪽으로 쿤룬 산 북쪽 기슭을 따라 누란樓蘭, 체르첸(且末), 호탄, 야르칸드(莎車) 등지를 지나 파미르 고원을 넘어 대월지, 파르티아(安息, 지금의 이란 영내) 등에 이르는 길이다. 북로는 옥문관에서 서쪽으로 톈산 산맥의 남쪽 기슭을 따라 카라샤르(焉耆), 쿠차(龜玆), 카슈카르(疏勒)를 지나 파미르 고원을 넘어 대원大苑, 강거(康居, 지금의 러시아 영내)로 가는 길이다.

4세기 이후 남로가 토지의 건조화로 교통로로서의 기능이 약화되자, 당대에는 북로가 주로 이용되었다. 옥문관을 나와 하미(伊吾), 투르판(高昌)을 거쳐 쿠차에 이르는 것으로 경로가 조금 바뀌

한 무제가 서역으로 가는 장건을 환송하는 모습을 묘사한 둔황 벽화.

었다. 또 한 갈래 길은 톈산 산맥 북쪽으로 우루무치(烏魯木齊), 이닝(伊寧), 이리 강을 지나 사마르칸트로 가는 길인데 그리 많이 이용되지는 않았다. 이 길을 톈산 북로라고 함에 따라 원래의 북로는 톈산 남로(서역 남로), 원래의 남로는 서역 남로로 일컫기도 한다.

이 오아시스 루트들은 동에서 서까지 하루아침에 만들어진 것이 아니라 무수한 상인과 여행자들, 사신들의 희생과 개척정신을 밑바탕으로 하고 있다. 또 이 통로를 장악하여 동서 교역을 통해 이익을 얻으려고 많은 민족과 국가가 패권을 다투던 전장이기도 했다. 이곳은 몽골 인, 아랍 인, 소그드 인, 이란 인, 카자흐 인, 중국인 등 각 민족의 삶의 터전이었고, 이슬람교에서 불교, 유교, 기독교에 이르기까지 다양한 종교도 이 길을 따라 전파되었다.

지리상의 발견으로 새로운 항로가 개척되고, 현대에 들어와서 비행기나 대규모 기선이 발달하면서 실크로드는 역사 속에 묻혀버렸지만, 황량한 사막을 뚫고 서에서 동으로, 동에서 서로 지칠 줄 모르고 나아갔던 대상들과 이곳을 누볐던 유목민들이 없었더라면 오늘날 세계의 모습은 아마도 많이 달라졌을 것이다.

◉ 중국의 콜럼버스 장건

고대 로마 제국은 게르만 족의 대이동으로 몰락했는데, 게르만

족은 유럽 북쪽에서 침입해온 훈 족에 쫓겨 내려왔다. 서양 역사의 전환점을 마련한 훈 족은 일찍이 몽골 고원 남부와 내몽골 오르도스 지역에서 발흥하여 한때 타림 분지 일대 36개 오아시스 국가를 지배한 알타이계 기마민족 흉노족이다.

진시황이 만리장성을 쌓았던 것도 흉노족의 침입을 막기 위해서였다. 한나라를 세운 고조 유방은 흉노를 정벌하기 위해 원정을 감행했지만 오히려 포위당하여, 흉노 선우(單于)의 처에게 뇌물을 주어 겨우 탈출할 수 있었다.

그러나 이후 한무제의 적극적인 대응정책과 흉노 선우들간의 내분으로 흉노의 세력은 약화되어 동서로 분열되고, 46년 서흉노는 한에 멸망했다. 동흉노는 남북으로 분열하여 쇠퇴했으며, 이중 서방으로 이동한 북흉노의 일부가 훈 족이다.

무제가 흉노 토벌에 고심하고 있던 어느 날 반가운 소식을 들을 수 있었다. 포로로 잡혔던 흉노인이 들려준 정보였다. 그에 의하면 30여 년 전 흉노가 월지국을 격파하여 왕을 죽이고 그 두개골로 술잔을 만들어 승리를 기념했는데, 월지는 고향인 간쑤 지방에서 쫓겨나 이리 지방에서 숨어 지내면서 흉노에 대한 원한을 갚기 위해 절치부심하고 있다는 것이었다.

무제는 월지국과 손을 잡고 흉노를 격파해야겠다고 생각하고 월지국에 사자로 갈 인재를 구했는데, 이때 응모한 사람이 장건이었다. BC 139년 장건은 흉노인 시종 감보(甘父)와 100여 명의 수행원을 이끌고 월지를 향해 출발했지만, 변경으로 나가자마자 흉노에게 포로로 잡혔다.

당시 유능한 한인을 우대하여 이용하려는 정책을 폈던 흉노는

둔황 벽화에 묘사된 실크로드를 왕래하는 상인들의 모습.

장건을 귀화시키려고 흉노 처녀를 아내로 주었다. 장건은 그 아내와 아들까지 두고 평화로운 생활을 하는 듯했으나 그곳을 빠져나가 월지국으로 갈 생각을 한시도 잊지 않았다.

어느 날 밤 마침내 흉노의 감시망을 빠져나와 장건 일행은 서쪽으로 월지국을 향해 달렸다. 천신만고 끝에 월지국에 도착했지만 어이없게도 그들은 이미 예전의 복수심은 온데간데없이 평화로운 생활을 하고 있었다. 월지국은 장건의 동맹 제의를 거절했다.

흉노의 감시망을 피해 장안으로 돌아오던 장건 일행은 역시 흉노에게 다시 붙잡혀 죽음을 각오해야 했다. 그런데 뜻밖에도 얼마 후 흉노의 군신선우(軍臣單于)가 죽고 후계자 사이에 내분이 일어났다. 장건은 그 틈을 이용해 도망쳤고, BC 126년 무사히 장안으로 돌아올 수 있었다. 장안을 떠난 지 13년 만의 일이었다. 함께 떠났던 일행 중에서 돌아온 사람은 그를 포함해 단 2명뿐이었다.

월지국과 손을 잡으려 했던 처음의 목적은 달성하지 못했으나, 장건은 미지의 신세계에 대한 많은 소식을 안고 돌아왔다. 이때부터 중국인들은 서역에 관심을 보이게 되었으며, 서역이라는 말이

《한서》〈서역전西域傳〉에 최초로 등장한다.

무제는 흉노와의 전쟁 의지를 더욱 굳히고 서역으로 적극적으로 진출하려 했다. 특히 장건이 전해준 소식 중 무제의 마음을 가장 사로잡은 것은 서역 대원이라는 곳에서 생산되는 하루에 천리를 달리며, 전력질주하면 피 같은 땀을 흘린다는 한혈마였다. 무제는 기동력이 뛰어난 흉노에게 열세를 면치 못하는 한나라 군사에게 발빠른 말이 절대적으로 필요하다고 생각했다.

BC 127~121년에 장군 위청衛靑, 곽거병 등의 활약으로 한나라 군대는 흉노에게 심각한 타격을 입히고 하서회랑 지대를 차지하여 실크로드의 길목을 장악하게 되었다.

이 무렵 장건은 다시 이리강 유역에 있던 오손烏孫과 손을 잡고 흉노를 격퇴하자고 제의했다. 무제는 그의 의견을 받아들여 장건과 사절들을 오손으로 보냈고, 장건은 거기서 대원, 강거, 월지, 박트리아(大夏, 지금의 아프가니스탄 영내) 등에 부사를 파견했다. 오손과의 군사적 제휴는 실패했으나 오손을 비롯한 각국과 국교가 열려, 무제는 이들 나라에 사절단을 파견했다. 또 한혈마를 구하러 대원에 파견되었던 사자가 도리어 죽음을 당할 뻔한 일이 발생하자 두 차례에 걸쳐 대원을 정벌하여 한나라의 위용을 과시했다.

이 원정의 결과 파미르 고원 서쪽 여러 나라는 한나라의 위력을 인식하게 되었고, 타림 분지의 오아시스 제국도 한의 명령에 복종하게 되었다. 무제는 둔황에 주천도위酒泉都尉를 두고 윤대(輪臺, 쿠차 동쪽의 부구르)와 거리(渠犁, 쿠얼러)에는 둔전을 설치하여 외국으로 가는 사자에게 식량과 말먹이를 공급하도록 했다.

이제 한나라는 서역을 본격적으로 지배하게 되었다. 한혈마를 구하기 위해 무제가 서역으로 파견한 사신은 길에서 서로 마주칠 정도로 빈번하게 오갔으며, 서역 상인들도 보석, 향료, 약품 등을 중국으로 싣고와 중국의 비단, 칠기, 금 등으로 바꾸어갔다.

이전에 흉노와 대월지의 중계로 서방에 운반되었던 비단은 이제 한과 파르티아의 직접 교역으로 서방으로 더욱 많이 실려가게 되었다. 로마의 귀족들은 부드럽고 화려한 비단을 생산하는 동방의 중국에 대해 막연하게나마 인식하게 되었으며, 이 비단을 생산하는 나라를 세레스라고 불렀다.

실크로드를 따라 서역의 물품과 문화 역시 중국에 소개되었다. 호마(胡麻, 참깨), 호과(胡瓜, 오이), 호산(胡蒜, 마늘), 호도胡桃, 호유(胡荽, 완두콩), 호라복(胡蘿蔔, 당근) 등 중국어에서 호자가 붙은 식물이 대부분 이 시기 서역을 통해 들어왔고, 포도 역시 이 시기에 들어왔다. 후한 영제靈帝는 호복胡服, 호장胡帳, 호상胡牀, 호반胡飯, 호적胡笛, 호무胡舞 등을 좋아했다. 뤄양 귀족들도 다투어 이를 모방하여 서역 취미가 유행했다.

전한 말 국내의 혼란으로 잠시 서역과의 교류가 단절되기도 했으나, 후한 광무제光武帝 때 반초班超가 다시 서역을 원정하여 한의 지배에서 벗어났던 오아시스 각국을 굴복시켰다. 97년에는 부하 감영甘英을 대진국大秦國, 즉 로마로 파견하여 교류를 청했다. 후한과 로마의 직접 교류는 파르티아와 시리아의 협력을 얻지 못해 실패로 끝났으나, 중국과 유럽의 최초 교류 시도라는 점에서 의의가 크다. 장건과 반초 이 두 사람은 동서 교류의 물꼬를 튼 실크로드의 개척자였으며, 중국의 콜럼버스였던 것이다.

⦿ 불교와 서역 문화가 꽃핀 당대 장안

삼장법사三藏法師를 수행한 손오공, 저팔계, 사오정 등의 흥미진진한 모험담으로 가득한 《서유기西遊記》는 허구가 아니라 당나라 시대에 실제 인도에 불경을 구하러 갔던 삼장법사의 경험담을 바탕으로 한 것이며, 그가 거쳐갔던 길이 바로 실크로드다.

인도에서 탄생한 불교는 1~3세기 후한시대 중앙 아시아를 통해 실크로드를 따라 중국으로 전래되었다. 그러나 불교가 중국인들 사이에서 널리 확산된 것은 위진남북조시대의 혼란기였다. 이민족이 세운 5호16국에서는 자신들을 오랑캐로 취급하는 전통 유교보다 외래사상인 불교를 통해 통치를 정당화하고 왕실의 보호를 기원하는 의미에서 불교를 장려했으며, 이후 불교는 남북조 여러 왕실의 보호 아래서 번성했다. 또 계속되는 전란으로 위안처를 찾아야 했던 백성들에게도 유교에는 없는 불교의 내세관은 마음을 사로잡기에 충분했다.

후한말 월지의 지루가참支婁迦讖과 안식국의 안세고安世高 같은 명승들이 중국을 방문하여 불교 경전을 번역했으며, 5호16국시대에는 황제들이 서역의 고승을 초빙하여 불경 번역을 장려했다. 그 중에서도 구자국龜玆國 출신 구마라습鳩摩羅什은 3,000권이 넘는 불교 경전을 번역하고, 많은 제자를 양성했다. 이런 포교승들의 활약으로 불교 교리가 전파되었을 뿐 아니라 불상이나 탑 등 불교미술도 꽃을 피웠다. 중국의 3대 석굴 사원인 둔황 모가오굴(莫高窟), 윈강 석굴(雲崗石窟), 룽먼 석굴(龍門石窟) 등이 모두 이 시기부터 만들어지기 시작했다.

불교가 유행하자 실크로드를 따라 직접 불교의 고향인 인도로

산시 성 위린굴(楡林窟)에 그려진 〈현장서행구법〉 벽화.

가 불경을 구하거나 교리를 연구하려는 중국 승려들의 행렬이 줄을 이었다. 그중에서도 동진의 승려 법현法顯은《불국기佛國記》를 남겨 당시 인도로 갔던 승려들의 루트와 실크로드 주변 각국의 상황, 구도심 하나로 열악한 자연환경을 헤치며 전진했던 승려들의 모습을 생생하게 보여주고 있다.

그의 여행기 중에는 "사하沙河에는 악귀와 열풍이 심하여 이를 만나면 모두 죽고 한 사람도 살아남지 못한다. 위로는 나는 새도 없고 아래로는 달리는 짐승도 없다. 아무리 둘러보아도 막막하고, 가야 할 길을 찾으려 해도 어디로 가야 할지 알 수 없다. 언제 이 길을 가다 죽었는지 알 수 없으나 오직 죽은 사람의 해골만이 길을 가리키는 표지가 된다"라는 기록이 있어, 당시 목숨을 건 실크로드 여행길을 실감나게 묘사하고 있다.

인도로 갔던 승려들 중 가장 고생을 많이 한 사람은 삼장법사였다. 그가 장안을 출발할 당시 당나라는 건국 초기로 변경 정세가 불안하여 조정으로부터 출국 허가를 받지 못했다. 그러나 불교 탐구에 목말라 있던 그는 금령을 어기고 몰래 국경을 빠져나갔다. 고비 사막을 지나는 도중 길 안내인에게 목숨을 잃을 뻔하기도 하고, 물이 없어 타고 다니던 말을 죽여 간을 꺼내먹고 겨우 목숨을 부지하면서 목적지인 인도까지 여행을 강행했다.

17년에 걸친 그의 서역 여행 발자취는《대당서역기大唐西域記》에 고스란히 남아 있어, 7세기 중앙 아시아와 인도의 지리와 역사를 이해하는 데 매우 중요한 자료가 되고 있다. 그의 기행은 상세하고 정확하여 20세기 초 중앙 아시아를 탐험한 오렐 스타인은 영역된 이 책을 여행 중 잠시도 손에서 놓지 않았고 현장을 "나를 수호하는 성자"라고 불렀을 정도였다.

삼장법사가 천신만고 끝에 불경을 가지고 중국으로 돌아왔을 때 당나라는 이미 안정기에 접어들었고 서역과의 교류도 활발했다. 현장은 크게 환대를 받고 장안에 불교 문화를 꽃피웠다. 불교는 당나라에서 최성기를 맞이했다.

대안탑. 현장이 인도에서 가져온 불경과 불상을 보존하기 위해 세운 자은사 경내에 있었다.

당대 장안의 상징으로 오늘날도 시안 시내에 남아 있는 대안탑大雁塔과 소안탑小雁塔은 당시 불교의 융성을 대변한다. 대안탑이 있는 자은사慈恩寺는 현장이 인도에서 가져온 불경과 불상을 보존하기 위해 세운 것이었다. 이외에도 당대 장안에는 사원이 100여 군데에 이르렀고, 사원마다 승려들이 운집해 있었다고 한다.

《왕오천축국전往五天竺國傳》을 남긴 신라의 승려 혜초慧超도 이 시기 오천축에서 구도하다가 안서安西를 경유하여 장안으로 들어와서 천복사天福寺에서 밀교를 전파했다. 신라의 고승 의상義湘과 원측圓測도 장안에 그들의 발자취를 남겼다. 특히 원측은 중국의 고승 규기窺基와 함께 현장의 불교사상을 발전시켜 중국 불교계에서 크게 활약했다. 장안 근처 흥교사興敎寺라는 절에 현장, 규기와 함께 그의 사리탑이 세워져 있다.

당대 장안은 서역을 비롯한 신라, 발해, 일본의 상인과 사신들까지 모여든 국제 도시였다. 당나라의 대외 개방정책으로 왕래하는 국가가 많을 때는 300여 개국이나 되었으며, 신라에서는 사신뿐 아니라 유학생도 많이 파견되었다.

아랍 인, 페르시아 인, 신라인, 일본인, 티베트 인 등이 모여든 장안은 인종 전시장을 방불케 했다. 당시 부유한 중국인들은 중앙아시아 인을 마부와 낙타몰이꾼으로, 인도인을 요술사로, 박트리아, 시리아 인을 가수와 배우로 고용했다고 한다. 특히 희고 보드라운 살결에 오똑한 콧날, 움푹 패인 큰 눈의 호희胡姬들이 요염하게 화장을 하고 술을 따르는 장안의 술집에는 지체 높은 집안의 귀족 자제에서부터 시정의 한량들에 이르기까지 뭇남성들이 문전성시를 이루었다. 당대의 명시인 이백은 〈소년행少年行〉이란 시에서 그 모습을 "오릉五陵의 젊은이 금시金市의 동쪽으로 / 은안백마銀鞍白馬를 타고 춘풍을 뚫고 가네 / 낙화 짓밟으며 어느 곳에 가서 놀려는가 / 웃으며 들어오는 호희가 가는 술집으로"라고 노래했다.

이처럼 서역인들의 왕래가 잦아지자 장안에서는 의식주에서부터 생활풍습에 이르기까지 서역풍이 크게 유행했다. 남녀 모두 소매깃이 좁고 몸에 달라붙는 호복을 입고 머리에는 서역풍의 모자를 썼다. 템포가 느리고 유장한 중국 전통 무용 대신 빠르고 활발한 호무胡舞가 유행하면서 여성들은 무용수들의 화장법과 옷맵시를 모방했다.

당대에는 밀가루 음식인 호식胡食도 유행하여 장안의 시장에는 호병胡餠을 파는 가게가 즐비했다. 서역에서 전래된 포도주도 인기가 많아 '포도로 빚은 맛 좋은 술과 서역에서 들어온 야광 술잔'은 풍류객들에게 동경의 대상이었다.

황제와 귀족들 사이에서는 페르시아에서 기원했다고 하는 폴로가 대유행했고, 민간에서는 서역에서 전래된 '결한발호乞寒潑胡'라는 놀이가 유행했다. 이것은 추위 속에서 물을 끼얹으며 액땜을 하는 풍습으로 사마르칸트 지방에서 유래하여 실크로드 연변 각지에서 유행했다. 또 서역에서 온 환인幻人들이 하는 여러 가지 곡예와 마술도 장안 사람들의 마음을 앗아갔다.

서역인들이 중국에 들어오면서 이들이 믿던 각종 종교도 함께 전래되었다. 조로아스터교는 북위시대 중국에 전해졌다고 하는데, 당대 장안에는 조로아스터교를 믿는 페르시아 인들을 위하여 사원이 세워졌다. 당 태종 때에는 네스토리우스파 기독교가 이란으로부터 전래되었고, 측천무후시대에는 마니교도 들어왔다. 이런 종교가 중국인들 사이에서 뿌리를 내리지는 못했지만, 개방적 세계 제국으로서의 면모를 보여주는 좋은 예가 되었다.

활발한 동서 교역으로 세계 제국을 자랑하던 당나라도 현종 후기에 와서 쇠퇴하기 시작했다. 고구려의 유민 고선지高仙芝 장군이 서역 정벌에서 활약했던 것이 이 무렵이다. 고선지는 안서도호부安西都護部의 부도호로서 중앙 아시아로 세력을 뻗치던 티베트와 아라비아의 연결을 차단하기 위해 카라코람 산맥을 넘어 대원정을 감행했다. 그 공로를 인정받아 안서절도사로 승진한 고선지는 서방에서 급속도로 강해진 이슬람 세력의 동진을 저지하기 위하여 다시 서역 원정에 파견되었다.

탈라스 강변에서 벌어진 아랍군과의 결전에서 당군은 대패했고, 얼마 후 당 멸망의 도화선이 된 안사의 난이 일어나 당의 서역 경영은 갑자기 와해되어버렸다. 이후 100여 년 동안 중국은 지방 절도사들이 할거하는 상태가 계속되었다. 당말 오대의 혼란을 통일한 송은 요, 서하 등이 서역으로 가는 통로를 장악하고 있어 당과 같은 세계 제국을 꿈꿀 수 없었다.

탈라스 전투는 당이 서역 경영을 포기하는 계기가 되었다는 점 외에도 중요한 역사적 의미가 있는 사건이다. 그것은 바로 이 전투를 통해 종이 제조기술이 서방으로 전래되었기 때문이다. 이 전투에서 아랍군에 잡힌 당나라 포로 중에 종이 만드는 기술자가 있어, 이들의 기술로 사마르칸트에 아랍 최초의 제지공장이 세워지고, 그것이 다시 유럽으로 전래되어 14세기 프랑스에 제지공장이 세워졌다.

◉ 마르코 폴로와 원대의 실크로드

중국의 역사와 문화를 연구하는 서양의 학자들 중 많은 사람이 마르코 폴로의 《동방견문록》을 보고 중국에 매료되어 중국에 관심을 갖게 되었다고 한다. 또 《동방견문록》에서 받은 중국의 인상은 17~18세기에 이르러 선교사들이 중국을 방문하기 전까지 서양인들의 중국에 대한 인식을 지배했다.

이탈리아 베네치아에서 상인의 아들로 태어난 마르코 폴로는 아버지, 숙부와 함께 1271년 베네치아를 출발하여 이란 고원을 횡단하여 파미르 고원, 타클라마칸 사막을 지나, 롭노르 부근을 통과하여 하서회랑의 간쑤 성에 도착했다. 일행은 여기서 1년 정도 머문 후 다시 내몽골에 있는 원나라의 상도上都를 거쳐 원 세조 쿠빌라이가 거주하는 대도에 도착했다.

마르코 폴로의 모습(위).
사막의 배 낙타를 타고 타클라마칸 사막을 건너는 낙타 운송대(왼쪽).

　서양의 기독교와 문물에 관심이 많았던 쿠빌라이는 마르코 폴로가 마음에 들어 신하로 채용했다. 그후 마르크 폴로는 십수 년 동안 쿠빌라이의 사신으로 중국 각지를 여행하고 서남내지의 윈난과 미얀마까지 발자취를 남겼다.

　1290년 쿠빌라이는 폴로 일행에게 일한국에 보낼 왕비 후보를 호위하라는 명령을 내렸다. 이에 일행은 전란 중이던 중앙 아시아를 피하여 배로 푸젠의 취안저우(泉州)에서 출발하여 인도네시아, 자바, 말라카, 셀론 등을 거쳐 2년여의 시간을 소요하여 페르시아 만의 호르무즈에 도착했다. 여기서 육로로 타브리즈로 가서 무사히 왕녀를 일한국까지 데려다주고 1295년 고국으로 돌아갔다. 베네치아를 떠난 지 25년 만의 일이었다.

　마르코 폴로가 베네치아에 돌아온 다음해 베네치아와 제노바 사이에 전쟁이 벌어지고 여기에 참전한 마르코 폴로는 포로로 잡히게 되었다. 옥중에서 그는 피사의 전설작가 루스티첼로에게 자신이 겪은 여행에 대해 구술했고,《동방견문록》은 루스티첼로의 서술에 의해 탄생했다.

《동방견문록》에 기록된 마르코 폴로 일행의 노선이 실크로드였다. 이 책에는 몽골 제국 시대 이란, 중앙 아시아 각지의 풍속, 관습, 지리, 물산 등에 대해 상세하게 기록되어 있으며, 중국 각지의 정치, 문화, 풍속에 대한 귀중한 자료도 담고 있다.

마르코 폴로의 대여행은 불세출의 영웅 칭기즈 칸이 없었다면 불가능했을지도 모른다. 몽골 초원에서 일어난 칭기즈 칸은 몽골 부족을 통일한 후 유라시아 전역을 통일하는 역사상 유례가 없는 대공적을 이루었다. 그는 원정 도중 군사정보를 빠르게 보고받고, 원정지역에 군사들을 신속히 파견하기 위하여 정복지역에 도로를 닦고 곳곳에 역참을 설치했다. 전시에 설치된 이 도로들은 몽골 제국 지배 아래 평화가 도래하자 유라시아 대륙을 잇는 상업망으로 동서 교역의 간선도로 역할을 했다.

원의 수도 대도에는 서역의 상인과 물자가 모여들었다. 색목인色目人이라 불리는 이들 서역 사람 중에는 원 조정에 등용되어 재정 분야에서 활약한 사람들도 많았다. 또 동에서 서로는 야율초재耶律楚材, 장춘진인長春眞人, 유욱劉郁 등이, 서에서 동으로는 카르피니, 뤼브뤼키, 이븐 바투타 등이 실크로드를 따라 각지를 여행한 기록을 남겨 동서 교류의 실태를 아는 데 귀중한 자료가 되고 있다.

이때가 실크로드의 마지막 번성기라고 할 수 있으며 톈산 북로와 남로, 서역 남로 등 오아시스 실크로드 외에도 과거 스키타이 족, 흉노 족 등이 활약했던 초원 실크로드까지도 부활했다. 특히 톈산 북로와 초원 실크로드가 안티오카, 베네치아, 콘스탄티노플 등 유럽의 여러 도시와 연결된 것도 동서를 연결한 몽골 제국이 있었기 때문에 가능했다. 뿐만 아니라 송대에 활기를 띤 해상 실크로드도 원대에는 더욱 빛을 발하여, 광둥 성의 광저우나 푸젠 성의 취안저우는 세계적인 무역항이 되었다.

실크로드를 따라 원대 중국에 전파된 것 가운데 이후 중국 문화에서 중요한 의미를 갖는 것 중 하나가 이슬람 문화다. 이슬람교는 당대에 이미 전래되었지만 이슬람 문화가 대거 중국에 들어온 것은 원대에 와서다. 아라비아, 터키, 페르시아 등에서 들어온 이슬람 교도들은 한족과 혼혈하여 후이족(回族)이라는 새로운 민족을 형성하게 되었다.

이후 중국에서 활약한 유명 인물 중에는 후이족 출신도 다수 있다. 유교의 반역자라고 불릴 만큼 혁신적인 사상을 내놓았던 명말의 사상가 이지李贄나 7차에 걸쳐 남해 대원정을 감행했던 환관 정화도 후이족 출신이었다.

명말부터 조정과 한족의 박해와 차별대우를 받으면서도 이들이 동질성을 유지할 수 있었던 이유는 이슬람교라는 신앙 때문이었다. 오늘날 후이족은 중국인들과 많이 혼혈되어 외모에서는 구분하기가 쉽지 않지만, 흰 모자를 써서 이슬람 교도임을 표시하고 이슬람교 계율을 따르면서 자신들의 정체성을 잃지 않고 있다.

후이족은 오늘날 실크로드에서 두 번째로 큰 민족으로, 실크로드 연변인 간쑤, 칭하이, 신장 등지에 주로 집단적으로 거주하고 있으며, 닝샤는 후이족 자치구다. 베이징을 비롯한 북방지역에서 많이 먹는 슈안양로우라는 양고기 신선로나 양고기 수제비라 할 수 있는 양러우파오(洋肉泡)는 돼지고기를 먹지 않는 회교도들이 개발한 요리다.

닝샤 후이족 자치구에 있는 청진사에서 회교도들이 참배를 하고 있는 모습.

이슬람교와 함께 아라비아의 천문과 역법도 중국에 전래되었다. 원대 곽수경郭守敬이 만든 수시력授時曆은 당시 번역된 이슬람력을 집대성한 것으로 우리 나라에도 고려시대에 이 역법이 도입되었다. 독한 백주인 증류주가 중국에 전래된 것도 이 무렵 아라비아를 통해서라고 한다. 명대 남해를 원정했던 후이족 출신 정화가 사용했던 항해술도 별의 위치를 보고 배의 위치를 확인하는 전통적인 이슬람의 천문 항해술이었다. 아마도 이 항해술 덕분에 당시로서는 획기적인 대항해가 가능했을 것이다.

중국의 4대 발명품 중 종이를 제외한 나침반, 화약, 인쇄술 등이 유럽에 전해진 것도 이 시기였다. 유럽에 전래된 인쇄술은 종이와 함께 서구의 지식 보급에 기여했으며, 나침반은 지리상의 발견을 가능하게 했고, 화약은 중세 유럽의 성채를 파괴하여 중앙집권 국가의 등장을 도왔을 뿐 아니라, 화약으로 만든 대포는 중국을 비롯한 아시아 국가를 무력으로 강제 개방하는 도구가 되었다.

참고문헌

1장 밥이 하늘이다

1. 식생활을 결정하는 자연조건
시노다 오사무, 윤서석 외 역, 《중국음식문화사》, 민음사, 1995.
김태정 외, 《음식으로 본 동양문화》, 대한교과서, 1997.
梅方, 《中國飮食文化》, 廣西民族出版社, 1991.
林乃燊, 《中國飮食文化》, 上海人民出版社, 1991.
尙秉和, 《歷代社會風俗事物考》, 岳麓書社, 1991.
上海古籍出版社 編, 《中國文化史三百題》, 上海古籍出版社, 1987.
許嘉璐, 《中國古代衣食住行》, 北京出版社, 1988.

2. 음식과 사상
시노다 오사무, 윤서석 외 역, 《중국음식문화사》, 민음사, 1995.
김태정 외, 《음식으로 본 동양문화》, 대한교과서, 1997.
梅方, 《中國飮食文化》, 廣西民族出版社, 1991.
赤塚忠 외, 조성을 역, 《중국사상개론》, 이론과 실천, 1987.
王仁湘, 《民以食爲天》(上・下), 中華書局, 1989.
酒井忠夫 외, 최준식 역, 《도교란 무엇인가》, 민족사, 1990.
김용범・김인숙, 《중국의 역사와 문화》, 도서출판 보성, 1998.

3. 중국인의 주식
시노다 오사무, 윤서석 외 역, 《중국음식문화사》, 민음사, 1995.
페르낭 브로델, 주경철 역, 《물질문명과 자본주의 – 일상생활의 구조》(상), 까치글방, 1997.
上海古籍出版社 編, 《中國文化史三百題》, 上海古籍出版社, 1987.
林乃燊, 《中國飮食文化》, 上海人民出版社, 1991.
梅方, 《中國飮食文化》, 廣西民族出版社, 1991.
王仁湘, 《民以食爲天》(上・下), 中華書局, 1989.
宋應星, 鐘廣言 주석, 《天工開物》, 中華書局, 1988.
許嘉璐, 《中國古代衣食住行》, 北京出版社, 1988.
黃仁宇, 황광훈 외 역, 《거시중국사》, 까치글방, 1997.
高春明 외, 《中國歷代婦女裝飾》, 學林出版社, 1991.
松丸道雄, 조성을 역, 《중국사 개설》, 한울아카데미, 1990.

4. 중국을 대표하는 음료, 차
시노다 오사무, 윤서석 외 역, 《중국음식문화사》, 민음사, 1995.
김용범・김인숙, 《중국의 역사와 문화》, 도서출판 보성, 1998.
梅方, 《中國飮食文化》, 廣西民族出版社, 1991.
上海古籍出版社 編, 《中國文化史三百題》, 上海古籍出版社, 1987.
페르낭 브로델, 주경철 역, 《물질문명과 자본주의 – 일상생활의 구조》(상), 까치글방.
김승일, 《인간을 지배한 음식 21가지》, 예문출판사, 1997.
헨리 홉하우스, 윤후남 역, 《역사를 바꾼 씨앗 5가지》, 세종서적, 1997.
탄도 요시노리, 김양수 편역, 《코카콜라 병에 빠진 중국》, 자작나무, 1998.
역사 수수께끼 연구회, 이재정 역, 《중국사 재미있게 들여다보기》, 솔, 1998.
史衛民, 《元代社會生活史》, 中國社會科學出版社, 1996.
임어당, 신해진 역, 《중국, 중국인》, 장락, 1995.

5. 술과 문화
시노다 오사무, 윤서석 외 역, 《중국음식문화사》, 민음사, 1995.
梅方, 《中國飮食文化》, 廣西民族出版社, 1991.

王仁湘,《民以食爲天》(上·下), 中華書局, 1989.
宋應星, 鐘廣言 주석,《天工開物》, 中華書局, 1988.
김용범·김인숙,《중국의 역사와 문화》, 도서출판 보성, 1998.
김승일,《인간을 지배한 음식 21가지》, 예문출판사, 1997.
史衛民,《元代社會生活史》, 中國社會科學出版社, 1996.
許嘉璐,《中國古代衣食住行》, 北京出版社, 1988.
허세욱,《실크로드 문명기행》, 대한교과서, 1996.
역사 수수께끼 연구회, 이재정 역,《중국사 재미있게 들여다보기》, 솔, 1998.
李春棠,《坊墻倒塌以後－宋代城市生活長卷》, 湖南出版社, 1989.
이나미 리츠코, 이은숙 역,《사치향락의 중국사》, 차림, 1997.

6. 인체의 필수품, 소금

시노다 오사무, 윤서석 외 역,《중국음식문화사》, 민음사, 1995.
宋應星, 鐘廣言 주석,《天工開物》, 中華書局, 1988.
上海古籍出版社 편,《中國文化史三百題》, 上海古籍出版社, 1987.
김승일,《인간을 지배한 음식 21가지》, 예문출판사, 1997.
柴繼光,《中國鹽文化》, 新華出版社, 1991.
白樂天, 석지현 역,《백거이 시선》, 민음사, 1974.

2장 비단의 나라, 중국

1. 의복의 기본 재료

黃土龍 편저,《中國服飾史略》, 上海文化出版社, 1994.
趙超·熊存瑞,《中國古代服飾巡禮》, 四川敎育出版社, 1996.
許嘉璐,《中國古代衣食住行》, 北京出版社, 1988.
이상진 외 역,《詩經》, 자유문고, 1994.
吳淑生 외,《中國染織史》, 上海人民出版社, 1986.
宋應星, 鐘廣言 주석,《天工開物》, 中華書局, 1988.
나가사와 가즈도시, 이재성 역,《실크로드의 역사와 문화》, 민족사, 1990.
許嘉璐,《中國古代衣食住行》, 北京出版社, 1988.
편집부 편역,《중국근현대경제사》, 일월서각, 1986.
中村 喬,《中國の年中行事》, 平凡社, 1988.

2. 유교사상과 복식

黃土龍 편저,《中國服飾史略》, 上海文化出版社, 1994.
黃能馥 외 편저,《中國服裝史》, 中國旅遊出版社, 1995.
趙超·熊存瑞,《中國古代服飾巡禮》, 四川敎育出版社, 1996.
許嘉璐,《中國古代衣食住行》, 北京出版社, 1988.
駱新 외 편저,《衣冠滄桑－中國古代服裝的文化觀》, 農村讀物出版社, 1991.
馮爾康,《古人社會生活瑣談》, 湖南出版社, 1991.
高春明 외,《中國歷代婦女裝飾》, 學林出版社, 1991.
杉本正年,《東洋服裝史論考》(고대편·중세편), 경춘사, 1995.
성기희,《中國歷代郡王服飾硏究》, 열화당, 1984.

3. 신분과 지위의 상징인 복식

黃土龍 편저,《中國服飾史略》, 上海文化出版社, 1994.
黃能馥 외 편저,《中國服裝史》, 中國旅遊出版社, 1995.
許嘉璐,《中國古代衣食住行》, 北京出版社, 1988.
趙超·熊存瑞,《中國古代服飾巡禮》, 四川敎育出版社, 1996.
李春棠,《坊墻倒塌以後－宋代城市生活長卷》, 湖南出版社, 1994.
中國史硏究室,《中國歷史》(하), 신서원, 1994.
高春明 외,《中國歷代婦女裝飾》, 學林出版社, 1991.
박윤명,《상식밖의 동양사》, 새길, 1995.

4. 의복을 통해 본 농경민과 유목민의 침투와 대립

黃土龍 편저,《中國服飾史略》, 上海文化出版社, 1994.
黃能馥 외 편저,《中國服裝史》, 中國旅遊出版社, 1995.
許嘉璐,《中國古代衣食住行》, 北京出版社, 1988.
駱新 외 편저,《衣冠滄桑－中國古代服裝的文化觀》, 農村讀物出版社, 1991.
趙超·熊存瑞,《中國古代服飾巡禮》, 四川敎育出版社, 1996.
高春明 외,《中國歷代婦女裝飾》, 學林出版社, 1991.
중화5천년문물집간편, 손경자 역《중국복식 5000년》, 경춘사, 1995.

5. 유행은 현대인의 전유물이 아니다

黃土龍 편저,《中國服飾史略》, 上海文化出版社, 1994.
趙超·熊存瑞,《中國古代服飾巡禮》, 四川敎育出版社, 1996.

許嘉璐,《中國古代衣食住行》, 北京出版社, 1988.
高春明 외,《中國歷代婦女裝飾》, 學林出版社, 1991.
瞿宣穎 纂輯,《中國社會史料叢鈔》, 上海書店, 1985.
이벤허,《중국인의 생활과 문화》, 김영사, 1995.
탄도 요시노리, 김양수 편역,《코카콜라 병에 빠진 중국》, 자작나무, 1998.
李小江 편저,《華夏女性之謎》, 三聯書店, 1990.
胡樸安,《中華全國風俗志》, 上海文藝出版社, 1988.
高橋孝助 편저,《上海史》, 東方書店, 1995.

3장 천자의 도시, 베이징

1. 자연환경과 주택
강영환,《집의 사회사》, 웅진출판, 1992.
한동수 역,《그림으로 보는 중국전통민가》, 발언, 1994.
劉敦楨, 유옥근 외 역,《중국고대건축사》, 세진사, 1995.
손세관,《북경의 주택》, 열화당, 1995.
陳從周 외,《中國民居》, 學林出版社, 1997.
김진애,《찬란한 중국》, 서울포럼, 1993.
이벤허,《중국인의 생활과 문화》, 김영사, 1995.

2. 역대의 도성들
劉敦楨, 유옥근 외 역,《중국고대건축사》, 세진사, 1995.
Andrew Boyd, 이옥기 역,《중국의 건축과 도시》, 기문당, 1995.
何啓君, 조관희 역,《중국사학입문》, 고려원, 1989.
賀業鉅, 윤정숙 역,《중국 도성제도의 이론 -《주례》〈고공기〉의 도성제도》, 이회, 1995.
董鑒泓 외 편, 成周鐸 역주,《中國都城發達史》, 학연문화사, 1993.
이나미 리츠코, 이은숙 역,《사치향략의 중국사》, 차림, 1997.
閻崇年,《中國歷代都宮苑》, 紫禁城出版社, 1987.
楊寬,《中國古代都城制度史研究》, 上海古籍出版社, 1993.

3. 도시인들의 생활
楊寬,《中國古代都城制度史研究》, 上海古籍出版社, 1993.

자크 제르네, 김영제 역,《전통 중국인의 일상생활》, 신서원, 1995.
李春棠,《坊墻倒塌以後 - 宋代城市生活長卷》, 湖南出版社, 1989.
閻崇年,《中國歷代都宮苑》, 紫禁城出版社, 1987.

4. 일상 기거
劉敦楨, 유옥근 외 역,《중국고대건축사》, 세진사, 1995.
上海古籍出版社 편,《中國文化史三百題》, 上海古籍出版社, 1987.
瞿宣穎 纂輯,《中國社會史料叢鈔》, 上海書店, 1985.
한동수 역,《그림으로 보는 중국전통민가》, 발언, 1994.
流守仁 외,《中國煤文化》, 新華出版社, 1991.
尙秉和,《歷代社會風俗事物考》, 岳麓書社, 1991.
자크 제르네, 김영제 역,《전통 중국인의 일상생활》, 신서원, 1995.
역사 수수께끼 연구회, 이재정 역,《중국사 재미있게 들여다보기》, 솔, 1998.
宋應星, 鐘廣言 주석,《天工開物》, 中華書局, 1988.

4장 대운하, 남과 북을 잇다

1. 남북의 대동맥, 운하
鄭肇經,《中國水利史》, 臺灣商務印書館, 1986.
星斌夫,《大運河 - 中國の漕運》, 近藤出版社, 1974.
이장우 외,《중국문화통론》, 중문출판사, 1993.
上海古籍出版社 편,《中國文化史三百題》, 上海古籍出版社, 1987.
莊鳴泉 편저,《中國歷史知識》, 中流出版社, 1980.
이나미 리츠코, 이은숙 역,《사치향략의 중국사》, 차림, 1997.
歷史教育者協議會編,《知っておきたい 中國》(1・2), 靑木書店, 1996.

2. 도로와 통신
上海古籍出版社 편,《中國文化史三百題》, 上海古籍出版社, 1987.
趙雲旗,《中國古代交通》, 新華出版社, 1992.
黃紅軍,《車馬 溜索 滑竿 - 中國傳統交通運輸習俗》, 四川人民出版社, 1993.
尹韻公,《中國明代新聞傳播史》, 重慶出版社, 1990.

鈇庵,《人物風俗制度叢談》, 上海書店, 1988.
莊鳴泉 편저,《中國歷史知識》, 中流出版社, 1980.
허세욱,《실크로드 문명기행》, 대한교과서, 1996.

3. 여러 가지 교통수단

上海古籍出版社 편,《中國文化史三百題》, 上海古籍出版社, 1987.
趙雲旗,《中國古代交通》, 新華出版社, 1992.
黃紅軍,《車馬 溜索 滑竿 − 中國傳統交通運輸習俗》, 四川人民出版社, 1993.
李鑒踪,《姻緣 良緣 孽緣 − 中國民間婚戀習俗》, 四川人民出版社, 1993.
宋應星, 鐘廣言 주석,《天工開物》, 中華書局, 1988.
尙秉和,《歷代社會風俗事物考》, 岳麓書社, 1991.
역사 수수께끼 연구회, 이재정 역,《중국사 재미있게 들여다보기》, 솔, 1998.
長澤和俊, 閔丙薰 역,《동서문화의 교류》, 민족문화사, 1991.
陰法魯 주편,《中國古代文化史》, 北京大學出版社, 1996.

4. 동서 문화의 가교, 실크로드

長澤和俊, 閔丙薰 역,《동서문화의 교류》, 민족문화사, 1991.
나가사와 가즈도시, 이재성 역,《실크로드의 역사와 문화》, 민족사, 1990.
허세욱,《실크로드 문명기행》, 대한교과서, 1996.
歷史敎育者協議會 編,《知つておきたい 中國》(1・2), 靑木書店, 1996.
徐連達 외, 중국사연구회 역,《中國通史》, 청년사, 1989.
진순신,《실크로드: 인물과 역사》, 해동문화사, 1987.